RÁDIOS COMUNITÁRIAS, SERVIÇOS PÚBLICOS E CIDADANIA

Uma nova ótica constitucional para a crise dos serviços de (tele)comunicações no Brasil

DANIEL AUGUSTO VILA-NOVA GOMES — Mestre em "Direito, Estado e Constituição" no Programa de Mestrado da Faculdade de Direito da Universidade de Brasília (FD/UnB) na Linha de Pesquisa I — "Direito, Estado e Sociedade: Políticas Públicas e Democracia" — (obtenção do título em maio de 2007); Bacharel em Direito pela UnB — (conclusão da graduação em janeiro de 2005); Pesquisador do Grupo de Pesquisa Sociedade, Tempo e Direito (STD/UnB) e do Grupo de Estudos em Direito das Telecomunicações (Getel/UnB), ambos inseridos na Plataforma Lattes/CNPq; Membro do Conselho Editorial da Revista Eletrônica "Observatório da Jurisdição Constitucional", editado pelo Instituto Brasiliense de Direito Público (IDP); Membro dos Corpos Editoriais: do periódico "Observatório da Constituição & da Democracia", editado, mensalmente, pelo STD/UnB; e da Revista de Direito de Telecomunicações (Redetel), editada pelo Getel/UnB; Professor do Curso de Pós-Graduação Lato Sensu no IDP, nas disciplinas "Jurisprudência Constitucional" e "Direitos Fundamentais, Constituição e Direito Penal (Visão Constitucional do Direito Penal e do Processo Penal)", desde março de 2008; Professor de Direito Penal e Direito Constitucional no Curso de Graduação em Direito do Centro Universitário de Brasília (UniCEUB) e docente-orientador do Núcleo de Pesquisa e Monografia da Faculdade de Direito do UniCEUB nas áreas de Direito Constitucional, Penal e Processual-Penal, de fevereiro de 2008 a fevereiro de 2009; Professor de Direito Constitucional no Curso de Graduação de Ciências Jurídicas do Instituto de Educação Superior de Brasília (IESB), de fevereiro de 2007 a julho de 2008; Advogado; Chefe de Gabinete da Subsecretaria de Desenvolvimento Sustentável da Secretaria de Assuntos Estratégicos da Presidência da República (SSDS/SAE/PR), desde outubro de 2009; Assessor Jurídico do Subprocurador-Geral da República, Aurélio Virgílio Veiga Rios, de março de 2008 a outubro de 2008; e Assessor Jurídico do Ministro Gilmar Ferreira Mendes no Supremo Tribunal Federal (STF), de fevereiro de 2005 a março de 2008.

DANIEL AUGUSTO VILA-NOVA GOMES

RÁDIOS COMUNITÁRIAS, SERVIÇOS PÚBLICOS E CIDADANIA

Uma nova ótica constitucional para a crise dos serviços de (tele)comunicações no Brasil

Universidade de Brasília - UnB

Dados Internacionais de Catalogação na Publicação (CIP)
(Câmara Brasileira do Livro, SP, Brasil)

Gomes, Daniel Augusto Vila-Nova
   Rádios comunitárias, serviços públicos e cidadania : uma nova ótica constitucional para a crise dos serviços de (tele)comunicações no Brasil / Daniel Augusto Vila-Nova Gomes. — São Paulo : LTr, 2009.

   Bibliografia.
   ISBN 978-85-361-1323-4

   1. Comunicação de massa — Leis e legislação 2. Comunicação de massa — Aspectos sociais 3. Direito administrativo 4. Direito — Cidadania constitucional 5. Rádio comunitária — Leis e legislação 6. Serviço público 7. Telecomunicação — Leis e legislação I. Título.

09-02685   CDU-34:316.7781(094)

Índice para catálogo sistemático:

1. Brasil : Leis: Rádios comunitárias : Serviço público e cidadania : Comuniacção social : Direito   34:316.7781(094)

© Todos os direitos reservados

EDITORA LTDA.

Rua Apa, 165 – CEP 01201-904 – Fone (11) 3826-2788 – Fax (11) 3826-9180
São Paulo, SP – Brasil – www.ltr.com.br

Queridos pais, Antonio e Eni,
ofereço este trabalho à dedicação extrema que, de vocês, sempre recebi;

A meus irmãos, Karla e João,
retribuo todo o carinho e estímulo com a minha fraterna admiração;

A Lidia,
agradeço pela companhia, pelas risadas amigas e, sobretudo, por todo o amor;

A Magrelo, Guga, Maurinho e Tutu,
pelas inocentes e verdadeiras lições que só a Infância pôde me trazer.

AGRADECIMENTOS

Há inúmeras formas de romper as barreiras do egocentrismo. O agradecimento é uma delas. Agradecer é tarefa ingrata. É despedaçar as cordas e grades que nos impedem de crescer. Eis o momento de mencionar as pessoas que engrandeceram e preenchem minha vida com aquilo que faz a diferença.

Em primeiro lugar, agradeço à(s) minha(s) família(s). A papai, mamãe, Beroso e Karlota, pelo apoio incondicional e pelos laços de sangue que se eternizam em meu coração. A Roberto e Valéria, por todo o carinho e respeito que transcendem, em muito, a mera ligação por afinidade. A Sílvia e Cristina. A Lidia, em especial, por nossa família e pelo amor que alimenta, dia a dia, minha vida.

Em segundo lugar, meu agradecimento direciona-se especialmente àquelas pessoas que me auxiliaram diretamente no processo de pesquisa e redação desta obra. Aqui, novamente, a menção ao nome de minha esposa, Lidia, faz-se necessária. Além de ter contribuído para meu equilíbrio emocional durante todo o processo de pesquisa e redação, Lidia desempenhou, com todo o vigor de companheira, a função de revisora-mor do texto. Sem sombra de dúvidas, essa participação foi decisiva e fundamental para que este trabalho fosse desenvolvido. Sem desejar ser repetitivo, muito obrigado, meu amor!

Sem Vítor Pinto Chaves, Janaína Penalva, Fábio Costa Morais de Sá e Silva, Bruno Oliveira Dias, Artur Coimbra de Oliveira, Ramiro Nóbrega Sant'Ana, Jorge Luiz Ribeiro de Medeiros, Tahinah Albuquerque Martins, Rafael Naves Sousa, Lucas Emídio Ferreira Aganetti, Rebeca Lins de Albuquerque Aganetti e Suellen Carolina Gomes, o texto, os dados e os argumentos apresentados seriam muito menos inteligíveis. Agradeço pelas sempre pertinentes críticas, sugestões e contribuições. Quanto aos equívocos de redação e raciocínio que, por teimosia, tenham persistido, assumo total responsabilidade.

Em nome do Professor Alexandre Bernardino Costa, agradeço a todos os professores que, desde o início da graduação, apresentaram-me um mundo novo de pontos de interrogação. Louvo, ainda, aos Professores Carlos Augusto Ayres de Freitas Britto, Menelick de Carvalho Netto e Murilo Cesar Oliveira Ramos pela disposição e pelas instigantes questões que endereçaram ao trabalho na ocasião da realização da arguição da dissertação de mestrado. Com esses docentes, além de noções acadêmicas e profundas reflexões, pude entrar em contato com lições de vida que não podem ser encontradas nos livros.

Essa conquista também se dirige aos colegas de graduação e do Centro Acadêmico que, por diversas vezes, auxiliaram-me a encontrar tesouros do ensino jurídico para além do título de Bacharel em Direito. Nesse ponto, dedico um abraço especial àqueles que me acompanharam desde a graduação até o mestrado: Guilherme Cintra, Renato

Bigliazzi e Jorge Medeiros — a batalha foi mais nobre e digna com os exemplos diários de superação que vocês me proporcionaram.

Aos amigos Beca e Lucas, que, para além das salas de aula, ofertam intimidade e carinho que só a amizade verdadeira pode realizar, deixo meu muito obrigado.

Aos eternos companheiros do Sexteto de Nove, celebro este momento com muita glória, diversão e alegria. Para um leitor desavisado, Urso, Jacaré, Pavão, Leão, Coruja, Preguiça, Rato, Galo e Guepardo pode parecer uma sequência não convencional de jogo do bicho. Para mim, são símbolos que corporificam amigos que só a vivência universitária pode permitir: diversidade e unidade de corações que pulsam na mesma batida.

Com Dani (Daniela Diniz Tavares) e Baiano (Diego Araújo Dantas), festejo o fato de existências que se cruzaram com a minha desde os tempos do ensino médio e que, independentemente de tempo ou distância, representam a confiança de olhares acolhedores e de conversas sinceras sussurradas ao pé do ouvido.

Nas pessoas de seus atuais coordenadores, os professores Alexandre Bernardino Costa, Cristiano Paixão, José Geraldo de Sousa Júnior e Menelick de Carvalho Netto, retribuo todo o estímulo acadêmico e apoio institucional do Grupo Sociedade, Tempo e Direito (STD), cuja produção intelectual tem se notabilizado por meio da publicação do periódico *Observatório da Constituição & da Democracia*.

Um agradecimento especial também é endereçado ao professor Márcio Iorio Aranha, exemplo de excelência na atividade de pesquisa e de docência, assim como pela coordenação diligente, objetiva e dedicada das reuniões do Grupo de Estudos em Direito das Telecomunicações (GETEL), as quais foram decisivas para a consolidação da linha de investigação desta publicação.

A experiência de redigir esta obra recebeu um sentido único por diversos motivos. Pelos sempre sugestivos bate-papos com os parceiros do Mestrado, fica um abraço especial a Damião Azevedo, Eduardo Rocha, Fábio Costa Morais de Sá e Silva, Fábio Portela, Guilherme Scotti, Janaína Penalva, Jorge Medeiros, Maria Gabriela, Maurício Azevedo, Paulo Blair, Pedro Diamantino e Paulo Sávio. Pelas homéricas goleadas sofridas pelo maior time de todos os tempos, placas para Adílson Barbosa (o único que sabia ludopediar); Eduardo Rocha (vulgo "Eduardinho"); Jorge Medeiros ("Xórxi" e "Preguiça", num só corpo); Márcio Silva (nosso "Aranha-Negra"); Pedro Diamantino (ou simplesmente, "Pedroca"); Maurício Azevedo ("Maurissão"); e a nossos eternos artilheiros, Guilherme Cintra (o Garrafa) e Fábio Sá e Silva (o Guepardo) — os craques do Pelada Achada na Rua.

Dedico este trabalho, também, a todos os universitários que cursaram as disciplinas que lecionei: na Universidade de Brasília (UnB), na condição de mestrando; nos cursos de graduação do Instituto de Educação Superior de Brasília (IESB) e do Centro Universitário de Brasília (UniCEUB); nos cursos de pós-graduação *lato sensu* do Instituto de Direito Público (IDP), e em cursos de especialização em Direito Constitucional da Universidade Federal de Goiás (UFG — *Campus* da Cidade de Goiás) e da Universidade de Brasília (UnB). A atividade de ministrar aulas é uma dupla via de reciprocidade. Obrigado por me demonstrarem que a tarefa de ensinar envolve, sobretudo, a aprendizagem com a nossa interlocução diária em sala de aula.

Uma menção especial a todo o apoio, paciência e compreensão dos colegas do Supremo Tribunal Federal, do Ministério Público Federal e da Secretaria de Assuntos Estratégicos da Presidência da República. Trabalhar em tais locais, na companhia de pessoas tão motivadas e de profissionais tão competentes, é uma experiência ímpar e que constitui marco diferencial em minha carreira profissional.

Agradeço, com honra e responsabilidade, a oportunidade de continuar a contribuir para essas iniciativas de pesquisa e extensão que precisam ser enfatizadas pelo seu potencial de integração entre Universidade e a sociedade brasileira. Nesse sentido, manifesto especial gratidão aos Professores Alexandre Bernardino Costa, Carlos Britto e Márcio Iório Aranha, pelas generosas palavras dirigidas a esta publicação.

Por último, em nome de Euzilene, Flavinha, Helena, Lionete, e também de Carlinhos, Diogo, Júnio César e Chicão, dedico a realização deste trabalho aos "guerreiros" da Secretaria da Faculdade de Direito da UnB — os responsáveis por tornar o curso de Direito, além de um ícone de excelência, um lugar mais humano.

Obrigado a todos por esta vida que segue em frente!

Brasília, outono de 2009.

NOTA DO AUTOR

> "O que é a vida? Um frenesim,
> O que é a vida? Uma ilusão,
> uma sombra, uma ficção,
> e o maior bem é pequeno:
> que toda a vida é sonho,
> e os sonhos, sonhos são."
>
> (Pedro Calderón de La Barca, *A vida é sonho*)

Este trabalho é, antes de tudo, resultado de um sonho. Há cerca de 9 anos, fui recebido de braços abertos pela Faculdade de Direito da Universidade de Brasília. Lembro-me que, logo em meu primeiro semestre, o calouro Daniel compareceu a uma palestra sobre "Profissões Jurídicas". O palestrante era o orientador de minha dissertação de mestrado, o Professor Alexandre Bernardino Costa. ABC explicitou a árdua tarefa do jurista e, em especial, o papel dos advogados, dos juízes e dos membros do Ministério Público.

Fiquei encantado. Mas, um tanto quanto incomodado. Levantei o braço. Indaguei: E onde fica o professor de Direito? Até hoje, procuro essa resposta...

De lá para cá, talvez eu nem saiba apontar o que realmente mudou. Indico uma permanência: o sonho de me tornar professor e de utilizar essa experiência de conhecimento como um instrumento de definição de minha identidade profissional como jurista. A publicação desta obra é um passo nessa direção.

Durante os 2 anos de pesquisa (2005-2006), para superar as dificuldades de ideias obscurecidas, a solidão acompanhou-me em diversas noites em claro. E lá estava meu rádio, sintonizado em alguma estação, ecoando alguma música da moda.

No biênio que se seguiu (2007-2008), aproveitei a oportunidade da rica vivência profissional no Supremo Tribunal Federal (STF), no Ministério Público Federal (MPF) e na Secretaria de Assuntos Estratégicos da Presidência da República (SAE/PR) para amadurecer o texto e as ideias apresentados em minha defesa de dissertação. Nessa segunda etapa, destaco dois aspectos bastante relacionados que exporei a seguir.

Em primeiro lugar, foi fundamental todo o aprendizado haurido junto às equipes técnicas e administrativas do Ministro Gilmar Ferreira Mendes do Supremo Tribunal Federal; do Subprocurador-Geral da República, Aurélio Virgílio Veiga Rios; e do Ministro-Chefe da Secretaria de Assuntos Estratégicos, Roberto Mangabeira Unger. Nessa experiência (ainda em construção), reforcei a premissa inicial da dissertação apresentada à Banca Examinadora no sentido de que um pensamento radicalmente democrático sobre os serviços (públicos) de (tele)comunicações somente se torna possível a partir do momento em que as dimensões institucionais do Estado e da Sociedade Civil sejam compreendidas de maneira reciprocamente constitutivas. Em suma, a nova ótica constitucional que aqui se propõe apenas faz sentido se discursivamente percebida no complexo processo cívico e democrático de legitimação social das políticas públicas formuladas pelo Estado Brasileiro destinadas às rádios comunitárias.

Em segundo lugar, na condição de pesquisador do assunto, tive a oportunidade de submeter minha dissertação de Mestrado à Secretaria de Assuntos Legislativos do Ministério da Justiça (SAL/MJ) e um dos desdobramentos dessa interlocução foi a participação e contribuição técnica para fins de elaboração da Nota Técnica n. 10/2008, aprovada pelo Secretário de Assuntos Legislativos Pedro Vieira Abramovay, no primeiro semestre de 2008. Tal documento encaminhou proposta de anteprojeto de lei que propôs a alteração de dispositivos relacionados aos seguintes diplomas legais: Decreto-lei n. 2.848/1940 (o "Código Penal Brasileiro" — CPB); Lei n. 4.117/1962 (o "Código Brasileiro de Telecomunicações" — CBT); Lei n. 9.472/1997 (a "Lei Geral de Telecomunicações" — LGT); e, por fim, a Lei n. 9.612/1998 (a "Lei que regula o Serviço de Radiodifusão Comunitária — SRC — no Brasil).

Em linhas gerais, tal proposição legislativa busca limitar a incidência da norma penal sobre as atividades de radiodifusão não autorizadas (e, nesse contexto, se insere a grande maioria das atividades das rádios comunitárias do país), exigindo, para a constatação da incidência do tipo penal, a efetiva demonstração de "interferência em sistema de comunicação de transporte aéreo, marítimo ou fluvial, por meio de serviço de radiodifusão sonoro e de sons executado em desconformidade ao exigido pelo órgão competente".

O texto do anteprojeto foi, ainda, submetido ao Conselho Nacional de Política Criminal e Penitenciária (CNPCP) e, em 24 de abril de 2008, foi aprovado pela 341ª Reunião do mencionado colegiado. O parecer favorável, da lavra do Conselheiro Pierpaolo Cruz Bottini, chancelou a proposta legislativa, tanto do ponto de vista da legalidade, quanto da legitimidade constitucional, e asseverou a oportunidade e conveniência da modificação institucional representada pela política criminal encaminhada pela proposição.

Em 9 de julho de 2008, os Ministros de Estado da Justiça (Tarso Fernando Herz Genro) e das Comunicações (Helio Calixto da Costa) submeteram a proposta de projeto de lei ao Presidente da República, por meio da exposição de motivos — EMI — n. 00128-MJ/MINICOM. Na data de 16 de janeiro de 2009, por intermédio da Mensagem — MSC — n. 21, o Chefe do Poder Executivo Federal encaminhou ao Congresso Nacional o Projeto de Lei n. 4.573/2009, que "altera o Decreto-lei n. 2.848, de 7 de dezembro de 1940 — Código Penal, e as Leis de n. 9.472, de 16 de julho de 1997, e 9.612, de 19 de fevereiro de 1998, para dispor de normas penais e administrativas referentes à radiodifusão e às telecomunicações, e dá outras providências". Atualmente, o projeto encontra-se em tramitação perante a Comissão de Constituição e Justiça e de Cidadania (CCJC) da Câmara dos Deputados e, diante da pendência em torno dessa definição política, aproveitamos o ensejo para, ao final do terceiro capítulo desta publicação, incorporar algumas impressões iniciais sobre o teor das disposições da medida legislativa em discussão perante o Parlamento Brasileiro.

Os desdobramentos desse debate exigirão complementações que a forma impressa desta edição, certamente, não conseguirá acompanhar em tempo real. De toda sorte, independentemente da definição legislativa para o tema, este trabalho aborda alguns dos avanços promovidos pelo Projeto de Lei n. 4.573/2009, mas com ele não manifesta total concordância. Nesse sentido, a questão da legitimidade constitucional do exercício do direito de antena e das liberdades de expressão e de comunicação independente da chancela estatal, ainda continua como alternativa disponível e, de certa forma, ainda não resolvida pelos instigantes debates acadêmicos e políticos sobre a questão.

Nesse cenário de dúvidas que se multiplicam, a proposta de enfoque das políticas de radiodifusão comunitária somente foi levada aos últimos desdobramentos nesta investigação sob o pretexto de que o exemplo da radiodifusão comunitária possa servir de importante "experimento" para a (re)definição normativa, institucional e infraestrutural da crise dos serviços públicos de (tele)comunicações no Brasil. Diante do imprevisível fenômeno da convergência tecnológica das mídias, esta publicação se dirige ao público em geral e a especialistas na área de comunicação com o objetivo de instigar e de continuar a contribuir para uma reflexão que afeta não somente a platônica dimensão do mundo das ideias, mas, sobretudo, a vida concreta de muitos cidadãos.

Dirijo, por fim, as reflexões desenvolvidas neste estudo aos líderes comunitários e às próprias comunidades produtoras e destinatárias da programação das rádios comunitárias do país. Ao sustentarem novas alternativas democráticas para a comunicação social viabilizada por essas rádios, por vezes, esses atores da cidadania brasileira têm suportado as duas das mais severas consequências de exclusão do atual modelo de radiodifusão comunitária no país. De um lado, a inegável situação velada de eliminação da efetividade de suas participações na promoção de políticas públicas de comunicação social em geral. E, de outro, o lamentável quadro de repressão penal e administrativa de suas legítimas lutas por reconhecimento constitucional da legitimidade da atividade das rádios comunitárias.

Muito mais que o enquadramento conceitual do Serviço de Radiodifusão Comunitária (SRC) como "serviço de (tele)comunicação", esta investigação busca, em linhas gerais, levantar e sistematizar algumas das condições e preocupações democráticas, institucionais, legislativas e jurídico-discursivas que permitam que essa atividade possa desempenhar o papel de verdadeiro "serviço público" em prol da concretização constitucional de liberdades fundamentais relacionadas à comunicação — uma das dimensões indisponíveis de nossa soberania, cidadania e da dignidade da pessoa humana (CRFB/1988, art. 1º, I, II e III).

Este é um breve relato que busca relacionar minha vida, meu sonho, meu tema, este trabalho e alguns dos desdobramentos e dificuldades que se manifestaram desde o início da pesquisa. O desafio continua!

Brasília, outono de 2009.

Daniel Vila-Nova
(contato: vilanovagomes@gmail.com)

SUMÁRIO

Apresentação — *Carlos Ayres Britto* 19

Prefácio — *Alexandre Bernardino Costa* 23

Introdução 27

1. **Para uma interpretação constitucional do Serviço de Radiodifusão Comunitária no Brasil** 34

   a) A crise dos serviços de (tele)comunicações e o marco regulatório da radiodifusão comunitária no Brasil 35

   b) O Serviço de Radiodifusão Comunitária (SRC) a partir da ótica dos administrados-administradores 48

   c) Cidadãos, movimentos sociais e rádios comunitárias no Estado Democrático de Direito 59

2. **A construção histórica e normativa da noção de serviço público de telecomunicações no Estado Brasileiro** 75

   a) Do coronelismo ao coronelismo eletrônico: reflexões sobre o momento da aparição do rádio 75

   b) O início da regulamentação legislativa do rádio e o surgimento da estadania . 96

   c) Deficiências de um modelo estatizante, nacionalista e patrimonialista das (tele)comunicações 113

3. **Uma proposta de (re)definição da noção de serviço público de (tele)comunicações a partir do SRC** 125

   a) A contribuição dos administrados-administradores nas políticas públicas de radiodifusão comunitária 125

   b) Déficits das políticas públicas de radiodifusão comunitária 138

   c) Limites e possibilidades oferecidos pela interpretação constitucional da Lei n. 9.612/1998 163

   d) Breves impressões sobre o Projeto de Lei n.4.573/2009 174

Considerações finais 179

Referências bibliográficas 189

"... e a rapariga dos óculos escuros disse, dentro de nós há uma coisa que não tem nome, isso é o que nós somos."

(José Saramago, *Ensaio sobre a cegueira*)

APRESENTAÇÃO

Começo por dizer que esta obra, fruto da dissertação de mestrado apresentada como requisito para a obtenção do título de Mestre em Direito, Estado e Constituição pela Universidade de Brasília, ostenta grandes merecimentos. Ela é detentora de virtudes que *saltam aos olhos*, a partir da escolha do próprio tema. É um tema que se ramifica por vários títulos da Constituição e, pelo menos na minha avaliação ou do meu conhecimento, cuida-se de matéria muito pouco visitada, seja doutrinária, seja jurisprudencialmente.

De se ver que o tema da noção de serviços públicos de telecomunicações, a partir da ótica principal dos administrados, e do ângulo em si das rádios comunitárias, consubstancia políticas públicas, serviços públicos e direitos fundamentais a um só tempo. Sendo assim, é um tema pluritopográfico, constitucionalmente falando. Ele se espraia por diversos e importantes conjuntos normativos da Constituição Brasileira e demanda um aprofundamento cognitivo que o autor consegue realizar.

Além dessa feliz escolha do tema (um assunto de marcante atualidade e grande valia social), *Daniel Vila-Nova* soube focá-lo com terminologia apropriada, linguagem desembaraçada e direta, revelando sua vocação de jurista e professor. É assim que se instaura um diálogo atualíssimo, até mesmo recomendável para as sentenças e acórdãos judiciais, que se devem revestir de uma estrutura de linguagem mais direta, simples, fazendo o próprio Judiciário transitar pelos domínios de uma transparência que é, hoje, um dos mais sólidos pilares da democracia.

Ressalto, no autor, o mais louvável intento de administrar o seu encorpado saber na perspectiva da utilidade social. Quando fala de antiestatismo, de antipatrimonialismo e de antinacionalismo, em tema de radiodifusão comunitária, *Daniel Vila-Nova* está, sem dúvida, aplicando aquele conceito de democracia que, metaforicamente, pode traduzir-se no seguinte: democracia é um movimento que o poder decisório assume por modo ascendente; ou seja, de baixo para cima, e não descendentemente ou de cima para baixo. O que implica dizer: numa democracia, há um deslocamento topográfico do povo, que sai da plateia, enquanto mero espectador, e passa para o palco das decisões coletivas, das decisões que lhe digam respeito, tornando-se ator ou autor do seu próprio destino, da sua própria experiência político-social. E direciona essa reflexão para o prestígio das bases da sociedade, dos segmentos populacionais periféricos, que fazem dos instrumentos de comunicação de massa um veículo de participação na vida estatal. É que isso que faz das rádios comunitárias — segundo também pude extrair da leitura do seu belo texto — um mecanismo de afirmação de valores regionais que já se situam na Constituição, no plano da cultura, no plano da difusão cultural e de formação de verdadeiras comunidades, porque é fundamental formar comunidades de interesses que descansam no generoso colo da Constituição.

Acrescento: comunidade é uma palavra rica de significado holístico, porque vem de *comum unidade*. Comunidade significa isto: comum unidade. É um conceito que leva a uma convivência fraterna entre pessoas que, pela vizinhança física e pelo prolongar do tempo, se conhecem, se ajudam, se criticam também, possibilitando, dessa convivência prolongada no tempo e mais contígua do ponto de vista territorial, o aflorar de lideranças autênticas, porque sem um conhecimento profundo das pessoas e sem uma convivência mais duradoura não é possível confiar em ninguém. E as lideranças surgem dessa confiabilidade. A comunidade é um conceito riquíssimo e que tem nessa ferramenta de comunicação social, que é a rádio comunitária, um *locus* de afirmação e de desenvolvimento coletivo. Disse que o tema é pluritópico, pluritopográfico, porque, de fato, ele diz com políticas públicas, com serviços públicos e com direitos fundamentais, tudo enlaçadamente.

Enquanto política pública, a rádio do tipo comunitária é expressão de cidadania, e o fato é que cidadania se põe como um dos fundamentos do Estado Democrático de Direito.

Este estudo tem o mérito adicional de situar a noção de serviço público num âmbito não necessariamente estatal. É dizer, no campo das comunicações sociais, o autor situa o fenômeno das rádios comunitárias como uma situação concreta de redimensionamento da complementaridade entre os sistemas público, privado e estatal. Logo, o livro tem a virtude de inserir a discussão constitucional das políticas públicas de radiodifusão comunitária num *locus* conceitual próprio, específico: o espaço jurídico da radiodifusão pública para traduzir o que nem é estatal nem privado.

Avanço, para dizer que, ao versar sobre o resgate da experiência do constitucionalismo brasileiro em torno do denominado "coronelismo eletrônico", o trabalho busca analisar as tensões e riscos decorrentes da identidade absoluta entre as noções de regionalidade e brasilidade. Isto para que o elemento de identidade cultural nacional não resulte de práticas autoritárias de imposição de poder, tampouco de pautas culturais de artificializada homogeneização de práticas sociais presentes na complexa sociedade brasileira. É assim que o texto sob comentário busca revisitar um dos temas basilares do Direito Administrativo de ontem e de hoje: os serviços públicos; notadamente quanto às atividades de telecomunicação e de radiodifusão comunitária, donde a proposta alternativa de uma visão constitucional discursiva, intitulada como "ótica cidadã e democrática dos administrados-administradores". O que propicia o surgimento de uma nova apreciação constitucional para o tema da crise dos serviços públicos de telecomunicações no Brasil.

Tenho, pois, motivos de sobra para saudar o jovem professor e escritor jurídico pela elaboração de um trabalho que enfatiza os limites e as possibilidades do texto constitucional, no tema. Estudo que certamente servirá de incentivo para novas reflexões sobre a conformação jurídica do instituto dos serviços públicos de telecomunicações e acerca do papel institucional da radiodifusão comunitária para a renovação do modelo brasileiro de radiodifusão. Tal contribuição nos convence de que o Direito Administrativo e Constitucional brasileiro hão de ser revisitados a partir de uma ótica marcadamente democrática e mobilizada pela ideia-força da cidadania.

Enfim, o texto é um sedutor convite aos movimentos sociais e aos operadores do direito para uma visão democrática do modelo administrativo de políticas públicas destinadas à

radiodifusão comunitária. Como o próprio autor enfatiza, trata-se de debulhar a Constituição quanto ao manancial das possibilidades e dos limites das rádios comunitárias como um instrumento de democratização da Comunicação Social em nosso país. Obra certamente vocacionada para bem preencher o que tenho como um quase vazio bibliográfico doutrinário-
-jurisprudencial nesta nossa *Terra Brasilis*.

Ministro *Carlos Ayres Britto*
Brasília, março de 2009.

PREFÁCIO

A garantia de liberdades comunicativas para os cidadãos é um requisito indispensável para a vivência de um Estado Democrático de Direito. Essa é a ideia força que permeia o livro *Rádios Comunitárias, Serviços Públicos e Cidadania*, fruto de dissertação de mestrado de autoria de *Daniel Augusto Vila-Nova Gomes*, a qual tive o prazer de orientar, apresentada no programa de pós-graduação em Direito, Estado e Constituição, da Faculdade de Direito da Universidade de Brasília.

A problemática dos processos de autorização para as Rádios Comunitárias aparece no contexto em que o acesso aos serviços de (tele)comunicações é compreendido como um direito intimamente relacionado ao exercício da autonomia individual, considerada como base da legitimidade de todo o direito. Essa interpretação diferenciada da Constituição e das normas jurídicas em geral — sobretudo da Lei n. 9.612/1998 —, que regula a sistemática das rádios comunitárias no Brasil e que é analiticamente interpretada pelo autor.

Cada um dos três capítulos procura marcar um passo importante rumo a um caminho reconstrutivo em que utiliza o potencial de uma teoria crítica da Constituição não apenas para apontar as incoerências e inconstitucionalidades do atual modelo de autorização para o funcionamento das rádios comunitárias, mas, principalmente, para apontar alternativas teóricas e institucionais para uma releitura radicalmente democrática do direito à comunicação.

No primeiro capítulo, o autor oferece um roteiro metodológico que possibilita ao leitor o acesso compartilhado aos seus referenciais acadêmicos, o que permite a compreensão dos elementos teóricos conceituais que permeiam todo o trabalho. Nesse particular, *Daniel Vila-Nova* oferece ao leitor as bases da formulação de uma Teoria Discursiva da Constituição, inspirada na Teoria dos Sistemas, de *Niklas Luhmann*; e na Teoria Discursiva do Direito e da Democracia, de *Jürgen Habermas*.

Trata-se, em síntese, de uma instigante proposta de interpretação sobre o significado constitucional da noção de serviço público, a partir do que denomina "ótica dos administrados-administradores". O recurso a esse conceito é interessante porque representa a tradução, no âmbito do direito público, de um princípio imprescindível para a compreensão do critério de legitimidade do direito contemporâneo: a dimensão interpretativa de os cidadãos sentirem-se, atuarem e serem vistos, direta ou indiretamente, como destinatários e coprodutores das normas jurídicas. Esse é um pressuposto normativo, aparentemente distante da nossa vida político-constitucional, importante para um referencial de uma crítica democrática do sistema de direitos. A chave desenvolvida pelo autor, a partir da teoria do discurso, é a identificação de que a autonomia individual, do ponto de vista do direito, pode ser dividida em duas facetas complementares: uma autonomia pública (referente ao exercício da participação política, ou seja, a coautoria na construção do direito) e outra privada (que representa a proteção da esfera de privacidade e intimidade). A compreensão conceitual da relação complementar entre o público e o privado é instrumento indispensável para o desdobramento das pretensões teóricas e práticas do trabalho do autor.

A complementaridade entre o público e o privado encontra ainda uma segunda dimensão no capítulo seguinte: as tensões discursivas e jurídicas entre esfera pública e esfera privada no cenário histórico das políticas públicas de radiodifusão no Brasil desde o momento do advento do rádio até os dias atuais. É com base nessa ideia que o autor busca reconstruir histórica e normativamente o caminho enfrentado no Brasil para a construção do direito constitucional à radiodifusão comunitária. Esse processo complexo é compreendido como uma constante luta por reconhecimento em que indivíduos e movimentos sociais se posicionaram diante da necessidade de maior democratização do sistema de radiodifusão brasileiro. Tal resgate foi sobremaneira importante para um posicionamento claro sobre o significado de Constituição e de interpretação constitucional.

A partir do esforço empreendido no segundo capítulo, o autor oferece subsídios de que a Constituição pode ser compreendida como um processo plural, intersubjetivo e aberto ao tempo. A noção de interpretação constitucional extraída do livro é de uma constante interação entre texto e contexto em que as lutas interpretativas empreendidas na vida social, e não apenas nas instituições oficiais do Estado ou nas convenções tradicionais do Mercado, orientam o significado histórico da Constituição. Nesse contexto, a obra propõe uma releitura democrática das possibilidades e limites jurídicos e políticos das interpretações tradicionais acerca do instituto dos serviços públicos (a saber: o Essencialismo; e o Formalismo).

No terceiro capítulo, o autor avança para um nível concreto de argumentação em que avalia institucionalmente as possibilidades e os limites da concretização democrática do serviço de radiodifusão comunitária, especialmente da Lei n. 9.612/1998. Elemento relevante nesse contexto de análise é a reflexão, que já havia sido realizada teoricamente em capítulos anteriores, sobre o significado pragmático da ideia de serviços públicos aplicável à radiodifusão em geral e, em particular, ao setor de "regulação institucional e social" das rádios comunitárias. Isso possibilita uma avaliação crítica do conjunto de práticas institucionais existentes e o apontamento de alternativas para uma visão constitucionalmente adequada da radiodifusão comunitária. Nesse último capítulo, a relação entre o público e o privado adentra o terreno da complementaridade entre as concepções de direito público e direito privado em uma leitura bastante original acerca da construção de uma prática jurídica e institucional relacionada ao desenvolvimento de um Estado Democrático de Direito.

É de se destacar a visão de legitimidade aplicada pelo autor em sua preocupação de pesquisa. A legitimidade do direito, tal qual apresentada no livro, não se resume a um legalismo tacanho que certas vezes culmina em criminalizar condutas de cidadãos interessados em produzir comunicação social, por meio da radiodifusão. Esse aspecto do livro é relevante porque procura um referencial apto a responder aos anseios de uma sociedade plural no que se refere à legitimidade da aplicação do direito, sobretudo nos casos difíceis referentes à garantia de direitos fundamentais.

Este livro de autoria de *Daniel Vila-Nova* reflete a um só tempo a individualidade e a coletividade que deve permear todo bom trabalho acadêmico.

A individualidade está presente em duas das principais características do texto do autor que representam traços importantes de sua personalidade: inteligência e perseverança. Trata-se de um estudante que sempre se destacou por sua capacidade intelectual diferenciada, mas que nunca se satisfez com isso. A dedicação sempre foi uma marca de sua jovem vida acadêmica. Essas duas características aparecem no livro com a salutar combinação entre intuição, audácia intelectual e compromisso acadêmico.

A coletividade, por outro lado, está destacada por se tratar de um trabalho que muito bem representa as preocupações do programa de mestrado da Faculdade de Direito da Universidade de Brasília, especialmente do grupo de pesquisa "Sociedade, Tempo e Direito", no sentido da construção de uma nova forma de enxergar o direito brasileiro. Uma forma que combina a profundidade teórica e interdisciplinaridade, sem se perder em devaneios não relacionados às práticas institucionais, com uma preocupação com temas concretos da vida constitucional brasileira, sem, contudo, acreditar em um dogmatismo sem rumo.

Eis acima os propósitos de um livro que tem tudo para se tornar uma referência teórica e prática não apenas para profissionais da área jurídica, mas, principalmente, para cidadãos interessados em dialogar e participar de uma visão constitucionalizante e democratizante das políticas públicas e privadas destinadas à prestação dos serviços de telecomunicações no Brasil.

Alexandre Bernardino Costa
Professor da Faculdade de Direito
da Universidade de Brasília

Brasília, março de 2009.

INTRODUÇÃO

O universo (a que outros chamam a Biblioteca) compõe-se de um número indefinido, e talvez infinito, de galerias hexagonais, com vastos poços de ventilação no meio, cercados por parapeitos baixíssimos. De qualquer hexágono veem-se os pisos inferiores e superiores: interminavelmente. A distribuição das galerias é invariável. Vinte estantes, a cinco longas estantes por lado, cobrem todos os lados menos dois; a sua altura, que é a dos pisos, mal excede a de um bibliotecário normal. Uma das faces livres dá para um estreito saguão, que vai desembocar noutra galeria, idêntica a primeira e a todas. À esquerda e à direita do saguão há dois gabinetes minúsculos. Um permite dormir de pé; o outro, satisfazer as necessidades fecais. Por aí passa a escada em espiral, que se afunda e eleva a perder de vista. No saguão há um espelho, que fielmente duplica as aparências. Os homens costumam inferir desse espelho que a Biblioteca não é infinita (se o fosse realmente, para que serviria esta duplicação ilusória?); eu prefiro sonhar que as superfícies polidas representam e prometem o infinito... A luz provém de umas frutas esféricas que têm o nome de lâmpadas. Há duas em cada hexágono: transversais. A luz que emitem é insuficiente, incessante —
(Jorge Luis Borges, *A Biblioteca de Babel*).

No dia 11 de setembro de 2001, mais exatamente a partir das 08h:48min (horário local da cidade de Nova Iorque), a humanidade acompanhou, absorta, uma série de incidentes que, logo em seguida, ficaram conhecidos como os atentados terroristas de 11 de setembro. Esse evento desencadeou uma série de acontecimentos e reações que transcenderam, em muito, a emblemática implosão do complexo do *World Trade Center* — WTC. A queda das torres gêmeas — consideradas cartões postais estadunidenses e, por muitos, ícones do modelo capitalista de negociações comerciais em um mercado globalizado, hipercomplexo e diversificado — representou, desde logo, muito mais que o mero desabamento de dois arranha-céus com mais de 100 andares.[1]

Naquele dia, por meio do rádio do táxi que o transportava em direção ao WTC, um executivo nova-iorquino que, ao acaso, tinha se atrasado na tentativa de retirar as manchas de café sobre sua gravata de seda, soube, às 09h:07min, que as torres já estavam em chamas. Naquele exato momento, a televisão da residência de uma família brasileira, situada em Codó, Estado do Maranhão, transmitia as fortes imagens das labaredas consumindo os

---

(1) Noam Chomsky (2006:11) descreve sua opinião sobre esses acontecimentos, com os seguintes dizeres: "As horripilantes atrocidades cometidas em 11 de setembro são algo inteiramente novo na política mundial, não em sua dimensão ou caráter, mas em relação ao alvo atingido. Para os Estados Unidos, é a primeira vez, desde a Guerra de 1812, que o território nacional sofre um ataque, ou mesmo é ameaçado. Muitos comentaristas tentaram fazer uma analogia com Pearl Harbor, mas se trata de um equívoco. Em 7 de dezembro de 1941, as bases militares em duas colônias americanas foram atacadas — e não o território nacional, que jamais chegou a ser ameaçado. Os Estados Unidos preferiam chamar o Havaí de 'território', mas de fato era uma colônia. (...) O número de vítimas é colossal. Pela primeira vez, as armas voltaram-se contra nós. Foi uma mudança dramática. (...) Quais os prognósticos, ninguém se atreve a arriscar. Mas que é algo totalmente inédito, não há a mínima dúvida".

dois prédios. Na cozinha dessa mesma moradia, uma dona de casa preparava o almoço e, sem perceber as proporções dos acontecimentos em curso, não havia se dado conta do real motivo pelo qual seu programa televisivo matinal predileto não havia começado ainda. Enquanto tudo isso acontecia, pelo ICQ, um estudante universitário indiano, residente em Calcutá, *teclou* uma mensagem para sua namorada, intercambista na Austrália, sobre o que acabara de ler em uma agência de notícias na Internet.

A partir dessas situações hipotéticas, lançamos a ideia de que parcela significativa da população mundial assistiu e/ou ouviu o estopim daquilo que, somente depois, passou a ser proclamado como a "Guerra contra o Terror". Interessa-nos, por agora, registrar que a transmissão simultânea de imagens (fotos e filmagens), sons, relatos, dados, opiniões e comentários relativos à derrocada desse símbolo do capitalismo global se deu, preponderantemente, por meio dos diversos meios de comunicação de massa, em especial, pela televisão, pelo rádio, pela Internet e pelos inúmeros jornais e revistas que se seguiram ao incidente.[2]

Pouco mais de três anos após os atentados, outro acontecimento trouxe novas perspectivas para o mundo das comunicações. A influente corporação estadunidense *Google Inc.* anunciou, em dezembro de 2004, o Projeto *Google Print Library* (livremente traduzida, aqui, como "Livraria" ou "Biblioteca Impressa" da *Google*).[3]

A proposta desse empreendimento é digitalizar e disponibilizar pela rede mundial de computadores o conteúdo de cerca de 15 milhões de livros pertencentes aos acervos de grandes bibliotecas da Inglaterra e dos Estados Unidos (*Stanford*, *Oxford's Bodleian Library*, *Michigan*, *Harvard* e *New York Public Library*). Embora essa iniciativa esteja em sua fase

---

(2) Araújo Pinto (2004) desenvolve uma abordagem teórica detalhada dos riscos e possibilidades constitucionais decorrentes dos atentados de 11 de setembro de 2001 e dos demais "atentados terroristas" que se sucederam a partir do constitucionalismo inglês e americano. Outra referência interessante é uma compilação de perguntas realizadas a Chomsky (2002) por jornalistas de todo o mundo logo nos dias que se seguiram aos incidentes que proclamaram as primeiras origens da *Guerra contra o Terror*.

(3) A "influência" econômica da *Google Inc.* pode ser observada a partir do considerável crescimento dessa corporação para inúmeros setores da mídia eletrônica. Nesse sentido é pertinente mencionarmos dados levantados pela *Agência Globo On Line*, em 2006, em reportagem intitulada "Valor da marca *Google* cresceu 46% este ano". Em matéria veiculada às 21h:27min do dia 28 de setembro de 2006, afirma-se que: "A marca que mais ganhou valor este ano foi a do *site* líder de buscas no mundo: Google. Segundo o ranking de marcas elaborado pela revista americana 'Businesss Week', em parceria com a consultoria Interbrand, a valorização do nome Google foi de 46%. (...). O Google ficou em 24º lugar, com valor de US$ 12,376 bilhões. Com isso, a empresa deixou para trás nomes conhecidos como a fabricante de eletroeletrônicos LG (94), a tradicional Cartier (86), a empresa de artigos esportivos Adidas (71), a Xérox (57) e até a montadora Ford (30). (...) o Google conseguiu ultrapassar ícones de uma mídia hoje considerada tradicional como a gravadora Sony (26), o canal de música MTV (50) e a agência de notícias Reuters (78). O Google teve um avanço considerável, pois só entrou no ranking de marcas, elaborado desde 2000, no ano passado [2005]" (Fonte: *Globo On Line*, disponível em: <http://oglobo.globo.com/online/tecnologia/plantao/2006/07/28/285946275.asp>. Último acesso em: 04 ago. 2006). Para outros dados estatísticos que refletem o potencial desempenhado pela referida corporação, assim como de outros 14 portais mais acessados no mundo inteiro, destacamos reportagem publicada na Edição n. 408 da Revista *Carta Capital* — *cf.* texto intitulado "Os 15 reis do clique", assinado por John Naughton (2006:10-18). Nessa reportagem, Naughton (2006:17-18) enfatiza o valor de "1 bilhão de pedidos de pesquisas/dia" e tenta explicar a atual abrangência da empresa: "A partir de bases tão simples surgiu um império gigantesco que se ramificou em *e-mail* (Gmail), notícias (Google News), cotação de preços (Froogle), cartografia (Google Maps), literatura (com o muito contestado Google Book Search), telefonia grátis (Google Talk) e o mais sensacional Google Earth, um mapa-múndi virtual incrivelmente detalhado".

piloto, é possível reconhecermos, nesses dois episódios, alguns indícios de intensa transformação no âmbito dos meios de comunicação de massa — um fenômeno que é definido neste estudo como convergência das *comunicações*.[4]

Cada vez mais, tornam-se evidentes as dificuldades de controle das possibilidades de circulação da comunicação social que a linguagem humana proporciona. Por mais paradoxal que pareça, é-nos interessante recorrer à alegoria bíblica da Torre de Babel.

Segundo a narrativa do Antigo Testamento, essa edificação teria sido destruída pela ira do Deus Jeová e, a partir desse momento, todos os homens e mulheres passaram a falar línguas diferentes. Hoje, a convergência das comunicações nos revela uma (in)certa tendência de integração de todas essas línguas por meio dos mais diversos meios de comunicação. A cada momento, as estruturas da telefonia, televisão, rádio, Internet, e imprensa escrita têm de enfrentar as tensões decorrentes da intensificação desse processo convergente dos meios tecnológicos e dos serviços de transmissão de dados, sons e imagens.

Independente do êxito do projeto da *Google* na tentativa de realização virtual da Biblioteca de Babel, a convergência das mídias hoje disponíveis já permitem: envio e compartilhamento de arquivos contendo fotos, vídeos e sons (*podcasts*) por meio de telefones móveis (celulares) e computadores; transmissão de rádio, televisão e voz pela Internet (telefonia e radiodifusão pelo sistema *VoIP* e *IPTV*); acesso à rede mundial por aparelhos de TV a cabo, celulares, *palm tops*, *notebooks* e *desktops*; enfim, um sem número de alternativas, as quais não mais podem ser reduzidas a um único aparelho, nem tampouco eternizadas como "o" meio de comunicação, sob pesados riscos de se tornarem obsoletas no momento seguinte. Essa convergência transcende o debate da política regulatória brasileira e não se resume à conversão de informações de uma mídia para outra, mas também contribui para uma padronização, uma massificação dos conteúdos que passam a ser veiculados pelas diversas comunicações[5].

---

(4) Adota-se, aqui, a perspectiva de Murilo César Ramos (2000:59-60) segundo a qual: "Vivemos o momento da *convergência entre os meios de comunicação — informação e entretenimento —, as telecomunicações — até então vistas apenas como redes e serviços de telefonia e transmissão de dados —, e a informática, ainda por muitos vista como o uso do computador para o armazenamento e processamento da informação*. É por conta dessa convergência que passei a usar, talvez sem muita criatividade, mas com bons resultados práticos, o conceito de comunicações, ao invés de somente comunicação, social ou de massa" (realces no original).

(5) Para maiores aprofundamentos acerca dos entraves regulatórios que as políticas públicas de (tele)comunicação têm enfrentado no contexto de convergência tecnológica capitaneado pelo advento da internet, *cf.* Bar e Sandvig (2008:531-550). Apenas para exemplificar a atualidade do tema, o autor do presente livro teve a oportunidade de traduzir a versão original, em inglês, do artigo intitulado "US Communication police after convergence", publicado em outubro de 2008 pela revista "*Media, Culture & Society*". A tradução se encontra no prelo para a primeira edição da Revista de Direito das Telecomunicações (Redetel), a ser publicada ainda no primeiro semestre de 2009 pelo Grupo de Estudos em Direito das Telecomunicações (Getel). No artigo mencionado, François Bar e Christian Sandvig (2008) abordam as incongruências das políticas públicas de comunicação social adotadas pelos Estados Unidos da América no que concerne à manutenção de barreiras regulatórias rígidas para os meios de comunicação tradicionais da Imprensa, dos Correios, da Telefonia e da Radiodifusão. A ideia central contida na tese desses autores é a de que o modelo de política pública de regulação da comunicação social implementado pelos Estados Unidos carece de uma maior sistematização institucional. A partir dessa premissa, o artigo sustenta a necessidade de instauração de um modelo regulatório que seja permeável e competente para se ajustar aos incrementos infraestruturais e tecnológicos dos novos produtos e serviços disponíveis em um cenário de ampla convergência de mídias.

Tal quadro nos traz indicativos de que se torna cada vez mais complexa a tarefa do direito e, em especial, da Constituição, para regular, de modo legítimo, as relações decorrentes desses acontecimentos. Assim, crescem, em quantidade e em intensidade, as demandas por formas e conteúdos jurídicos aptos a generalizar, de maneira congruente, as expectativas dos cidadãos e atores envolvidos.

As múltiplas tentativas de definição das repercussões jurídicas decorrentes do fenômeno da convergência tecnológica, econômica e regulatória das mídias de informação e telecomunicação ainda permanecem em aberto. Assim, exatamente pela imprevisibilidade e complexidade que essa reflexão pode assumir no âmbito da interpretação constitucional de direitos e deveres dos cidadãos, entendemos que se trata de tema que precisa ser problematizado de modo mais profundo, em outras oportunidades e, também, por outros estudos.

Este trabalho se propõe a abordar possibilidades e limites de construção de um legítimo controle constitucional das políticas públicas de radiodifusão, com especial enfoque para aquelas destinadas às rádios comunitárias. Não desejamos, com essas considerações, fixar postura ingênua quanto aos usos jurídicos e políticos da "ciranda estonteante da tecnologia".[6]

Nesse contexto, o fenômeno da convergência é assumido tão somente como pano de fundo para o levantamento de alternativas de realização democrática de direitos fundamentais. Assumimos o pressuposto de que as comunicações podem ser encaradas como instrumentos de radicalização dos processos democráticos de regulação das políticas públicas.

Nesta investigação, buscamos redefinir tais políticas a partir da(s) ótica(s) do(s) administrado(s)-administrador(es). Esse novo olhar constitucional corresponde a uma concepção normativa e plural que nos oferece subsídios teóricos para que os cidadãos e comunidades sejam, simultaneamente, compreendidos como coautores e destinatários da regulação social das políticas de prestação de serviços públicos de rádio e televisão, sejam eles capitaneados pelo Estado, ou, ainda, por corporações políticas, profissionais ou econômicas.

O eixo condutor deste estudo, dividido em três capítulos, enfoca as potencialidades jurídicas e tecnológicas de concretização fraterna dos direitos de liberdade e igualdade a partir da experiência democrática de vivência da cidadania no Brasil.

---

(6) Segundo adverte Roberto Armando Ramos de Aguiar (2000:89): "Perante a tecnologia e seu papel na contemporaneidade, não podemos assumir uma posição maniqueísta, nem exorcizá-la com um monstro que domina, devora e impessoaliza, nem entronizá-la como a panaceia para a superação dos problemas da humanidade. Como todo ser, ela tem seu lado luminoso e seu lado escuro. (...). Para nos aproximarmos do tema, temos de abandonar o senso comum dos técnicos e mesmo o de certos cientistas que encaram a tecnologia como neutra, a depender seu bom ou mau uso dos *decisores* que a utilizam. (...). Por isso, não podemos a priori ser a favor ou contra ela, nem julgá-la de fora, como se a ética fosse normatizá-la externamente. A questão tecnológica, em seus aspectos éticos, políticos, ambientais ou sociais deve ser tratada por dentro, por quem cria opera e recebe seus efeitos. Enquanto isso não for feito, as regras sociais consideradas boas não atingirão a produção tecnológica, porque a linguagem cotidiana não tem interface com a linguagem tecnológica no que ela tem de fundamental. Os instrumentos jurídicos, muitas vezes referenciados a um mundo de tecnologias ultrapassadas ou esgotadas, não conseguem operar nesse mundo mutável, de curtas existências e de velocidade crescente, representado pelos artefatos tecnológicos. Há um fosso de entendimento entre o mundo do dever-ser jurídico e a ciranda estonteante da tecnologia".

O *Capítulo 1* desenvolve a ideia de controle normativo por meio da cidadania como alternativa teórica que tenta fortalecer o Estado Democrático de Direito com mecanismos legítimos para uma regulação jurídica também exercitável pelos inumeráveis atores da cidadania. Nesse contexto, o protagonismo dos cidadãos individuais e a organização da Sociedade Civil ao redor de identidades coletivas aparecem como elementos básicos de uma perspectiva que, daqui para frente, passaremos a denominar como *ótica dos administrados-administradores*. Nessa parte inicial, procuraremos relacionar esse processo de emergência de sujeitos individuais e coletivos de direitos[7] ao caso das políticas públicas destinadas à radiodifusão comunitária no Brasil.

Os *Capítulos 2 e 3*, por seu turno, abordam a questão dos déficits e excessos de cidadania no Estado Brasileiro, a partir dos impasses oriundos da falta de legitimidade na implementação de políticas públicas no setor de (tele)comunicações. Pretendemos, em linhas gerais, identificar algumas das principais demandas institucionais e infraestruturais dos cidadãos e de movimentos sociais organizados para a democratização do controle normativo e social destinado à discussão de tais políticas. O roteiro proposto para a análise constitucional da crise da noção de controle normativo dos serviços públicos de (tele)comunicações pretende abarcar não somente as transformações legislativas e constitucionais ocorridas no Sistema Brasileiro de Telecomunicações (SBTel), mas, sobretudo, o problema da radicalização democrática da cidadania através desses meios de comunicação social — dentre os quais enfocamos o papel das rádios comunitárias.

Nesses capítulos, portanto, delinearemos experiências históricas intersubjetivamente compartilhadas pelos diversos administrados-administradores brasileiros, a partir da construção de um modelo estatista, nacionalista e patrimonialista das políticas públicas de radiodifusão. Para sustentar tais argumentos, retrataremos alguns dos problemas de controle normativo para casos em que a operação de rádios comunitárias no país tem sido sistematicamente dificultada. A interpretação da legislação aplicável a tais atividades não pode negligenciar as singularidades dessa patente situação de limitação das possibilidades democráticas e cidadãs do livre, igual e fraterno exercício do direito constitucional à comunicação e à informação.

Em nossas *Considerações Finais*, propomos uma (re)definição para as noções tradicionais de serviço público, as quais giram ao redor de duas visões básicas: o Formalismo (segundo o qual serviço público é aquilo que a lei disser que é); e o Essencialismo (em que o serviço público corresponde às denominadas atividades "essenciais" para o convívio social). No caso da regulação das políticas públicas da radiodifusão comunitária, sustentamos que ambas as perspectivas fornecidas pela tradição jurídico-constitucional estão esgotadas quanto às suas respectivas possibilidades de legitimação democrática na sociedade brasileira.

Tal assertiva encontra suas razões decisivas na constatação de que elas negligenciam, sobremaneira, um aspecto fundamental para a compreensão da crise da noção constitucional

---

(7) Quanto à categoria sujeito coletivo de direito, José Geraldo de Souza Júnior (1999:257) afirma que: "O relevante para a utilização da noção de sujeito, na designação dos movimentos sociais, é a conjugação entre o processo das identidades coletivas, como forma do exercício de suas autonomias e a consciência de um projeto coletivo de mudança social a partir das próprias experiências".

de serviço público: o complexo processo de legitimação democrática das atividades regulatórias destinadas aos "serviços de telecomunicações". Antes de nos aferrarmos à letra da lei, ou à concepção de "Bem" para os cidadãos brasileiros, buscaremos um enfoque democrático que nos direcione para a análise da regulação dos procedimentos e conteúdos que norteiam tais decisões jurídicas e políticas no contexto da convergência das comunicações.

Sustentamos os potenciais de uma redefinição do estudo do instituto do serviço público que, em uma expressão, trabalhe o tema das políticas públicas sob o enfoque da democracia e da cidadania brasileira. Adotamos a premissa de que, para uma revisitação adequada da noção constitucional do serviço de radiodifusão comunitária, os cidadãos e comunidades locais e regionais devem ser compreendidos não apenas como meros usuários/consumidores de serviços e/ou utilidades de fruição individual e coletiva, mas também como legítimos gestores do controle social da prestação das atividades das rádios comunitárias. Enfatizamos, por último, que o controle normativo de serviços públicos não pode, de outro lado, ser reduzido à descrição do papel de centralidade do discurso do Estado, do Mercado, dos políticos ou da Religião para a tomada de decisões políticas vinculantes.

Para além do protagonismo exercido por cada um dos atores envolvidos, este estudo pretende contribuir para o reconhecimento da validade de uma alternativa teórica e prática que se habilite a repensar a noção constitucional de serviço público. A partir dos riscos e possibilidades que o controle social, cidadão e democrático pode oferecer para a regulação de procedimentos relacionados às políticas públicas de radiodifusão, analisaremos o caso da outorga de autorizações para que rádios comunitárias possam operar no país, nos termos da legislação de regência: a Lei n. 9.612, de 19 de fevereiro de 1998.

Após uma década da promulgação dessa legislação específica, é fundamental avaliar a experiência constitucional vivenciada pelas rádios comunitárias no Brasil. Não é mais possível tolerarmos a falta de transparência de um modelo de radiodifusão caracterizado pelas privatizações do espaço público por atuações político-partidárias e religiosas.

Esta obra parte da premissa básica de que é possível identificar um nicho constitucional adequado para o desenvolvimento democrático dessas atividades em um contexto de fomento da cidadania dos atores envolvidos: o sistema público de comunicação social, o qual, nos termos do art. 223 da Constituição da República Federativa do Brasil, não pode, nem deve ser confundido com o âmbito do "estatal" e do "privado". Conclusivamente, para uma abordagem dos dilemas de uma administração-administrada em diversos níveis institucionais, enfocamos a noção de crise dos serviços públicos de telecomunicações a partir do protagonismo que pode ser desempenhado pelos múltiplos atores da cidadania, na regulação e exploração da atividade de radiodifusão comunitária.

Entendemos que os controles jurídicos e políticos dessas atividades envolvem a imposição de deveres, o acesso, a participação e a distribuição de benefícios individuais, coletivos e sociais. Essa reflexão também se relaciona às dimensões democráticas de assentimento ao exercício cidadão do direito constitucional à comunicação e à informação. Voltamos nossas lentes, portanto, para a exploração dos limites e possibilidades das atividades de radiodifusão comunitária no Brasil.

Definido nosso roteiro de "angústias constitucionais"[8], abandonamos, ao menos por agora, os efeitos das torres que se desfacelam no horizonte. Para abordarmos, em termos mais precisos, alguns dos idiomas que falaremos na Babel aqui esboçada, desenvolvemos, a seguir, os problemas, as hipóteses, as delimitações temáticas e as principais noções teóricas e metodológicas que nos conduzirão no decorrer deste trabalho.

---

(8) Nesse ponto, o uso da expressão "angústias constitucionais" nos inspira a trilhar a seguinte sugestão de José Joaquim Gomes Canotilho (2003:27): "(...) as instituições e os indivíduos presentes numa ordem constitucional estão hoje mergulhados numa *sociedade técnica, informativa* e de *risco* que obriga o jurista constitucional a preocupar-se com o espaço entre a técnica e o direito de forma a evitar que esse espaço se transforme numa terra de ninguém jurídica. Não se admirem, por isso, as angústias constitucionais perante fenômenos da biotecnologia ('inseminações', 'clonagens'), das auto-estradas da informação *(information superhighways)* e da segurança de cidadãos perante o caso de tecnologias criptográficas" (realces no original).

Capítulo 1

PARA UMA INTERPRETAÇÃO CONSTITUCIONAL DO SERVIÇO DE RADIODIFUSÃO COMUNITÁRIA NO BRASIL

> 'Um silêncio de torturas
> e gritos de maldição
> Um silêncio de fraturas
> a se arrastarem no chão.
> E o operário ouviu a voz
> de todos os seus irmãos
> Os seus irmãos que morreram
> por outros que viverão.
> Uma esperança sincera
> cresceu no seu coração
> E dentro da tarde mansa
> agigantou-se a razão
> de um homem pobre e esquecido
> Razão, porém, que fizera
> em operário construído
> o operário em construção.'
>
> (Vinícius de Moraes,
> *O operário em construção*)

Passadas quase duas décadas da implementação do Programa Nacional de Desestatização[1], a Reforma Administrativa[2] do aparato estatal brasileiro ainda se defronta com os dilemas constitucionais da "construção de uma sociedade justa e solidária, organizada sob a forma de Estado Democrático de Direito", nos termos estipulados pela Constituição da República Federativa do Brasil de 1988 (CRFB/1988, art. 3º, I). Considerando o passado e o presente de um país marcado por desigualdades sociais e políticas extremas, nos movemos pela inquietação de que o Estado Democrático de Direito Brasileiro deve corresponder a processos muito mais complexos que a simples transcrição de textos jurídicos.[3]

---

(1) Utiliza-se como parâmetro a Lei n. 8.031, de 12 de abril de 1990, que criou o Programa Nacional de Desestatização — PND —, instituído com vistas a promover a transferência, em larga escala, de empresas estatais para o setor privado.

(2) A esse respeito, o Poder Executivo Brasileiro elaborou os seguintes documentos institucionais: i) *Plano Diretor da Reforma do Aparelho do Estado* (referente aos primeiros 4 (quatro) anos do governo Fernando Henrique Cardoso, de 1995 a 1998); e ii) *Políticas Econômicas e Reformas Estruturais* (relacionado aos 4 (quatro) anos iniciais da presidência de Luiz Inácio Lula da Silva, no período de 2003 a 2006). Para maiores informações *cf.*, respectivamente, Brasil (1995 e 2003).

(3) Embora o texto constitucional brasileiro (CRFB/1998, art. 1º, *caput*) adote a grafia "Estado democrático de direito", no decorrer deste trabalho, tal expressão será cunhada com todas as iniciais maiúsculas. A motivação para esse

As disposições contidas no texto constitucional pátrio nos dizem muito pouco sobre nossa identidade na condição associativa de cidadãos livres e iguais que se norteiam por uma comunidade justa, equânime e solidária de princípios. A partir das sugestões teóricas lançadas pela obra de *Jürgen Habermas*, entendemos que a proposta de compreensão do Estado Brasileiro contemporâneo também pressupõe uma visão de mundo intersubjetivamente compartilhada pelos inúmeros sujeitos da cidadania no Brasil. Sob a égide dessa abordagem, surgem incontáveis possibilidades hermenêuticas de vivência social da Constituição a partir das experiências históricas e sociais de construção democrática e cidadã das liberdades, da igualdade e da fraternidade.

Seguindo sugestão de *Michel Rosenfeld*, partimos do postulado de que ainda é possível projetar a cidadania e a democracia como importantes processos para uma reflexão da identidade constitucional brasileira.[4] A Constituição apresenta indícios de reconhecimento de uma identidade compartilhada por todos *nós*, brasileiros, para a conquista de direitos e a imposição de deveres. Neste capítulo, adotaremos a premissa de que é necessário levar a sério as pretensões constitucionais representadas na contínua tensão entre o respeito à autonomia individual no gozo de direitos fundamentais (autonomia privada) e a promoção do livre exercício da soberania do povo brasileiro (autonomia pública).

a) A crise dos serviços de (tele)comunicações e o marco regulatório da radiodifusão comunitária no Brasil

A edição da Emenda Constitucional n. 08, de 15 de agosto de 1995, revela-nos curiosas alternativas de compreensão das dimensões democráticas da cidadania no Brasil. À primeira vista, a referida EC pareceu acenar, pelo menos textualmente, para a alteração do marco regulatório das políticas públicas aplicáveis às atividades das telecomunicações em geral. Na redação originária da CFB/1988, os incisos XI e XII do art. 21 arrolavam como competência da União:

> XI – explorar, diretamente ou mediante *concessão a empresas sob controle acionário estatal, os serviços telefônicos, telegráficos, de transmissão de dados e demais serviços públicos de telecomunicações, assegurada a prestação de serviços de informações por entidades de direito privado através da rede pública de telecomunicações explorada pela União;*

---

estilo tem por objetivo explicitar a singela opção, manifestada por meio dos pressupostos adotados e dos fins almejados neste estudo, de que não se pode conceber o fenômeno jurídico-político do Estado desvinculado de uma Teoria da Democracia e da Cidadania. Assumimos, confessadamente, como orientação as seguintes palavras de Jürgen Habermas (1997b:247): "... não pode haver direito autônomo sem a consolidação da democracia" Ademais, desejamos enfatizar a postura interpretativa sugerida por Menelick de Carvalho Netto (2001), segundo a qual, para chegarmos a uma proposta de compreensão da cidadania no Estado Democrático de Direito, é necessário reconstruir os paradigmas do Estado de Direito Brasileiro. Segundo adverte Carvalho Netto (2001:11): "a expressão 'Estado Democrático de Direito' não é simplesmente um princípio, é mais precisamente um paradigma". Isto é, o termo corresponde a uma dimensão da hermenêutica constitucional que propõe uma ruptura com os paradigmas anteriores (o liberal e o social) a partir de uma releitura integral do sistema de direitos e deveres.

(4) Para interessantes reflexões sobre o papel da tensão entre igualdade e diferença para a formação democrática dessa identidade constitucional no contexto das experiências paradigmáticas de Estado de Direito, *cf.* Michel Rosenfeld (2001, 2003a e 2003b).

XII – explorar, diretamente ou mediante autorização, concessão ou permissão:

a) os serviços de radiodifusão sonora, e de sons e imagens *e demais serviços de telecomunicações*;

A partir da entrada em vigor da EC n. 08/1995, os referidos incisos passaram a contar com as seguintes disposições:

Art. 21. Compete à União:

XI – explorar, diretamente ou *mediante autorização, concessão ou permissão, os serviços de telecomunicações, nos termos da lei, que disporá sobre a organização dos serviços, a criação de um órgão regulador e outros aspectos institucionais*;

XII – explorar, diretamente ou mediante autorização, concessão ou permissão:

a) os serviços de radiodifusão sonora, e de sons e imagens;

Sob o ponto de vista das alterações textuais realizadas na redação do inciso XI do art. 21 da CFB/1988, essa mudança correspondeu à chamada "quebra" do monopólio estatal quanto às modalidades de prestação dos *serviços públicos de telecomunicações*.[5] Até a edição da referida EC, era inequívoco que também se incluíam nessa denominação os serviços de radiodifusão.[6]

Antes da nova redação, portanto, os atores da sociedade brasileira não levantavam dúvidas acerca de que atividades radiodifusoras inscreviam-se como espécie do gênero serviços públicos prestados por intermédio de instrumentos de telecomunicação. Nesse ponto, nos é interessante destacar as seguintes palavras de *Murilo César Ramos* (2000:174) sobre o processo político partidário relacionado à mudança no texto originário da CFB/1988:

(...) ao diferenciar, no Inciso XII, os serviços de radiodifusão sonora e de sons e imagens dos demais serviços de telecomunicações, o legislador acabaria surpreendendo a maioria dos observadores, numa surpresa tanta que, até este momento pelo menos,

---

(5) No contexto da EC n. 08/1995, poderiam ser indicadas ainda outras mudanças relevantes, como por exemplo: a previsão de um órgão regulador, a ser criado por lei, para substituir ou auxiliar a atuação do Ministério das Comunicações — Minicom —; a instituição da autorização e da permissão como instrumentos jurídico-administrativos de transferência da titularidade de execução e prestação dos serviços de telecomunicações e de radiodifusão etc.

(6) Segundo João Carlos Mariense Escobar (1999:194): "Uma das espécies de telecomunicação é a radiocomunicação que utiliza frequências radioelétricas não confinadas a fios, cabos ou outros meios físicos. Como subespécie da radiocomunicação, o autor (1999) aponta a *radiodifusão*, que consiste no serviço de telecomunicações que compreende a transmissão de sons (radiodifusão sonora) e a transmissão de sons e imagens (televisão), destinadas a serem direta e livremente recebidas pelo público em geral". No âmbito internacional, a definição dos serviços de radiocomunicação (gênero da espécie radiodifusão) e de sua regulação, submetida à jurisdição da União Internacional de Telecomunicações (UIT), da qual o Brasil é país-membro, está presente no Convênio ou Convenção Internacional de Telecomunicações (também conhecido como "Tratado de Nairobi"), assinado em 6 de novembro de 1982, em Nairobi, Quênia, aprovado pelo Decreto Legislativo n. 55, de 04 de outubro de 1989, ratificado pela Carta Presidencial de 21 de janeiro de 1990, e, por fim, promulgado pelo Decreto Presidencial n. 70, de 26 de março de 1991. O Tratado de Nairobi define telecomunicação como "Toda transmissão, emissão ou recepção de símbolos, sinais, escritos, imagens, sons ou informações de toda natureza, por fio, radioeletricidade, sistemas óticos ou outros sistemas eletromagnéticos" — (Anexo 2 — n. 2.015). Radiocomunicação, por sua vez, é definida nos seguintes termos: "Telecomunicação efetuada por meio de ondas radioelétricas" — (Anexo 2 — n. 2.011). Por fim, serviço de radiodifusão é concebido como: "Serviço de radiocomunicação cujas transmissões destinam-se à recepção direta pelo público em emissões de televisão ou outros gêneros de transmissão" — (Anexo 2 — n. 2.012).

o assunto não mereceu qualquer atenção digna de nota. Seja nos meios de comunicação, o que não é de se estranhar; seja no Congresso Nacional, principalmente entre as correntes políticas de esquerda e centro-esquerda, mais afeitas a esse tipo de debate; seja na sociedade civil, também entre aquelas entidades e movimentos de esquerda e centro-esquerda dedicados à questão da democratização dos meios de comunicação.

Diante da supressão da expressão "e demais serviços de telecomunicações" da parte final da alínea *a* do inciso XII do art. 21 da CFB/1988, surgiram "dúvidas" sobre se a alteração redacional teria excepcionado, ou não, a definição de radiodifusão (sonora e de sons e imagens) da condição de modalidade de serviços de telecomunicações, ou, ainda, da denominação constitucional dos "serviços públicos de telecomunicação" (CFB/ 1988, art. 21, XI). Para a análise dessa evolução legislativa, um aspecto que chama a nossa atenção diz respeito ao fato de que, por alguma razão — a qual não pode ser levianamente reduzida, aqui, ao elemento redacional[7] —, a interpretação conferida pelo Estado Brasileiro, por intermédio de seus poderes constituídos, passou a amparar a tese de que o novo texto constitucional acenaria com uma tendência de assimetria regulatória entre os serviços de telecomunicações em geral e os serviços de radiodifusão sonora (rádio) e de sons e imagens (televisão).

Um dos desdobramentos dessa interpretação, que pressupõe uma leitura constitucional de regulação diferenciada para a radiodifusão, em relação aos demais serviços de telecomunicações, foi a promulgação da Lei n. 9.472, de 16 de julho de 1997. Esse diploma legal, também conhecido como Lei Geral de Telecomunicações, ou simplesmente LGT, dispõe "sobre a organização dos serviços de telecomunicações, a criação e funcionamento de um órgão regulador [a Anatel] e outros aspectos institucionais, nos termos da Emenda Constitucional n. 8, de 1995".

A afirmação de que a regulação de ambos os setores se daria de modo diferenciado ainda foi legislativamente reforçada pela exclusão expressa dos serviços de radiodifusão sonora e de sons e imagens da jurisdição da Anatel (Lei n. 9.472/1997, art. 211). Nesse cenário, por disposição do art. 215 da LGT, o Poder Legislativo Brasileiro estabeleceu que a definição das estratégias e das políticas públicas aplicáveis, por consequência, ao setor de rádio e televisão continuaria a ser, pelo menos formalmente, estabelecida pelo Poder Executivo Federal, nos termos do Código Brasileiro de Telecomunicações (CBT — Lei n. 4.117, de 27 de agosto de 1962).

Eis o texto da Constituição e da legislação relevante que, a partir desse momento, passou a reger a distinção legislativa entre o cenário "regulado" das telecomunicações e o ambiente "não-regulado" da radiodifusão.[8] Esse fenômeno de diferenciação legal entre

---

(7) Nesse particular, é interessante observar que, em 14 de fevereiro de 2005 (cerca de seis meses antes da aprovação da EC n. 08, de 15 de agosto de 1995), o texto da Proposta de Emenda Constitucional n. 03/1995, encaminhada pelo Poder Executivo, não sugeria modificações ao inciso XII do art. 21 da CFB/1988. A proposta original previa, tão somente, a supressão da expressão "a empresas sob controle acionário estatal".

(8) O § 1º do art. 60 da Lei n. 9.472/1997 conceitua: "Telecomunicação é a transmissão, emissão ou recepção, por fio, radioeletricidade, meios ópticos ou qualquer outro processo eletromagnético, de símbolos, caracteres, sinais, escritos, imagens, sons ou informações de qualquer natureza".

as formas de controlar a prestação de tais atividades tem sido doutrinariamente definido por meio da expressão "assimetria regulatória", e, conforme sustenta *Leonor Augusta Giovine Cordovil* (2005:117), se justificaria porque:

> A radiodifusão apresenta peculiaridades em relação aos outros serviços de telecomunicações, que podem ser compreendidas pela importância dessa modalidade de serviço. O rádio e a televisão sempre exerceram grande influência sobre a sociedade, atraindo, por esse motivo, o interesse do Estado para a sua ampla e rígida regulamentação. Dessa forma, a radiodifusão sempre foi alvo de um maior controle estatal, embora este tenha variado conforme a história do Brasil.

A regulação das políticas públicas de radiodifusão não está submetida à competência de uma agência reguladora específica. Para o caso dos meios de comunicação que utilizam a difusão de sons (rádio) e a transmissão de sons e imagens (televisão), o Ministério das Comunicações (Minicom) detém as atribuições para a autorização desses serviços. A atividade da Anatel, portanto, nos termos dos arts. 158 e 211 da LGT, limita-se à tarefa preventiva de fiscalização das estações radiodifusoras e à função técnica de elaboração e manutenção dos planos de distribuição de canais, "levando em conta, inclusive, os aspectos concernentes à evolução tecnológica".[9] Por fim, o Ministério da Aeronáutica tem a função de estabelecer algumas diretrizes de segurança e fixar os equipamentos demandados para assegurar a proteção dos trabalhadores da área de difusão e dos ouvintes em geral, assim como para evitar interferências nas comunicações realizadas no espaço aéreo.[10]

Em síntese, a modificação constitucional havida passou a ser interpretada no sentido de que "serviços de radiodifusão sonora e de sons e imagens" não mais seriam abarcados pelo conceito normativo de "serviços públicos de telecomunicações". No plano das ações políticas que se seguiram, essa modificação legislativa foi utilizada como pretexto, pretensamente técnico-jurídico, para que a posterior regulamentação estatal do setor de telecomunicações não se aplicasse diretamente à regulação das atividades das emissoras de rádio e televisão. Ou seja, a rigor, a criação da Anatel não promoveu mudança institucional significativa no marco regulatório da radiodifusão brasileira.

---

(9) Apenas para que se enfatize essa questão, a LGT reporta-se expressamente ao termo "radiodifusão" em apenas três oportunidades. A primeira ocorre no art. 158 e bem retrata o caráter meramente técnico de garantia e fiscalização dos requisitos técnicos básicos para a prestação dos serviços de radiodifusão ["Art. 158. Observadas as atribuições de faixas segundo tratados e acordos internacionais, a Agência manterá plano com a atribuição, distribuição e destinação de radiofrequências, e detalhamento necessário ao uso das radiofrequências associadas aos diversos serviços e atividades de telecomunicações, atendidas suas necessidades específicas e as de suas expansões. § 1º – O plano destinará faixas de radiofrequência para: (...) III – serviços de radiodifusão"]. A segunda corresponde ao já referido art. 211, cujo parágrafo único assevera o caráter de jurisdição meramente técnica da Anatel quanto às estações dos serviços de radiodifusão ("Art. 211 – A outorga dos serviços de radiodifusão sonora e de sons e imagens fica excluída da jurisdição da Agência, permanecendo no âmbito de competências do Poder Executivo, devendo a Agência elaborar e manter os respectivos planos de distribuição de canais, levando em conta, inclusive, os aspectos concernentes à evolução tecnológica. Parágrafo único. Caberá à Agência a fiscalização, quanto aos aspectos técnicos, das respectivas estações."). No também mencionado art. 215, a terceira oportunidade em que a referência ocorre diz respeito à permanência da disciplina instituída pela Lei n. 4.117/1962, o Código Brasileiro de Telecomunicações – CBT ("Art. 215. Ficam revogados: I – a *Lei n. 4.117, de 27 de agosto de 1962*, salvo quanto a matéria penal não tratada nesta Lei e quanto aos preceitos relativos à radiodifusão").

(10) Cordovil (2005:118).

Inicialmente, não podemos olvidar que a prestação de serviços de telecomunicações envolve a utilização de institutos jurídicos aptos a lidar com uma pluralidade de sujeitos que interagem com o funcionamento de estruturas sociais complexas. Nesse contexto, ainda brota o tema da intensificação da convergência das comunicações. Isto é, a partir do momento em que a telefonia, a televisão, o rádio, a Internet, a imprensa escrita e a transmissão de dados, sons e imagens começam a assumir interfaces digitais comuns, qual o sentido de se adotar um marco regulatório institucionalmente diversificado para a radiodifusão em geral?

A esse respeito, sustentamos que não há motivo constitucional suficiente para que estabeleçamos uma oposição apriorística entre a disciplina jurídica da rádio e da televisão e a *noção* constitucional de serviços públicos de telecomunicação.[11] Para o detalhamento dessa premissa inicial, no plano do conhecimento jurídico, ou daquilo que se convencionou denominar "doutrina constitucional", lançamos uma pergunta básica para lidar com esse problema concreto de interpretação: o que é serviço público?[12]

Antes de maiores considerações sobre a permanente crise dessa noção[13], contudo, é interessante mencionarmos que a temática do serviço público apresenta uma *trajetória*

---

(11) Preferimos o uso do termo "noção de serviço público" em detrimento da expressão "conceito de serviço público". Tal opção se justifica porque rechaçamos qualquer tentativa de pré-definição ou pré-conceituação acerca dos serviços públicos. Ou seja, adotamos como premissa a impossibilidade de fixação de um conceito fixo ou "núcleo semântico essencial" de serviço público, principalmente em contraposição às formulações que compreendem esse instituto como uma categoria conceitual cuja definição dependeria da mera disposição discricionária da autoridade administrativa de conformação de um conteúdo variável ou indeterminado. Nesse particular, subscrevemos a sugestão de Eros Roberto Grau (2003:252), segundo a qual: "... parece-me, hoje, que a questão da *indeterminação* dos *conceitos* se resolve na *historicidade* das *noções* — lá, onde a doutrina brasileira erroneamente pensa que há *conceito indeterminado* há, na verdade, *noção*. E a *noção* jurídica deve ser definida como *ideia que se desenvolve a si mesma por contradições e superações sucessivas e que é, pois, homogênea ao desenvolvimento das coisas* (Sartre)" — (realces no original). O uso da terminologia "noção" é também inspirado no estudo clássico de Renato Alessi (1956) sobre os serviços públicos e as prestações administrativas aos particulares.

(12) Segundo sugere Canotilho (2003:7) na clássica obra *Direito Constitucional e Teoria da Constituição* a "dinâmica jurídico-constitucional" pode ser estruturada a partir de algumas tradições do pensamento sobre o direito constitucional, a saber: História Constitucional, Doutrina Constitucional, Metódica Constitucional e Teoria da Constituição.

(13) A expressão "crise do serviço público" foi originariamente empregada por Jean-Louis de Corail (1954), na obra *La Crise de la Notion Juridique de Service Public en Droit Administratif Français*. A partir da constatação das deficiências teóricas que os serviços industriais prestados por agentes privados fossem abrangidos pela noção clássica de serviço público, Corail (1954:72-73) utilizou a expressão para indicar algumas das dificuldades para a definição jurídica do instituto ainda nos primeiros anos da década de 1920, a partir do caso judicial que ficou conhecido como *Arrêt Bac d'Eloka* (datado 1921). Alexandre Santos de Aragão (2007:242) registra a importância desse precedente, nos seguintes termos: "Na jurisprudência francesa o caso que consagrou pela primeira vez a figura dos serviços públicos industriais foi o *Arrêt Bac d'Eloka* (1921), que, diante de um acidente, em que afundaram os veículos transportados por uma balsa que efetuava o transporte entre as margens de um rio na colônia francesa da Costa do Marfim, conclui que a atividade era um serviço público explorado nas condições de qualquer atividade privada (serviços públicos geridos pelas regras do Direito Privado) e, portanto, o caso não deveria ser submetido à jurisdição administrativa". Conforme registra Maria Sylvia Zanella Di Pietro (2002), no campo dogmático, essa crise consiste na defasagem dos três elementos tradicionalmente apontados pela doutrina como elementares à noção clássica de "serviço público" (os aspectos: subjetivo; o formal; e o material). Para a autora (2002:98), a partir de situações contemporâneas, a caracterização desses elementos pode ser bastante mitigada a ponto de, em determinadas circunstâncias, alguns deles nem sequer integrarem a conformação estrutural de determinados serviços tidos sob a denominação de "públicos". Com relação ao contínuo estado de "crise" dos serviços públicos, Aragão (2007:239) sustenta que: "pode-se dizer que *o serviço público é, desde sua origem, uma noção em permanente crise*". No contexto dessas permanências, esse autor (2007:239-264)

variante.[14] Ora tem sido representada como uma espécie de *pedra angular do Direito Administrativo*[15], equivalendo, inclusive, a critério apto a definir o âmbito do Direito Administrativo[16] e o próprio conceito de Estado na condição de *cooperação* de serviços públicos assegurados, organizados e controlados pelos governantes.[17] Outrora tal ideia é retratada como formulação de difícil delimitação teórica, a ponto de se asseverar uma possível destituição de sua relevância jurídico-científica.[18]

De acordo com *Mônica Spezia Justen* (2003:12), a forte convicção acerca da delimitação do conceito de serviço público (que marcou o início do século XX) foi, gradualmente, abalada pela constatação de que tal enunciação teórica não mais poderia ser tão universal quanto reiteradamente apregoado pela doutrina. A noção de serviço público passou a assumir, por conseguinte, segundo realça *Renato Alessi* (1956:2), caráter *nebuloso*. Daí ter se tornado comum o uso das expressões *declínio* e *crise* como prenúncios do desprestígio generalizado da noção de serviço público.[19]

---

enfatiza dois momentos críticos: um decorrente do crescente processo de intervenção do Estado no Mercado desde o início do século XX; e outro relacionado ao processo de liberalização da Economia, a partir da década de 1980.

(14) Mônica Spezia Justen (2003:11).

(15) Segundo Justen (2003:12), essa expressão teria sido atribuída a Gaston Jèze a partir da obra: *Princípios Generales del Derecho Administrativo. Tomo II.*

(16) Di Pietro (2002:48-49).

(17) León Dugüit (1923:55).

(18) Di Pietro (2002:95) manifesta essas dificuldades ao afirmar que: "Não é tarefa fácil definir o serviço público, pois a sua noção sofreu consideráveis transformações no decurso do tempo, quer no que diz respeito aos seus elementos constitutivos, quer no que concerne à sua abrangência".

(19) André de Laubadère, já na oitava edição de seu *Traité de Droit Administratif* (1980:51), constatava indícios do declínio da noção de serviço público na doutrina *("le déclin de la notion de service public dans la doctrine")*. Para Laubadère (1980:52-53) esse fenômeno, porém, não desnaturaria uma possibilidade de construção do direito administrativo em torno dessa noção *("une possibilité de construction du droit administratif autour de la notion de service public)*. Para o autor (1980:53): "De nossa parte, persistimos pensando que, se a noção de serviço público não pode desempenhar papel exclusivo no direito administrativo, permanece *o mais importante* dos domínios suscetíveis de servir à construção científica do direito administrativo, uma vez que serve tanto de *critério de aplicação do direito administrativo* e da *competência da jurisdição administrativa*, quanto como *lugar de reencontro e recordação das principais noções técnicas do direito administrativo* (ato administrativo, contrato administrativo, etc. (...)" — (realces no original). [Tradução livre do original: "*Pour notre part, nous persistons à penser que la notion de service public si elle ne peut jouer en droit administratif un rôle exclusif, demeure la plus importante des donnés susceptibles de servir à la construction scientifique du droi administratif, à la fois en tant que critère d'application du droit administratif et de la compétence de la juridiction administrative et d'autre part em tant que lieu de rencontre et de raccordement des principales notions techniques du droit administratif* (acte administratif, contrat administratif, etc. (...)"]. Em versão mais recente da obra de Laubadère (1994:37-48), os atualizadores Jean-Claude Venezia e Yves Gaudemet ainda mantêm a ideia original de que o direito administrativo está ligado à noção de serviço público *("Le droit administratif lié à la notion de service public")*. Entretanto, em vez de enfatizarem possibilidades teóricas de redefinição do direito administrativo a partir do aparente declínio e crise dessa noção, a décima terceira edição da obra (1994:43-48) propõe a necessidade de uma pesquisa mais aprofundada sobre novas categorias que surgiram recentemente, tais como interesse geral e utilidade pública *("Intérêt général et utilité publique")*. O argumento básico, segundo os referidos atualizadores (1994:44), é o de que a multiplicidade de formas e conteúdos que a atividade administrativa assumiu na contemporaneidade nos oferece pistas de que o debate se torna cada vez mais complexo e que é cada vez mais difícil apontar um critério de explicação único *("critère d'explication unique")* para a atuação da Administração Pública. Essa "evolução" de posicionamento apenas é retratada aqui com o objetivo de contextualizarmos que a discussão técnica, teórica e jurisprudencial sobre a noção de serviço público não pode ser apontada como "o" único discurso competente para lidar com as complexidades de regulação jurídico-política da atuação do aparato estatal. A nosso entender,

Todavia, desde o advento desse momento crítico, a produção doutrinária brasileira[20] — a exemplo de boa parte da dogmática jurídica europeia[21] — encontra-se estagnada e bipolarizada entre as vertentes do Formalismo e do Essencialismo. Essas tendências teóricas tiveram seus desdobramentos originários nos debates acadêmicos entre a denominada Escola Francesa do Serviço Público e a Escola Institucional da França.[22] Com base nessas duas referências, importa-nos, por agora, asseverar que a noção de serviço público orbita ao redor dessas duas visões tradicionais.

A partir dessa problematização geral acerca da noção de serviços públicos de telecomunicações e de suas possíveis aplicações no contexto da convergência das comunicações, torna-se necessário explicitarmos o recorte temático por meio do qual pretendemos articular nossa análise. Nesse ponto, partimos da premissa de que abordagens tradicionais dos

---

essa assertiva se justifica porque, conforme veremos a seguir, intensifica-se, mais e mais, a pluralidade de atores sociais que dialogam com o Estado Brasileiro para a definição dos contornos da radiodifusão comunitária.

(20) Para alguns levantamentos dessas influências e das peculiaridades da doutrina administrativista brasileira com relação aos serviços públicos, *cf.* Celso Antônio Bandeira de Mello (2004:619-649); José dos Santos Carvalho Filho (2005:299-398); e Di Pietro (2002:95-107).

(21) Com essa afirmação não desejamos concluir que, nos Estados-Nação da Europa Continental e Insular, a noção de serviço público seja uniforme. Pelo contrário, a exemplo do que a tensa experiência da integração comunitária dos *serviços públicos de interesse geral (general interest services)* no vacilante contexto político da União Europeia nos revela, não é possível negligenciarmos a existência de especificidades, principalmente quanto às noções francesa, alemã, italiana, inglesa e espanhola. Apenas para que delimitemos o âmbito de prestação desses serviços, nos termos do Tratado de Maastrich, "serviços de interesse geral" são entendidos como a exploração, de caráter comercial ou não, de atividades de interesse geral que, a partir do consenso comunitário que seja estabelecido pelas autoridades públicas competentes, passam a se submeter a obrigações específicas típicas do instituto jurídico de serviço público, a saber: a continuidade e a qualidade do serviço, a segurança no abastecimento, o acesso equânime a um sistema de fruição institucional desses serviços com especial preocupação com as demandas sociais, culturais e ambientais. Tais prestações podem ser classificadas como: atividades não-econômicas (tais como: educação obrigatória e assistência social); funções do núcleo estratégico do aparato administrativo elementares para a própria soberania do Estado (como, por exemplo: segurança pública, atividade legislativa e judicial e relações internacionais); e, por fim, os serviços de interesse econômico geral (entre os quais incluiríamos os casos da infraestrutura do parque energético e das comunicações em geral). Para a obtenção de maiores detalhes acerca do atual desenvolvimento dessas noções europeias no contexto comunitário, *cf.* o portal oficial da União Europeia <www.europa.eu>. Conforme desejamos delimitar a seguir, este trabalho não tem por objetivo articular comparações entre todas essas concepções específicas de serviço público e o caso brasileiro dos "serviços públicos de telecomunicações". Nesse particular, remetemos o leitor à obra "A noção de serviço público no direito europeu", de Justen (2003). Nesse trabalho, a autora realiza um interessante levantamento dessas questões da integração comunitária no cenário de formulação de uma noção europeia de serviços públicos a partir dos ordenamentos jurídicos da França, Itália, Alemanha, Espanha e Grã-Bretanha.

(22) Apenas para que situemos as características desse debate ocorrido na experiência do direito francês, a Escola do Serviço Público, originária da Universidade de Bordeaux, teve seus desdobramentos, principalmente a partir das obras de León Dugüit (1923), Gastón Jèze (1914) e Louis Rolland (1947:16-29). Para essa tendência, os serviços públicos serviriam como uma espécie de mecanismo estatal para a promoção da interdependência social, a qual, principalmente para Jèze (1914) deveria ser juridicamente regulada por um regime jurídico-administrativo diferenciado pela supremacia do interesse coletivamente vinculante: o de direito público. A outra vertente, que serviu de contraponto, foi a denominada Escola Institucional. Capitaneada por Maurice Hauriou (1933), essa linha de pensamento radicada na cidade universitária de Toulouse buscou articular as possibilidades e limites da atuação institucional do aparato estatal sobre o Mercado a partir do exercício da categoria do "poder de império" *(jus imperii)*, ou, na própria terminologia adotada por Hauriou (1933:10-19), *puissance publique*. Maiores referências sobre o contexto de emergência desse debate serão oportunamente realizadas no *Capítulo II* quanto à caracterização da noção de serviço público no Estado Brasileiro de matriz social e o esgotamento dessas perspectivas tradicionais no cenário de surgimento do Paradigma do Estado Democrático de Direito.

serviços públicos demonstram-se insuficientes para compreender o cenário constitucional de crise dos serviços públicos de (tele)comunicações num contexto de construção democrática da cidadania no Brasil.

A nosso ver, isso ocorre porque, logo de início, elas desperdiçam elementos plurais da estruturação e do funcionamento de um conhecimento jurídico também construído no bojo da experiência constitucional dos próprios atores sociais que titularizam e compartilham o jurídico e o político nos mais diversos processos de construção pública e privada de liberdades. Seguindo as inspiradoras palavras de *Roberto Lyra Filho* (1999:87), buscaremos enfocar esse tema sob a perspectiva de que o direito corresponde a um "modelo avançado de legítima organização social da liberdade".[23]

A partir da vivência democrática da Constituição Brasileira, pretendemos desenvolver essa temática em dois níveis indissociáveis: i) a dimensão institucional regulatória; e ii) a infraestrutura das telecomunicações no Brasil.[24] Trata-se, portanto, de assunto que envolve alguns dos principais sujeitos e processos discursivos que interagem para a conformação e fiscalização da atuação do aparato estatal em sociedades complexas, como a brasileira.[25]

Contudo, para lidarmos com esses problemas, propomos a ideia de que a relevância democrática e dogmática do serviço público no direito pátrio demanda sua revisitação à luz da ótica cidadã e democrática dos administrados-administradores.[26] Entretanto, conforme desejamos desenvolver oportunamente, essa etapa teórica, por si só, não nos assegura uma reflexão adequada, porque entendemos que é necessário delimitar ainda mais a área de nossas investigações.

Até aqui, partimos da ideia de que é necessário compreender o problema constitucional posto com a edição da EC n. 08/1995. Assim, nos propomos a investigar, a partir de agora, a maneira pela qual o modelo de radiodifusão tem sido continuamente recebido e interpretado pelos inúmeros atores sociais no contexto das possibilidades jurídicas e tecnológicas proporcionadas pelo atual Sistema Brasileiro de Telecomunicações.

---

(23) Nesse particular, vale aludirmos à obra *A crítica da razão indolente* de Boaventura de Sousa Santos (2002) em que se indicam alguns dos perigos e riscos que o desperdício de experiência tem causado desde o advento da modernidade.

(24) A adoção desse enfoque normativo não é casual. Ele decorreu do amadurecimento de ideias e debates havidos em reuniões quinzenais por meio da participação do autor deste trabalho no Grupo de Estudos em Direito das Telecomunicações da UnB (Getel/UnB). Para interessantes estudos desenvolvidos na Universidade de Brasília, nos quais os autores dos artigos propõem uma discussão acerca desses elementos técnico-jurídicos para a regulação constitucional de aspectos infraestruturais e institucionais nos serviços de telecomunicação, *cf.* coletânea organizada por Márcio Nunes Iorio Aranha Oliveira (2005).

(25) Para um estudo nacional no qual se evidenciam algumas das tensões existentes entre os subsistemas sociais do Direito, da Economia e da Política nas sociedades complexas, *cf.* Celso Fernandes Campilongo (2000).

(26) Quanto ao uso do termo "ótica cidadã e democrática dos administrados-administradores" por esta investigação, devemos esclarecer, desde logo, que ela não possui qualquer pretensão de inovação em termos das contemporâneas reflexões acerca das possibilidades de aplicação dos elementos da Teoria da Constituição ao âmbito do Direito Administrativo Brasileiro. Por agora, apenas para que sejamos fiéis à inspiração da utilização da terminologia "ótica cidadã", reportamo-nos à concepção de Carvalho Netto (2001), a qual será retomada e desdobrada oportunamente para os fins deste estudo. Para uma análise da necessidade de revisitação crítica da noção de serviço público no direito brasileiro, *cf.* Medauar (1992:39), Grau (2003:249-267) e Cirne Lima (1963 e 1981).

Mas esse campo de pesquisa ainda seria muito amplo, porque envolveria diversas peculiaridades e comparações entre as inúmeras modalidades de prestação de serviços típicas de setores específicos, tais como: telégrafos, telefonia (móvel e fixa), rádios, televisão etc. Daí a opção, por fim, pelo tema específico do marco regulatório das políticas públicas voltadas à exploração da atividade de rádios comunitárias no contexto legislativo do denominado "Serviço de Radiodifusão Comunitária" (SRC). Para tanto, exploraremos o marco regulatório do SRC no Brasil: a Lei n. 9.612, de 19 de fevereiro de 1998.

Cabe pontuarmos, inicialmente, que o SRC corresponde a uma das espécies de exploração da radiodifusão. Nos termos do art. 1º da Lei n. 9.612/1998, esse serviço corresponde à "radiodifusão sonora, em frequência modulada, operada em baixa potência e cobertura restrita, outorgada a fundações e associações comunitárias, sem fins lucrativos, com sede na localidade de prestação do serviço".

Nessa modalidade de radiodifusão comunitária, a implementação das políticas para a outorga de autorizações destinadas à exploração da atividade são, igualmente, da competência do Minicom e se sujeitam à disciplina legislativa específica da Lei n. 9.612/1998 e da regulamentação estabelecida pelo Decreto n. 2.615, de 3 de junho de 1998. Subsidiariamente, ainda vigem as disposições do CBT e suas respectivas atualizações legislativas para determinadas matérias.[27]

De acordo com as especificações técnico-legislativas aplicáveis, entende-se por "Serviço de Radiodifusão Comunitária" tão somente a modalidade de difusão sonora (rádio). Por conseguinte, o SRC não abarca a exploração relativa à transmissão de sons e imagens aplicáveis às emissoras de televisão de caráter comunitário. Em outras palavras, o texto legislativo tomado como ponto de partida para nossa investigação destina-se apenas à atividade de exploração das rádios comunitárias.

O objetivo dessa legislação seria o de atender à crescente demanda de pedidos de autorização formulados ao Minicom para a implantação de emissoras de baixa potência. A partir desse marco legal, fundou-se um regime de autorizações de reduzida área de cobertura para o atendimento de comunidades envolvidas no planejamento e na transmissão de programas que fossem de seu interesse.

Nesse ponto, a atribuição legislativa do modelo de outorgas de autorizações ao SRC, por si só, não nos garante uma resposta segura acerca da caracterização, ou não, da radiodifusão comunitária na condição de serviço público. Ou seja, a adoção legal de um regime jurídico-administrativo típico de direito privado não imputa, *de per si*, o sentido normativo de que tal serviço de radiodifusão deva, ou não, ser compreendido como uma das espécies dos serviços públicos de telecomunicação, e, por consequência, deva se

---

(27) Inicialmente, os serviços de radiodifusão foram regulados pelo CBT, o qual foi regulamentado por uma série de decretos (dentre os quais, destacam-se: Decreto n. 52.026, de 20 de maio de 1963; Decreto n. 52.795, de 31 de outubro de 1963; Decreto n. 88.067, de 26 de janeiro de 1983; e Decreto n. 2.108, de 24 de dezembro de 1996), portarias do Ministério das Comunicações e regulamentos administrativos da União Internacional de Telecomunicações, nos termos do Tratado de Nairobi. Ademais, quanto às outorgas das concessões de radiodifusão em geral, prevalecem as disposições gerais da Lei n. 8.666, de 21 de junho de 1993 ("Lei de Licitações"). Com relação ao caso específico do modelo de autorização do Serviço de Radiodifusão Comunitária (SRC), o ordenamento jurídico brasileiro assumiu regime próprio de outorga de autorizações nos termos da Lei n. 9.612, de 19 de fevereiro de 1998.

submeter aos princípios constitucionais basilares do instituto do serviço público: o acesso universal a serviços de qualidade e a continuidade da prestação da atividade.

Ao analisarmos essa situação peculiar, surge o problema jurídico de que nem todo serviço público de telecomunicação deve ser prestado pelo regime de direito público. Daí a possibilidade, ao menos em tese, de que o SRC seja normativamente compreendido como modalidade de serviço público.

Nossa análise, contudo, não pode se limitar às palavras da lei. Interpretação envolve as vivências constitucionais das liberdades, da igualdade e da fraternidade. Estejam elas positivadas ou não em textos legislativos, também nos importamos com o fato de que, na prática social da exploração desse serviço, são inúmeros os déficits de legitimidade decorrentes de uma conformação autoritária do sistema de outorgas das rádios comunitárias.

Não obstante a definição dos critérios legais para a prestação da atividade por comunidades e entidades não lucrativas, esse modelo jurídico está impregnado pelos fenômenos de exclusão social e política. Nesse ponto, recentes reportagens jornalísticas e estudos especializados na área da comunicação social comunitária têm apontado, entre outros fatores: apadrinhamentos políticos[28]; desvios da finalidade pública da autorização; morosidade e burocracia do Minicom para processar, em tempo hábil, os pedidos administrativos para a prestação desses serviços; e criminalização dos responsáveis pelas denominadas "rádios-piratas" (estações de rádio que operam na clandestinidade, isto é, à margem das autorizações expedidas pelo referido órgão competente e que, muitas vezes, acabam sendo fechadas pela fiscalização da Anatel).[29]

Sob a ótica dos administrados-administradores, embora as primeiras experiências da radiodifusão comunitária brasileira possam ser identificadas desde o final da década de 1960, essas rádios se organizaram de modo mais consistente durante a década de 1990.[30] Sensibilizados por essa preocupação, diversos cidadãos brasileiros passaram a

---

(28) Cristiano Lopes Aguiar (2005a:43-47) retrata um quadro de apadrinhamento político no modelo brasileiro de autorização de rádios comunitárias. Segundo Lopes Aguiar (2005b) a implantação e obtenção de concessões de emissoras de rádio e de autorizações para a atividade de radiodifusão comunitária estão, atualmente, infestadas por tais práticas excludentes. Segundo esse autor, os dados estatísticos apontam para uma situação de favorecimento administrativo das "rádios apadrinhadas". Segundo Lopes Aguiar (2005b): "os processo apadrinhados têm 4,41 vezes mais chances de serem aprovados do que os que não contam com qualquer apadrinhamento político".

(29) Apenas para que tenhamos uma amostragem dessa atuação fiscalizatória, até agosto de 2006, cerca de 800 emissoras foram fechadas pela Anatel. Para outros alarmantes dados estatísticos e detalhes abordados em conjunto com estudos na área da comunicação social que buscaram retratar o quadro de exclusões na radiodifusão comunitária do país, destacamos reportagem publicada na Edição n. 405 da Revista *Carta Capital* — cf. texto intitulado "Na Onda da Política" e assinado por Phydia de Athayde (2006:30-33).

(30) No início da década de 1970, registramos a atuação da Associação Brasileira de Imprensa (ABI) no contexto da expansão dos movimentos sociais urbanos de contestação política ao regime autoritário da Ditadura Militar até o advento do debate da redemocratização (1964-1985) e da promulgação da CFB/1988. Com relação às entidades que, desde o início dessa nova experiência constitucional, passaram a mobilizar a esfera pública para a discussão de questões relacionadas à radiodifusão comunitária, destacamos: o Fórum Nacional para a Democratização das Comunicações (FNDC); a Associação Brasileira de Radiodifusão Comunitária (Abraço), a Associação Mundial das Rádios Comunitárias — sub-Região Brasil (Amarc-Brasil); a *Comunication Rights of the Information Society* — sub-região Brasil (Cris-Brasil); a Rede Brasil de Comunicação Cidadã (RBC); dentre outras. Para interessantes elementos históricos e sociais acerca dos imprevisíveis percursos da cidadania ocorridos desde 1970 até os dias atuais, *cf.* José Murilo de Carvalho (2004:174-229).

integrar o "movimento das rádios comunitárias", o qual passou a se pautar por uma agenda de deliberação acerca de políticas públicas transparentes, democráticas e inclusivas. Essa legislação surgiu, por conseguinte, como instrumento jurídico-político em prol das lutas por reconhecimento desenvolvidas por movimentos sociais organizados em torno de formas alternativas de programação da radiodifusão.[31]

O texto da referida lei foi *recebido pela cidadania*[32], portanto, como nova possibilidade para o combate aos fenômenos de concentração econômica, e, simultaneamente, como forma alternativa para a veiculação cultural de notícias, músicas, opiniões e ideias. Desde então, abriram-se novas oportunidades para que esse movimento social pudesse contribuir para a implementação da tão sonhada "reforma agrária do ar" no âmbito da radiodifusão analógica.[33]

Contudo, apesar da esperança de realização dessas disposições textuais, as heranças aplicáveis ao modelo de radiodifusão brasileira ainda se manifestam por meio do contemporâneo processo de centralização político-econômico. Como resultado aparente, surge um sistema de desvirtuamento do procedimento administrativo das outorgas de autorização. Segundo registra estudo estatístico encomendado pelo Instituto para o Desenvolvimento do Jornalismo (Projor) e realizado pelos pesquisadores *Venício Artur de Lima* e *Cristiano Lopes Aguiar* (2007), ressoam estruturas institucionais de relações jurídicas, políticas e sociais entorpecidas por usos particulares, caracterizados por uma ênfase político-partidária, religiosa e de promoção pessoal dos detentores das autorizações para a exploração dos serviços de rádios comunitárias no período de 1999 a 2004.

Com a intensificação desse fenômeno de raízes autoritárias — o qual tem sido definido por esses estudiosos da área de comunicação social como "coronelismo eletrônico de novo tipo"[34] —, inúmeras críticas têm sido realizadas desde a edição desse marco legislativo que nasceu para, paradoxalmente, atender aos anseios sociais de democratização

---

(31) Para maiores aprofundamentos acerca da noção de "lutas por reconhecimento" no contexto da gramática de interlocução dos conflitos sociais, *cf.* Honneth (2003).

(32) Empregamos a expressão "recebido pela cidadania" com o objetivo de enfatizar a seguinte ideia desenvolvida por Carvalho (2004:7): "O esforço de reconstrução, melhor dito, de construção da democracia no Brasil ganhou ímpeto após o fim da ditadura militar, em 1985. Uma das marcas desse esforço é a voga que assumiu a palavra cidadania. Políticos, jornalistas, intelectuais, líderes sindicais, dirigentes de associações, simples cidadãos, todos a adotaram. A cidadania, literalmente, caiu na boca do povo. Mais ainda, ela substituiu o próprio povo na retórica política. Não se diz mais 'o povo quer isto ou aquilo', diz-se 'a cidadania quer'. Cidadania virou gente. No auge do entusiasmo cívico, chamamos a Constituição de 1988 de Constituição Cidadã".

(33) Tendo em vista que os espectros de radiofrequência são limitados e se propagam pelo ar atmosférico, o "movimento das rádios comunitárias" pugna pela democratização de seu uso por meio de uma distribuição mais equânime das possibilidades de acesso à radiodifusão. Daí falar-se em "reforma agrária do ar" como uma bandeira político-jurídica de realização da "função social" da propriedade dos meios de comunicação da radiodifusão analógica.

(34) A expressão é atribuída à obra de Célia Stadnick (1991) a partir do estudo intitulado *"A hipótese do fenômeno do Coronelismo Eletrônico e as ligações dos parlamentares federais e governadores com os meios de comunicação de massa"*. Nesse estudo, a autora levanta indícios sociais e históricos de um sistema impregnado pela exclusão e pelos apadrinhamentos políticos. Na pesquisa intitulada "Coronelismo eletrônico de novo tipo (1999-2004): As autorizações de emissoras como moeda de barganha política", Venício Artur de Lima e Cristiano Lopes Aguiar (2007), identificam elementos estatísticos da influência de agentes políticos dotados de mandatos eleitorais e de instituições religiosas na prática de outorga de autorizações no período de 1999 a 2004. Para maiores aprofundamentos acerca das possibilidades conceituais do uso da expressão "coronelismo" na historiografia brasileira, *cf.* Carvalho (1997).

dos meios de comunicação social e de massa em nosso país.[35] Com os atuais debates acerca da adoção de novo padrão digital para o rádio e a televisão, as pautas de reivindicações dessa reforma precisam ser ainda mais radicalizadas e redefinidas.

A nosso ver, a discussão que, aos poucos, tem se desenvolvido quanto à regulação das políticas públicas de radiodifusão comunitária pode ser validamente interpretada a partir das carências de legitimidade democrática e déficits de cidadania, para se adaptarem aos tempos de convergência das comunicações. Sob pena de se tornarem obsoletas, as questões públicas acerca dos novos padrões digitais de radiodifusão que devam, ou não, ser adotados pelo Brasil precisam ser oxigenadas por novos ares.

Para esse debate, não podemos desprezar que os diversos segmentos de uma sociedade civil em constante transformação debatam a eficiência de um novo perfil regulatório da Administração que seja competente para, a um só tempo: a) garantir a excelência dos serviços de radiodifusão comunitária prestados; e b) promover inclusão democrática por meio da exploração dessa atividade intimamente relacionada ao próprio exercício e vivência do amplo direito à comunicação e à informação. Nesse esforço, tentamos depurar as influências abusivas cometidas pelos imperativos de atores da economia (Mercado) e, também, pela burocracia estatal (Estado) sistematizada em torno da atuação de três poderes para a autorização do SRC.[36]

Quanto ao aspecto econômico, devemos considerar a concentração dessas rádios nas mãos de líderes políticos locais e de chefes religiosos, os quais chegam, inclusive, a contar com financiamentos por legendas partidárias.[37] Já com relação à tripartição dos poderes estatais, sob o ponto de vista infraestrutural e institucional da regulação, o Executivo deve considerar, ao menos, os diversos níveis de sua atuação administrativa para realizar, efetivamente, políticas públicas e metas regulatórias com o objetivo de atender aos requisitos mínimos de qualidade, continuidade e universalização do acesso dos cidadãos e usuários aos serviços de telecomunicações.[38] No Legislativo, remanescem

---

(35) Na Exposição de Motivos n. 30/1996, do Ministério das Comunicações, apresentada ao Congresso Nacional (Mensagem n. 323, de 16 de abril de 1996), o Poder Executivo (então exercido pelo Governo de Fernando Henrique Cardoso) já acenava com a necessidade de discussões oficiais acerca da implementação das bases legais para a radiodifusão comunitária no Brasil. Como resultado desse processo legislativo, a Lei n. 9.612/1998 instituiu o serviço de radiodifusão comunitária no Brasil.

(36) Acerca da emergência de um novo conceito de sociedade civil a partir do surgimento de entidades tais como Organizações Não-Governamentais (ONGs) e movimentos sociais organizados de defesa de interesses difusos, coletivos e individuais homogêneos, cf. Arato e Cohen (1994:149-181).

(37) Nesse particular, é válido transcrever o seguinte trecho da já mencionada reportagem de Athayde (405:30-31): "Israel Bayma, pesquisador do Laboratório de Políticas de Comunicação da Universidade de Brasília, tem um estudo, ainda inédito, sobre radiodifusão. Nele, a partir de uma amostra de 820 pedidos de licença para rádios comunitárias em 2002, o especialista em telecomunicações constatou que 87% não correspondiam a emissoras efetivamente comunitárias apesar de se apresentarem como tal. No mesmo ano, prossegue Bayma, representantes de emissoras tidas como comunitárias, já com concessão, doaram 256.156 reais para políticos em campanha. O PMDB recebeu 14,5% desse total, o PMN ficou com 14,28% e o PSDV com 12,42%. Já nas eleições de 2004, as entidades de rádios comunitárias contribuíram com 879.750 reais para os partidos políticos, e o PPS recebeu 34,12% desse valor. Bayma comenta: '— Isso não é tecnicamente ilegal, mas demonstra que há interesse político das entidades que representam essas rádios'".

(38) A respeito da distinção conceitual desses níveis de estruturação institucional da regulação das telecomunicações, Floriano de Azevedo Marques Neto (2005:92-96) aponta as dificuldades de conciliação entre políticas públicas governamentais e políticas regulatórias de Estado.

dúvidas sobre o próprio desenho institucional a ser assumido pelo Estado Brasileiro para a regulamentação, em geral, da radiodifusão comunitária.[39] Por fim, na jurisdição do SBTel, a publicização do direito privado e a privatização do direito público[40] têm tornado muito mais complexa a atividade de interpretação das normas jurídicas acerca dos limites e competências da própria divisão de poderes.[41] No caso específico da exploração irregular da atividade de radiodifusão comunitária, juízes e membros do Ministério Público Federal têm de lidar diariamente com os limites da atuação persecutória do Estado quanto à criminalização, ou não, dos responsáveis pelas rádios comunitárias tidas por "piratas".[42] Diante desse quadro, este estudo se relaciona com os papéis compartilhados pelas presenças e ausências dos inúmeros atores sociais e sujeitos de direitos que protagonizam as políticas públicas destinadas às rádios comunitárias, a saber: cidadãos; empresas e corporações locais, regionais e transnacionais; autorizatários, permissionários e concessionários de

---

(39) No dia 1º de dezembro de 2005, realizou-se audiência pública para discutir os rumos da legislação de regência dessa modalidade de radiodifusão. Nessa oportunidade, além do lançamento de perspectivas para o *futuro da radiodifusão comunitária*, o debate público norteou-se pela necessidade de um novo *marco regulatório*. Tratou-se, portanto, de uma reflexão que a comunidade política brasileira tem realizado para estabelecer diretrizes adequadas para a implementação de políticas públicas no âmbito da *comunicação como um direito humano*. As expressões utilizadas em itálico, no parágrafo anterior, fazem referência direta a alguns dos temas discutidos nos painéis que integraram a referida audiência pública, a qual se realizou no dia 1º de dezembro de 2005, das 10h:00min às 20h:30min, com a organização das seguintes comissões parlamentares da Câmara dos Deputados: a Comissão de Direitos Humanos e Minorias e a Comissão de Legislação Participativa. A discussão acerca da melhor forma de "regular" atividades de telecomunicações e de radiodifusão, porém, não pode ser reduzida ao caso específico da radiodifusão comunitária. De um modo geral, trata-se de um debate que ainda depende de uma solução acerca do modelo mais adequado para a fundamentação dos princípios assumidos na ordem econômica (CRFB/1988, art. 170). Apenas para registrarmos alguns dos rumos envolvidos nessa discussão pública perante o Legislativo Brasileiro, destacamos que a instalação, no ano de 2004, de Comissão Especial na Câmara dos Deputados para analisar o Projeto de Lei n. 3.337/2004, que define novas regras para as agências reguladoras. O relator da comissão, o deputado federal Leonardo Picciani (PMDB/RJ) realça que "a definição de regras mais claras para as agências trará vantagens para o Brasil". Segundo o parlamentar, "com regras claras, o País pode atrair mais investimentos para gerar mais empregos e mais renda". Já para o presidente da comissão especial, o deputado Henrique Fontana (PT/RS), "a principal vantagem do projeto é definir melhor a competência das agências. Ele acredita que a proposta aumentará a eficiência na regulação do mercado em áreas como *telefonia*, energia, saúde e transportes." (Fonte: *Jornal da Câmara*. Ano 6 — n. 1.222. Brasília-DF, segunda-feira, 17 de maio de 2004 — realce no original).

(40) A publicização do direito privado pode ser entendida como decorrente do processo de autonomização da Administração e de interferência na sociedade por meio da incorporação de regras típicas do direito público em institutos do direito privado (em especial, do direito civil). A privatização do direito público, por outro lado, pode ser descrita como decorrente das influências que os institutos privatísticos propiciaram ao direito público e também a partir das necessidades de uma intervenção mais ativa da sociedade nos processos de manifestação dos poderes públicos. Segundo Medauar (1992:115-116): "Menciona-se também no tema: flexibilização das relações público-privado; enfraquecimento da separação entre setor público e setor privado; intercâmbio e conexão entre público e privado; 'a atenção se desloca dos critérios de diferenciação entre público e privado para os critérios de coexistência e imbricação entre ambos'."

(41) Em 20 de agosto de 1998, no julgamento da medida cautelar na ADI n. 1668/DF (acórdão publicado no Diário da Justiça de 16.4.2004) os diversos ministros do Supremo Tribunal Federal divergiram não somente quanto ao papel da divisão constitucional de poderes para a prestação dos serviços de telefonia, mas também quanto à própria noção de serviço público que deveria prevalecer na LGT.

(42) Segundo registra Athayde (2006:33), a criminalização dos responsáveis pelas associações comunitárias (em geral, lideradas por cidadãos da própria comunidade e cujas rádios funcionam sem autorização administrativa do Minicom) é vista pelos movimentos sociais e pelos órgãos governamentais como um problema porque "Criminaliza-se um direito (à comunicação) atrelado ao direito constitucional de liberdade de expressão com aplicação de penas desproporcionais ao mal causado".

serviços públicos de telecomunicações; comunidades locais; movimentos sociais organizados e entidades do denominado *terceiro setor*[43]; agências reguladoras e demais poderes do Estado Brasileiro; etc.

Antes de nos anteciparmos, porém, nessas frequências constitucionais que, conforme procuramos sugerir, ainda não estão devidamente ajustadas, é necessário que desenvolvamos, a seguir, os aspectos teóricos mais relevantes por meio dos quais pretendemos articular perspectivas que sejam úteis à tarefa de democratização do controle social das políticas públicas destinadas às rádios comunitárias. Nosso desafio, a partir de agora, é a busca de alternativas para lidar com os dilemas sociais, políticos, econômicos, jurídicos, históricos e culturais envolvidos no complexo processo de interpretação constitucional das vivências (públicas e privadas) dos serviços de radiodifusão comunitária no Brasil.

b) *O Serviço de Radiodifusão Comunitária (SRC) a partir da ótica dos administrados-administradores*

Este trabalho pauta-se por uma proposta discursiva para a compreensão da *Teoria da Constituição*.[44] Essa perspectiva lança olhares que nos permitem uma releitura de questões que permeiam as complexas dimensões da legalidade e da legitimidade da atuação do Estado na sociedade brasileira. Essa abordagem busca identificar possibilidades e limites democráticos do exercício da cidadania por meio dos serviços de radiodifusão comunitária.

Nesse particular, buscamos desenvolver as aplicações dos enfoques sugeridos pela Teoria do Direito e da Democracia, de Habermas, como suportes para a análise do caso do SRC. Tal marco teórico servirá como fio condutor da perspectiva discursiva que desejamos empreender a partir da atual Constituição Brasileira.[45] Deve ficar assente, porém, que a

---

(43) Santos (1999) ilustra a pluralidade de organizações sociais que, na tradição da literatura sociológica de interlocução dos processos de reforma política do Estado, encontram-se abrangidas "sob o guarda-chuva" dessa denominação. Segundo Santos (1999:250-251): "'Terceiro Setor' é uma designação residual e vaga com que se pretende dar conta de um vastíssimo conjunto de organizações sociais que não são nem estatais nem mercantis, ou seja, organizações sociais que, por um lado, sendo privadas, não visam fins lucrativos, e, por outro lado, sendo animadas por objetivos sociais, públicos ou coletivos, não são estatais. Entre tais organizações podem mencionar-se cooperativas, associações mutualistas, associações de solidariedade social, organizações não-governamentais, organizações quasi-não-governamentais, organizações de voluntariado, organizações comunitárias ou de base etc. As designações vernáculas do terceiro setor variam de país para país e as variações, longe de serem meramente terminológicas, refletem histórias e tradições diferentes, diferentes culturas e contextos políticos. Em França é tradicional a designação de economia social; nos países anglo-saxônicos, fala-se de setor voluntário e de organizações não-lucrativas; enquanto nos países do chamado Terceiro Mundo domina a designação de organizações não-governamentais".

(44) Marcelo Cattoni Andrade de Oliveira (2001:163).

(45) Apesar do potencial que pode ser extraído da Teoria Discursiva da Constituição a partir do pensamento habermasiano, este estudo não se compromete em resolver os riscos decorrentes das "soluções" ocasionados pelas ambições de uma teorização com tal abrangência. Para instigantes críticas aos principais elementos teóricos da obra habermasiana sob a perspectiva da jurisdição constitucional estadunidense, *cf.* Hugh Baxter (2002:205-340). Já quanto às contemporâneas tendências e demandas da sociologia, *cf.* Anthony Giddens (2001:245-277). Por fim, quanto às realizações e projetos inacabados do pensamento habermasiano no contexto da Teoria Crítica da Escola de Frankfurt, *cf.* Axel Honneth, (1999:503-552).

obra habermasiana é apenas uma entre as múltiplas formas de abordagem que se propõem a compreender o direito e a democracia da sociedade contemporânea.

Em linhas gerais, pode-se dizer que o pensamento de Habermas assume como questão relevante a seguinte indagação: de que maneira podemos harmonizar o programa de compreensão sociológica do direito com a fundamentação filosófica da justiça? Dito de outra forma, como a realização social da Constituição pode garantir a satisfação da justiça?

Consideramos que essa reflexão não é das mais singelas, porque envolve a própria dimensão de realização plural e contra-fática de direitos e deveres na constante tensão entre democracia e constitucionalismo. Nesse mesmo sentido, *Michel Rosenfeld* (2003a:9) enfatiza:

> Em sociedades pluralistas multiculturais complexas, a integração social bem sucedida depende cada vez mais da eficácia do direito e de sua justiça. Entretanto, com a constante elevação da diferenciação funcional típica das sociedades contemporâneas, estas duas exigências parecem mais e mais incompatíveis. De um lado, a eficácia do direito depende da redução sistemática de complexidade para estabilizar expectativas, de outro, a justiça torna-se mais complexa.

A partir dessas referências e diante das dificuldades decorrentes dos riscos de exclusão de uma massa crescente de cidadãos[46], percebemos que o mero atendimento às formalidades legais não garante, por si só, a legitimação jurídica do procedimento democrático que deve nortear a regulação institucional e o controle social dos serviços de radiodifusão comunitária.[47] Com base nessas sugestões teóricas, todos, sejam eles incluídos ou excluídos em uma determinada situação jurídica, poderiam (e deveriam) ser conclamados ao uso público da razão, para que prevaleça tão somente a força do argumento mais consistente.[48]

A Teoria Discursiva do Direito e da Democracia lança mão do método hermenêutico--crítico para tentar proceder à "reconstrução racional" do Estado, da democracia e do direito.[49] *Grosso modo*, essa abordagem busca uma visão crítica sobre a tradição da

---

(46) Friedrich Müller (2004b), ao se referir especificamente ao caso do povo brasileiro, realça os riscos de exclusão social em face da globalização e os dilemas democráticos que essa realidade pode trazer para a construção de nossa identidade constitucional.

(47) A compreensão jurídico-procedimental proposta pela Teoria Discursiva do Direito (apresentada por Habermas na obra *Direito e democracia: entre facticidade e validade*) reformula a concepção do "jurídico" sustentada em estudos anteriores, os quais decorreram de aulas ministradas na Universidade de Harvard, traduzidas inicialmente no Brasil, sob o título *Direito e Moral* (*Tanner Lectures*, datadas de 1986). Nas *Tanner Lectures*, Habermas (1997b:193-221) desenvolve a ideia de que a legitimidade do direito poderia ser aferida a partir da observação de conteúdos morais insertos na ordem jurídica positiva por meio de processos institucionalizados. Habermas retoca esse pensamento original ao destacar que, enquanto a argumentação moral continuasse a servir como parâmetro para o discurso jurídico constituinte, a ruptura com a tradição do direito racional não seria completa, porque: a) a autonomia política dos cidadãos coincidiria com a vontade livre de pessoas morais; e b) a moral ou o direito natural continuariam formando o núcleo do direito positivo. Destarte, em oposição à concepção jusnaturalista de que direito positivo subordina-se à orientação imposta pelo *direito moral*, a obra habermasiana (1997a:139-153 e 169-210) propõe uma relação bem mais sofisticada entre direito, moral e política.

(48) Para interessantes escritos habermasianos acerca do uso público da razão em contextos de inclusão e de exclusão (tais como, por exemplo, a evolução do movimento feminista na busca de políticas de equiparação entre gêneros), *cf.* Habermas (2004b:303-305).

(49) Segundo Giddens (2001:249): "Habermas elege o procedimento da 'reconstrução racional' como elemento fundamental a esse respeito [a nova relação entre filosofia e as ciências sociais e naturais] — o processo de reconstrução daquilo que depois de ocorrido pode ser considerado conteúdo racional de um campo de pesquisa ou área de disciplina".

experiência jurídica de maneira que a sociologia do direito e a filosofia da justiça somente sejam possíveis reconstrutivamente.[50] Ou seja, essa perspectiva coloca em evidência a discussão sobre o problema de legitimação do direito de tal modo que não é possível apartarmos a dimensão sociológica do jurídico da reflexão filosófica sobre o justo.

A partir dessa perspectiva teórica, o direito é representado sob as vestes de meio de comunicação social disponível, não somente na articulação com os demais meios de integração e regulação da sociedade[51], mas também com os participantes (isto é, com os atores performativos historicamente situados no interior da sociedade para o controle normativo e social dessas atividades, tais como: o Estado Brasileiro, os Estados estrangeiros, os organismos ou organizações internacionais, as agências, os cidadãos, as empresas, as corporações transnacionais, os permissionários, os concessionários, as comunidades locais, regionais, nacionais e transnacionais, as entidades do terceiro setor etc.).

A Teoria Discursiva nos apresenta uma proposta de compreensão sociológica do jurídico que envolve, simultaneamente, duas dimensões: uma exterior (ou extra-sistêmica), na qual o direito se realiza na condição de meio de generalização de expectativas normativas e de mediação social entre faticidade e validade; e outra interior (ou intra-sistêmica), em que o sistema de direitos é articulado pelos sujeitos participantes como sistema ambivalente de ação e de conhecimento. Segundo *Habermas* (1997a: 110-111), do lado externo, o jurídico apresenta conformação de *medium* de decodificação dos discursos perceptíveis na sociedade. Do lado interno, persiste o autor:

> O direito é um sistema de saber e, ao mesmo tempo, um sistema de ação. Ele tanto pode ser entendido como um texto de proposições e de interpretações normativas, ou como uma instituição, ou seja, como um complexo de reguladores da ação.

A abordagem habermasiana sustenta que a interlocução mediante a distinção entre direito público e direito privado permite que o jurídico interaja com os demais sistemas sociais de maneira institucionalizada. Isto é, proporciona condições para o estabelecimento de mercados e a organização do poder estatal sob forma jurídica.[52] Entretanto, qual a utilidade da adoção dessa perspectiva discursiva para problematizarmos o que entendemos por Constituição?

Nesse ponto, recorremos a alternativas que nos permitam dialogar com expressões legais frequentemente inseridas na tradição do debate dogmático-constitucional brasileiro.[53] Para construirmos uma percepção minimamente íntegra da interpretação constitucional, partimos da concepção de que a realidade social é muito mais dinâmica que as relações e (des)continuidades existentes entre normas e textos legais (sejam eles constitucionais ou

---

(50) Habermas (1997a:39). Para maiores aprofundamentos acerca dos olhares complementares da sociologia do direito e da filosofia da justiça, *cf.* Habermas (1997a:17-112).

(51) Como, por exemplo, a moeda (típico do sistema do mercado) e o poder administrativo (característico do sistema político-administrativo).

(52) Habermas (1997a:62).

(53) Desde a edição da Emenda Constitucional n. 19, de 04 de junho de 1998, os debates constitucionais e legislativos têm introduzido novos termos no discurso jurídico, tais como: publicização; privatização; agencificação; deslegalização; terceiro setor; Organizações da Sociedade Civil de Interesse Público (Oscips); e, mais recentemente, Parcerias Público-Privadas (PPPs) e Consórcios Públicos.

infraconstitucionais). Exatamente por essa razão, a escolha pela narrativa constitucional brasileira consiste em alternativa diferenciada na experiência do constitucionalismo que, embora carregue consigo riscos e improbabilidades da vivência do processo democrático, ainda nos permite desenvolver válidas reflexões sobre a legitimidade do sistema de direitos e deveres envolvidos nos serviços públicos de telecomunicações.[54]

Essa pré-compreensão radicaliza-se ainda mais numa sociedade complexa, plural, pós-convencional e caracterizada por uma tensão de oposição e complementaridade entre direito positivo, política e moralidade pós-tradicional.[55] Nos termos de *Ronald Dworkin* (2003:270-331), devemos levar em conta que não é mais possível, nem permitido, impor verdades neutras, imparciais e absolutas em ambientes de pluralidade cultural.[56] Diante

---

(54) Nesse ponto, reconhecemos, com Niklas Luhmann (1996), que, dado o grau de complexidade e diferenciação do direito contemporâneo, a Constituição passou a ser vista como ponto de referência do sistema jurídico com relação as *demais direitos*. Assim, para que se perceba a aquisição evolutiva inaugurada pela ideia moderna de Constituição, não é possível entender esta proposta de debate como uma diletante discussão sobre a cidadania e democracia, ou ainda como uma esperançosa tentativa de depositar todas as expectativas no texto constitucional. Segundo Luhmann (1996): "O conceito de Constituição e o correspondente universo de ideias fundadoras da tradição cívico-republicana, dos *civil rights* e do direito natural interpretado como razão não ofereciam a suficiente sustentação. Ao contrário: exatamente esses elementos encontravam-se destinados a abrir a Constituição à interpretação. A princípio era impossível modificar o fato de que toda construção do sentido da Constituição implica a pretensão de participar da soberania. O problema, portanto, só podia emergir ainda no caso de meras opiniões jurídicas de proveniência acadêmica ou de uma interpretação fundada em decisões judiciais vinculantes e com isso de um aperfeiçoamento do próprio direito".

(55) Para uma especificação da noção de complementaridade entre direito positivo, política e moralidade pós-tradicional, *cf.* Habermas (1997a:64-154). A categoria "pós-convencionalidade" é abordada por Habermas (1997a:17-63) como uma formulação sociológica por meio da qual a compreensão das sociedades contemporâneas envolve inúmeras e complexas dimensões de diferenciação da ação e do conhecimento humano. Esses "agir" e "conhecer", cada vez mais, apenas podem ser problematizados no plural, isto é, com base nas incontáveis vivências normativas por meio das quais as experiências da vida concreta desapontam ou contrariam pretensões inicialmente estipuladas. Sob o ponto de vista habermasiano, essas pretensões ou expectativas normativas contrafaticamente compartilhadas devem ser articuladas a partir das tensões entre faticidade e validade. Para tanto, a dimensão do pós-convencional pode ser traduzida a partir da forte intuição de que a intensificação da modernidade proporcionou um paulatino esvaziamento dos "fundamentos" éticos e religiosos do "bom-agir" e do "bem-conhecer". A partir da mesma premissa de que as sociedades contemporâneas são inexoravelmente pautadas pelo fato do pluralismo, é que Rosenfeld (2003b) desenvolve as condições teóricas e jurídicas de realização da identidade do sujeito constitucional. Para maiores aprofundamentos quanto às características da diferenciação dos sistemas sociais em sociedades complexas, *cf.* Luhmann (1983, 1985 e 1996).

(56) A ideia de integridade jurídica desenvolvida por Dworkin assume a concepção de que o direito deve ser compreendido como um romance em cadeia *(chain novel)*. Para assumir termos bem conhecidos dos brasileiros, a Constituição pode ser interpretada como uma novela, uma obra coletiva que é historicamente escrita por vários autores e atores. Nessa tarefa de direção e atuação, Dworkin (2003:305-306) identifica os riscos que uma postura convencionalista ou pragmatista podem ocasionar ao exercício de integridade no direito. Segundo o convencionalismo, as decisões políticas do passado constituem as balizas que deverão fundamentar as decisões do presente. Nessa espécie de "acorrentamento ao passado convencionado", caso inexistam decisões anteriores aplicáveis, as lacunas podem ser inclusive criadas e aplicadas retroativamente, desde que em consonância com o convencionado pela comunidade jurídica. Os riscos decorrentes dessa forma de aproximação constitucional residem, em primeiro lugar, no desprezo pelas contínuas modificações operadas na forma do Direito, as quais, ao serem apropriadas por interesses privados, particulares ou corporativos, subordinam a legitimidade do direito à autoridade das decisões. O pragmatismo, por sua vez, ignora as convenções do passado e visa a otimizar um certo "senso de justiça da decisão", o qual é adotado com vistas a implementar o bem-estar geral da população. Assim, como a perspectiva anteriormente criticada, essa visão jurídica conduz a uma perspectiva utilitarista do direito e da Constituição, a qual passa a ser negociável, a cada momento, independentemente da conquista de direitos historicamente consolidados, em prol do alcance de maiores níveis de satisfação do Bem-Estar da

de processos discursivos cada vez mais intensos, não é possível, de igual modo, termos a pretensão de controle absoluto da linguagem por meio da qual aplicamos uma norma a um caso concreto.

Tais postulados, ao contrário de qualquer enunciação inovadora acerca daquilo que se convencionou denominar "hermenêutica jurídica", nos evidenciam, em outros termos, o tradicional e iniludível problema da indeterminação estrutural da atividade de interpretação do direito positivo. Segundo argumenta *Menelick de Carvalho Netto* (1998:2), "a característica essencial do Direito moderno é o seu caráter textual". O acesso à interpretação das leis por meio da identificação das normas aplicáveis, persiste o autor (1998:2), realiza-se mediante "textos discursivamente construídos e reconstruídos".

A indeterminação estrutural do direito, por sua vez, pode ser vista a partir dessas dificuldades de se controlar a realidade por meio de textos.[57] Em outros termos, a linguagem do direito legislado não é capaz de controlar, totalmente, sua própria aplicação. Daí a árdua tarefa de que, ao utilizarmos determinadas expressões legislativas, busquemos definir o(s) uso(s) dessa(s) expressões para a formação de um horizonte de significação compartilhado entre texto, contexto e intérprete.

Em meio a situações concretas que alertamos na *Introdução*, é necessário apresentarmos as premissas de caracterização da noção discursiva de controle normativo e social. Em linhas gerais, trata-se da enunciação de um controle democrático e cidadão que, preliminarmente, deve ser desempenhado pelos múltiplos atores sociais no espaço público compartilhado, por meio da (con)vivência da Constituição, em determinada comunidade jurídico-política. Esse postulado aponta que a realização de direitos constitucionais implica, pelo menos, uma preocupação com a contínua tentativa de exercer a articulação normativa de categorias e fenômenos historicamente situados, e que devem ser simultaneamente compreendidos como antagônicos e complementares, sob pena de se comprometer o complexo processo de legitimação do justo e do jurídico.

Ao elaborar tais elementos sob essa perspectiva, inicialmente, torna-se arriscado considerarmos a existência da autonomia pública sem considerar a sua dimensão reciprocamente constitutiva da autonomia privada.[58] Ademais, não podemos ignorar essa tensão sem problematizá-la quanto ao papel assumido pela cidadania e pelos serviços de

---

sociedade. Consequentemente, os direitos fundamentais dos cidadãos passam a ser compreendidos como bens, medidas materiais, a serem maximizados e sopesados de acordo com as metas coletivas definidas, ou, na terminologia desenvolvida na Alemanha, em conformidade com o juízo de adequação, necessidade e proporcionalidade do modo conveniente de realizar os interesses da comunidade.

(57) Essa temática já estava presente e pode ser diagnosticada, de certa forma, a partir das diferentes perspectivas lançadas pelas obras clássicas de Hans Kelsen (2000:387-397) e Francesco Ferrara (1963:129-165). Embora o tema seja trabalhado de forma diversa por cada um desses autores, é possível constatar, logo de início, o aspecto comum correspondente à identificação das dificuldades que a tarefa de interpretação pode apresentar.

(58) As categorias autonomia pública e autonomia privada serão oportunamente caracterizadas ainda neste capítulo. Apenas para que explicitemos, em linhas gerais, tais noções, a autonomia pública pode ser representada pelo exercício cívico das liberdades, da igualdade e da fraternidade ou, ainda, por meio da legítima imposição de deveres pela soberania popular. Autonomia privada, por seu turno, envolve as amplas possibilidades de realização democrática de direitos humanos e fundamentais considerados nos mais diversos âmbitos de concretização (individual, coletivo e difuso).

radiodifusão comunitária a partir de um modelo discursivo de formação e circulação da vontade e do poder político: a esfera pública.[59]

Ao aliar esses elementos sob a perspectiva da Teoria Discursiva do Direito e da Democracia de *Habermas*, não faz sentido falarmos na noção constitucional de serviço público aplicável à regulação das políticas públicas de radiodifusão comunitária no Brasil sem traçarmos as suas repercussões para a atuação democrática, por meio da cidadania, dos inúmeros direitos e deveres reciprocamente atribuídos aos sujeitos afetados.[60] De igual modo, seria arriscado considerarmos a existência de autonomias públicas (processos de soberania popular) ou privadas (afirmação/limitação de direitos humanos) sem dimensioná-las quanto ao papel desempenhado por cada um dos atores da sociedade brasileira.

Com base nessa abordagem, a Constituição corresponde a uma comunidade personificada de princípios jurídicos que não devem e nem podem ser operacionalmente interpretados como regras, sob o risco de que pretensas estruturas concretas de aplicação sejam transformadas em elementos de justificação do direito.[61] Nesse diapasão, parece razoável, e até mesmo justificável, compreender a coexistência de múltiplas percepções paradigmáticas e pretensões normativas, exercitáveis pelos inúmeros cidadãos, acerca da noção de "justo" ou de "Bem" para uma dada comunidade político-jurídica, como a integrada pela sociedade brasileira.

A partir dessas vivências constitucionais plurais, sustentamos que o mesmo pode ser dito com referência ao que se entende como o "melhor", ou mais adequado, modelo de "regulação" infraestrutural e institucional aplicável aos serviços de telecomunicações, à

---

(59) Para maiores detalhes acerca da evolução da noção de "esfera pública" no pensamento habermasiano, *cf.* Habermas (1984; 1991 e 1992:421-479).

(60) Habermas (1997a e 1997b) apropria-se, nesse ponto, da Teoria da Argumentação de Klaus Günther, a qual apresentou sua formulação básica na obra *Sense of apropriateness: Aplication Discourses in Morality and Law* (1993). Essa obra de Günther recebeu tradução brasileira intitulada *Teoria da Argumentação no Direito e na Moral: Justificação e Aplicação* (2004).

(61) Aqui entrelaçamos o ideal de integridade proposto por Dworkin (2003:212) e a perspectiva discursiva proposta por Habermas. Esse paralelo teórico pode ser aqui delineado porque a integridade dworkiana pressupõe níveis elevados de personificação da comunidade jurídico-política, a qual se distingue, por sua vez, das pessoas que a compõem e ainda do mero ajuntamento dos princípios que, em um dado momento, sejam tidos como os existentes. A partir desse elemento, a comunidade de princípios personificada consiste em uma instância social e discursiva diferenciada da de seus cidadãos ou de seus governantes. Ao aliar essa noção ao potencial compreensivo habermasiano, independentemente do engajamento ou não da virtude política desses atores associais, tal comunidade deve cumprir a tarefa performativa e normativa de levar a sério os direitos e deveres por ela própria enunciados para a realização constitucional e discursiva da equidade, da justiça e do devido processo adjetivo. Conforme define Dworkin (2003:254-255) esse ideal de integridade, ao ser assumido pela comunidade jurídico-política: "Insiste em que as pessoas são membros de uma comunidade política genuína apenas quando aceitam que seus destinos estão fortemente ligados da seguinte maneira: aceitam que são governadas por princípios comuns, e não apenas por regras criadas por acordo político. Para tais pessoas, a política tem uma natureza diferente. É uma arena de debates sobre quais princípios a comunidade deve adotar como sistema, que concepção deve ter de justiça, equidade e justo processo legal, e não a imagem diferente, apropriada a outros modelos, na qual cada pessoa tenta fazer valer suas convicções no mais vasto território de poder ou de regras possível. Os membros de uma sociedade de princípio admitem que seus direitos e deveres políticos não se esgotam nas decisões particulares tomadas por suas instituições políticas, mas dependem, em termos gerais, do sistema de princípios que essas decisões pressupõem e endossam".

radiodifusão em geral, ou ao SRC. Essa assertiva pode ser assumida, neste trabalho, como proposta de reflexão, porque, sob essa visão discursiva da Constituição, não podemos falar em políticas públicas de regulação das telecomunicações em geral sem uma discussão mínima acerca da cidadania e da democracia num Estado Democrático de Direito. Tal pressuposto nos leva a conceber formas plurais de realização pública e privada de direitos por meio da aplicação de regras e princípios que informem ou ordenem a Constituição.

Preocupamo-nos, aqui, com as demandas de concretização de direitos fundamentais dos cidadãos e, também, com o reconhecimento da construção de identidades sociais coletivas de comunidades e grupos (minoritários ou não) em torno da exploração da atividade de radiodifusão comunitária. Essa escolha nos permite afirmar que o caminho a ser percorrido por todos e cada um dos cidadãos e movimentos sociais envolve a dimensão indisponível das conquistas passadas, diárias e futuras acerca do papel que essa participação deve assumir na formação das estruturas políticas e jurídicas constitucionalmente mediadas pelo discurso e pela democracia.

A cidadania é uma conquista que se tornou possível no Estado Constitucional Brasileiro. Assim, ao desenvolvermos os desdobramentos de uma interpretação adequada para além da definição do "rótulo" que a exploração de determinada categoria das comunicações deva receber, consideramos que o fato de ela ser tecnológica ou juridicamente considerada como "serviço de telecomunicação" ou "serviço de radiodifusão" é muito pouco representativa da tarefa institucional a ser desempenhada pela Constituição. Para efeitos de uma generalização congruente de expectativas normativas aliada à perspectiva dos indivíduos participantes, tal distinção não tem utilidade constitucional para a análise que pretendemos articular.[62]

Partimos do postulado de que a classificação jurídica de determinado serviço como prestado sob o regime de "direito público" ou de "direito privado" não torna a regulação pelo direito, por si só, mais legítima, nem dotada de maior eficácia social ou de mais justiça. A construção de abordagens normativas que garantam, simultaneamente, a afirmação/negação presente de direitos à informação e à comunicação deve considerar também a abertura do sistema jurídico de tal modo que formas alternativas de interpretação possam ser invocadas, no futuro, a partir de novas situações concretas.

A radicalização de tendências interpretativas literais ou classificatórias sobre os serviços públicos de telecomunicações promove um achatamento da percepção sobre o sentido discursivo que a Constituição pode representar nas práticas individuais e coletivas que interagem na democracia brasileira.[63] *Interpretar a Constituição, para este trabalho,*

---

(62) Para maiores aprofundamentos acerca de uma perspectiva funcionalista, *cf.* Niklas Luhmann (1999:129-137). O direito é definido por Luhmann (1999:136) como "*estrutura de um sistema social, a qual se baseia na generalização congruente de expectativas normativas de comportamento*". Segundo essa perspectiva, a função do jurídico corresponderia, portanto, na seleção social de determinadas expectativas sobre expectativas de comportamento, as quais, uma vez selecionadas, passam a ser generalizadas de modo congruente em três dimensões: a temporal (estabilização, independente do transcurso do tempo, de expectativas "de forma antidecepcionante através de normação"); a social (institucionalização de estruturas de expectativas "apoiadas no consenso esperado de terceiros"); e a objetiva (exteriorização do sentido social de tais expectativas por meio do uso do código direito/não-direito — *recht/unrecht*).

(63) García de Enterría (2004a:55) ilustra essas dificuldades com os seguintes dizeres: "Comprovou-se, então, por um lado, a existência de serviços públicos geridos não mais pela Administração Pública (inclusive com recursos

é exercitar a ótica democrática e cidadã dos administrados-administradores. Trata-se de tarefa que é definida por *Carvalho Netto* (2001:11) nos seguintes termos:

> A ótica do administrado, do cidadão, requer que enfoquemos a esfera pública como algo bem mais amplo que o mero Estado que se encontra, sem dúvida, em seu centro, mas que inequivocamente não a esgota e que é passível, a todo momento, de ser privatizado pela própria Administração.

Assim, este estudo pretende contribuir para a identificação de elementos normativos que nos permitam caracterizar a regulação das políticas públicas aplicáveis aos serviços de radiodifusão comunitária em outros termos. Desejamos oferecer subsídios para que a noção constitucional de serviços públicos de telecomunicações seja interpretada a partir da tensão existente entre a garantia de direitos de dignidade cívica do cidadão (na condição ambivalente de pessoa humana e de ator político) e o reconhecimento de mecanismos coletivos de aferição de legitimidade da atividade regulatória.[64]

---

privados), mas sim por empresas de direito privado (a *Telefónica*, por exemplo, e mais claramente, os que se denominaram Bancos Oficiais) e, inversamente, que havia casos nos quais atividades que não eram serviços públicos (fabricação de automóveis, de barcos ou de aviões, por exemplo) eram geridas por uma entidade pública com aplicação de inequívocos elementos publicísticos. O resultado, complicado, segundo veremos, na atualidade, é que parece impossível separar com clareza grandes blocos de atividades, umas submetidas ao Direito Administrativo e outras ao Direito Privado. Ambos Direitos se entrecruzam inextrincavelmente em muitos atos da Administração Pública, de tal modo que, dentro de um mesmo ato alguns elementos podem estar submetidos ao Direito Administrativo e outros ao Direito Privado" — [Tradução livre do trecho: "*Se comprobó entonces, por um lado, la existência de servicios públicos gestacionados no ya por la Administración Pública (incluso com médios privados), sino por empresas de derecho privado (la Telefónica, por ejemplo, y más claramente, los que se llamaron Bancos Oficiales), y inversamente, que había casos em los que actividades que no eran servicios públicos (fabricación de automóviles, de barcos o de aviones, por ejemplo) eran gestacionadas por uma entidad pública com aplicación de inequívocos elementos publicísticos. El resultado, complicado, según veremos, en la actualidad, es que parece imposible separar con claridad grandes bloques de actividades, unas sometidas al Derecho Administrativo y otras al Derecho Privado. Ambos Derechos se entrecruzan inextricablemente en muchos actos y actividades de la Administración Pública, por lo que, incluso, dentro de um mismo acto unos elementos pueden estar sometidos al Derecho Administrativo y otros al Derecho Privado*"].

(64) O emprego da expressão "administrados-administradores", em vez do termo tradicionalmente utilizado na literatura do direito administrativo ("administrado"), tem por finalidade enfatizar a tendência de construção do protagonismo dos cidadãos e dos movimentos sociais por meio da discussão acerca da legitimidade democrática da atuação da Administração Pública. Segundo bem diagnostica García de Enterría (2004b:15-16): "Este termo 'administrado' é, realmente pouco feliz, como partícipio passivo do verbo administrar, parece arguir a uma posição simplesmente passiva de um sujeito, que viria a sofrer ou suportar a ação de administrar sobre ele exercida por outro sujeito eminente e ativo, a *potentior persona* a que denominamos Administração Pública. Sem embargo, essa conotação passiva que o substantivo administrado, inevitavelmente, evoca é inexata hoje, tanto política como juridicamente (talvez, menos sociologicamente: a burocracia tende a suceder com vantagem ao Príncipe absoluto. (...). Os indivíduos, pois, passam a ser donos do poder, não seu objeto como até há pouco, e, por sua vez, destinatários diretos de seus benefícios, finalidade a qual o poder se ordena primariamente; deixam, assim, de ser súditos para converterem-se em cidadãos, segundo um conceito mil vezes repetido, mas exato" — [Livre tradução do excerto: "*Este término de <administrado> es, realmente, poco feliz, como partícipio pasivo del verbo administrar, parece arguir uma posición simplemente pasiva de um sujeto, que,vendría a sufrir o soportar la acción de administrar que sobre él ejerce outro sujeto eminente y activo, la potentior persona a que llamamos Administración Pública. Sin embargo, esta conotación pasiva que el nombre de administrado evoca inavitablemente es inexata hoy, tanto política como jurídicamente (quizás menos sociológicamente: la burocracia tiende a heredar con ventaja al Príncipe absoluto).(...). Los individuos, pues, pasan a ser dueños del poder, no su objeto como hasta ahora, y, a la vez, destinatarios directos de sus beneficios, finalidad a la que el poder ordena primariamente; dejan así de ser súbditos para convertirse en ciudadanos, según un concepto mil veces repetido, pero exacto*"].

Para além das instâncias formais de representação direta e indireta por meio das quais os direitos humanos (ou fundamentais) e a soberania do povo possam ser democraticamente exercidos, pretendemos articular as dimensões da cidadania a partir do SRC. Numa tentativa de compreensão dessa permanente tensão na realização das liberdades, da igualdade e da solidariedade/fraternidade, a enunciação habermasiana do princípio do discurso (Princípio D)[65] nos proporciona um entendimento diferenciado e útil acerca do processo de (auto)legislação.[66]

Assim, a partir da categoria "poder comunicativo", buscaremos alternativas jurídicas e políticas para a regulação normativa e social a ser desempenhada por meio do exercício democrático e cidadão do direito constitucional à comunicação e à informação. Ao contextualizar esses elementos no interior das estruturas discursivas da esfera pública, pretendemos desenvolver uma leitura deliberativa aplicada ao papel que pode ser especificamente desempenhado pelas rádios comunitárias no Brasil para a realização legítima dessas prerrogativas.

Sob esse enfoque constitucional e discursivo, os movimentos sociais e os cidadãos (ouvintes e programadores) envolvidos na exploração dessas rádios passam a ser concebidos, a um só tempo, como destinatários e coautores da ordem jurídico-constitucional.[67] Em termos habermasianos (2004b:301), a "ideia democrática da autolegislação não tem opção senão validar-se a si mesma no *medium* do direito" — (realce no original).

Essa noção procedimental de "justiça" confere à nossa proposta de perspectiva constitucional aptidão para, no âmbito da função sociológica que é peculiar ao direito moderno, lidar com a tensão entre faticidade e validade nos serviços de radiodifusão

---

(65) Para Habermas (1977a:165), o *princípio discursivo* corresponde à premissa de que são "*válidas as normas de ação às quais todos os possíveis atingidos poderiam dar o seu assentimento, na qualidade de participantes de discursos racionais*" (realces no original). O Princípio D possui dois sentidos normativos: i) o cognitivo (responsável pela depuração de contribuições, de temas, de argumentos e de informações a partir da suposição de aceitabilidade racional de seu modo de operação e obtenção de resultados sob a égide do postulado de que o procedimento democrático deve fundamentar a legitimidade do direito; e ii) o *prático* ou *pragmático* (norteado pela geração de relações de entendimento imunes à violência, isto é, de maneira a proporcionar a *formação comunicativa do poder* em torno de uma *vontade geral normativamente mediada* em uma esfera pública diferenciada e composta por estruturas de intersubjetividade intactas, ou imunes a influências valorativas, morais e religiosas). Para maiores detalhes, *cf.* Habermas (1997a:191).

(66) Para Habermas (1997a:158 — realces no original): "A ideia de autolegislação de cidadãos não pode, pois, ser deduzida da autolegislação *moral* de pessoas *singulares*. A autonomia tem que ser entendida de modo mais geral e neutro. Por isso introduzi o princípio do discurso, que é indiferente em relação à moral e ao direito. Esse princípio deve assumir — pela via da institucionalização jurídica — a figura de um princípio da democracia, o qual passa a conferir força legitimadora ao processo de normatização. A ideia básica é a seguinte: o princípio da democracia resulta da interligação entre o princípio do discurso e a forma jurídica. Eu vejo esse entrelaçamento como uma 'gênese lógica de direitos', a qual pode ser reconstruída passo a passo. Ela começa com a aplicação do princípio do discurso ao direito a liberdades subjetivas de ação em geral — constitutivo para a forma jurídica enquanto tal — e termina quando acontece a institucionalização jurídica de condições para o exercício discursivo da autonomia política, a qual pode equipar retroativamente a autonomia privada, inicialmente abstrata, com a forma jurídica. Por isso, o princípio da democracia só pode aparecer como núcleo de um *sistema* de direitos. A gênese lógica desses direitos forma um processo circular, no qual o código do direito e o mecanismo para a produção do direito legítimo, portanto o princípio da democracia, se constituem de *modo co-originário*".

(67) Habermas (1997a:139).

comunitária.⁽⁶⁸⁾ Com a enunciação desse modelo de democracia constitucional⁽⁶⁹⁾, por mais que inexista participação ativa dos cidadãos e dos movimentos sociais (na condição ambivalente de administrados-administradores), os canais institucionalizados de interação entre Estado e sociedade civil se comunicam.⁽⁷⁰⁾ Isto é, o poder comunicativo dos cidadãos é atrelado ao poder administrativo do aparato estatal, de modo a gerar, administrativamente, comunicação independentemente da vontade dos envolvidos.⁽⁷¹⁾

A comunicação social decorrente das experiências democráticas da cidadania assume tamanho caráter de improbabilidade que o "entendimento" pode ser obtido até mesmo em situações administrativas nas quais o silêncio dos cidadãos e dos movimentos sociais seja manifesto. Por conseguinte, os riscos de carência ou crise de legitimidade tornam-se ainda mais intensos. Daí não ser difícil constatarmos alguns dos já mencionados elementos concretos de exclusão social e política, no que concerne à participação dos diversos coautores e destinatários da ordem jurídica no modelo de autorização das rádios comunitárias.⁽⁷²⁾

Tal olhar interpretativo corresponde, em síntese, a um desafio que, antes de consistir em exercício teórico de sistematização das leis, afeta a vida pública e privada de todos e cada um dos inúmeros atores envolvidos. Por esse motivo, é pertinente desenvolvermos os desdobramentos teóricos e práticos do modo pelo qual a vontade e a opinião desses atores são canalizadas sob a forma jurídica de decisões coletivamente vinculantes.

O emprego da expressão "ótica cidadã e democrática dos administrados-administradores" deve-se tão somente ao objetivo de explicitar demandas compreensivas por alternativas teóricas e práticas que permitam conciliar a convivência democrática da cidadania com a contextualização do SRC no bojo do Estado Brasileiro contemporâneo. Ademais, a ênfase no caráter ambivalente ou bifronte dos administrados-administradores, de igual modo, consiste em uma adaptação da noção habermasiana de autolegislação

---

(68) Para Habermas (1997b) essa tensão se manifestaria na sociedade também em duas dimensões: a validade do direito e o sistema de direitos. A dimensão da validade do direito corresponde à subtensão existente entre: a) a positividade da identidade histórica e linguística das práticas discursivas no âmago das tradições de cada sociedade ou comunidade jurídico-política (elemento da faticidade); e b) a legitimidade ou os procedimentos de legitimação democrática aptos a possibilitar a universalização de pretensões discursivas racionalmente aceitáveis por todos os sujeitos sociais envolvidos ou afetados em uma composição concorrente da legitimidade e da legalidade das normas jurídicas, a qual seria mediada juridicamente pelas possibilidades do controle de constitucionalidade característico de determinada comunidade (elemento da validade). O sistema de direitos, por seu turno, configura-se por meio da subtensão entre a autonomia pública e a autonomia privada no contexto da mediação normativa proporcionada pela vinculação entre soberania popular e direitos humanos em uma esfera pública. Para maiores aprofundamentos, *cf.* Habermas (1997a:113-168).

(69) Habermas (1997a:142 e 165) estabelece como condições de validade da democracia: i) o Princípio D; e ii) a forma jurídica comunicativa proporcionada institucionalmente pelo *medium* do direito.

(70) Para outros desdobramentos da configuração fluida da opinião pública e do poder comunicativo a partir da interlocução democrática das entidades da sociedade civil no contexto teórico da democracia deliberativa e no cenário paradigmático do Estado Democrático de Direito, *cf.* Habermas (1997b:91:121).

(71) Para maiores detalhamentos acerca dos paradoxos da comunicação produzida administrativamente a partir do silêncio ou não participação dos cidadãos, *cf.* Habermas (1997a:190-210).

(72) Nesse ponto, reportamo-nos às seguintes considerações de Müller (2000): "(...) o conceito 'exclusão social' não diz apenas respeito à pobreza ou marginalização, mas à conhecida e fatal 'reação em cadeia de exclusão' que se estende da exclusão econômica/financeira até a exclusão jurídica (negação da proteção jurídica e dos direitos humanos etc.), passando pela exclusão social, sociocultural e política".

que, além de ser compatível com a crítica dogmática do Direito Administrativo, visa a identificar perplexidades e paradoxos de um aparato da Administração que começa a perceber a necessidade de revisitar sua relação com os cidadãos administrados.[73]

Antes de se constituírem como meros administrados ou sujeitos-objeto das relações jurídicas com o Estado, os cidadãos não somente se sujeitam ao legítimo exercício do poder administrativo eventualmente (isto é, não necessariamente) exercido pelo aparato estatal. Nessa abordagem, tais atores também se personalizam na condição de sujeitos titulares de direitos e deveres, cuja participação é necessária para esse administrar. Em última instância, os cidadãos administrados são *administrandos*. Posicionam-se como protagonistas de uma Administração em movimento que, de modo incessante, pauta-se por administrar a si própria por meio das formas constitucionais e procedimentos democráticos.

Um aspecto que reforça o caráter ambivalente desses cidadãos-*Janus* é o de que, cada vez mais, as próprias tecnologias que proporcionam a comunicação social têm assumido caráter de autorreferência e interferência recíproca entre os inumeráveis sujeitos autores e destinatários do processo comunicativo. No caso da radiodifusão comunitária, surgem, pelo menos tecnologicamente, horizontes para a difusão de sons por meios digitais. Isto é, a abertura a experiências de multiprogramação acenam com perspectivas futuras de que o SRC venha a ser prestado sem a necessidade da "briga por espaço" em decorrência da tão sonhada "reforma agrária do ar".[74] De todo modo, não deduzimos ser o caso de maximizarmos os efeitos que a digitalização da radiodifusão no Brasil pode proporcionar.

Entendemos que a televisão e o rádio digital não podem ser recebidos pela sociedade brasileira como mera inovação tecnológica. Antes de tudo, trata-se de tema que envolve discussão pública acerca da exploração de serviços que devem ser contemplados por políticas públicas competentes para lidar com os impasses e as mazelas de um país que, segundo informações oficiais, ainda conta com cerca de 84 milhões de excluídos digitais que jamais usaram um computador.[75]

---

(73) Nesse particular, é válido manifestarmos nossa concordância, em linhas gerais, com as perspicazes preocupações dogmáticas apontadas por Cármen Lúcia Antunes Rocha (1994:61-62) com referência aos problemas apresentados pelas abordagens dogmáticas tradicionais do direito administrativo brasileiro: "A questão principal do Direito Administrativo (...) é o descompasso de sua doutrina com a concepção contemporânea de democracia. As relações do Estado com o cidadão passaram por substanciais alterações. Como o Direito Administrativo cuida de tais relações, não poderia permanecer ao largo de tais mudanças. (...) A substituição da ideia de cidadão pela de administrado, ainda hoje reproduzida no Direito Administrativo, traduz às vezes preconceito, pois o cidadão, como parte necessária da relação política da qual é o outro polo o Estado, não é submisso, subordinado, ou participante menor da função decisória da entidade pública. Ao administrado concedem-se direitos; o cidadão tem-nos reconhecidos, declarados e assegurados e não apenas concedidos. Dúvida alguma de que a substituição atende a interesses de manter afastado da decisão administrativa o membro da sociedade estatal. A própria palavra — administrado — registra esta submissão. O que administra, o que toma a decisão administrativa é o administrador. A utilização da relação Administração Pública/administrado, substituindo o conceito de cidadão nesta seara, ainda que de boa-fé, revelou a objeção ao reconhecimento de direitos políticos inafastáveis do participante do Estado no desempenho da função administrativa; pior, reservou-se a ele a função não participativa, pois o que se convencionou chamar participação e que aos poucos e muito lentamente vem sendo introduzido no Direito, não tem força, nem constância no momento da decisão administrativa, como se consegue nas funções políticas, governativa, legislativa e jurisdicional".

(74) Athayde (2006:33).

(75) Em reportagem da Agência de Notícias *Globo On Line*, datada de 22 de novembro de 2006 e intitulada "Mais de 80 milhões de brasileiros nunca usaram computador", complementa-se que: "Trinta milhões de brasileiros têm

A partir dessa ótica, assumimos como pressuposto que os cidadãos somente poderão reunir condições mínimas para o exercício da cidadania quando a própria titularidade de direitos que lhes for democraticamente atribuída os reconhecer, simultaneamente, como administrados e administradores. No caso específico de nossa investigação, os *administrandos* devem ser compreendidos na condição de autores e destinatários dos atos de poder mediados pela interpretação do SRC sob a égide da Constituição Brasileira.

Como disciplinam a lei de regência e o próprio decreto que regulamenta a matéria no Poder Executivo Brasileiro, qualquer cidadão tem legitimidade e direito de manifestar sua opinião sobre qualquer programa veiculado pela emissora comunitária (Lei n. 9.612/1998, art. 4º, § 3º; e Decreto n. 2.615/1998, art. 30). O (re)pensar da relação administrados-administradores busca articular, por fim, as possibilidades desse exercitar cidadão. Trata-se de um conjunto de ações e olhares legítimos acerca da vivência interpretativa das liberdades e das inúmeras dimensões da igualdade e fraternidade invocáveis no contexto da autonomia jurídica da cidadania, tanto nos espaços públicos, quanto nos privados da radiodifusão comunitária no Brasil.[76]

Em resumo, a ótica dos administrados-administradores é uma perspectiva que se faz possível por meio da estrutura e funcionamento das redes de comunicação social mediadas pela Constituição. Estamos diante de uma experiência compartilhada das liberdades, da igualdade e da fraternidade que também deve ser interpretada quanto a alguns de seus protagonistas: os cidadãos, os movimentos sociais e o Estado.

c) *Cidadãos, movimentos sociais e rádios comunitárias no Estado Democrático de Direito*

Inicialmente, partimos da ideia de que a tentativa de (re)construir o(s) sentido(s) democrático(s) da cidadania no Brasil de hoje a partir da experiência do Serviço de

---

computador em casa, mas apenas 20 milhões têm acesso à internet, constatou um levantamento realizado em julho e agosto deste ano pelo Comitê Gestor da Internet, do Ministério da Ciência e Tecnologia. O levantamento identificou ainda que 84 milhões de brasileiros nunca utilizaram computador. A pesquisa aponta que as desigualdades sociais continuam a ser um fator determinante para que a grande maioria da população não tenha acesso à *internet*".

(76) Nesse ponto, o esforço a ser empreendido por este trabalho coloca-se em total acordo com as seguintes considerações de Dworkin (2003:258-259): "Se podemos compreender nossas práticas como apropriadas ao modelo de princípios, podemos sustentar a legitimidade de nossas instituições, e as obrigações políticas que elas pressupõem, como uma questão de fraternidade, e deveríamos portanto tentar aperfeiçoar nossas instituições em tal direção. Convém repetir que nada, nesse argumento, sugere que os cidadãos de uma nação, ou mesmo de uma comunidade política menor, sintam ou devam sentir entre si uma emoção que pudéssemos chamar de amor. Algumas teorias acerca da comunidade ideal defendem essa possibilidade até o fim: desejam ansiosamente que cada cidadão sinta pelos outros emoções tão profundas, e com uma fusão equivalente de personalidades, como as dos amantes, dos amigos mais íntimos ou dos membros de uma família unidas por laços afetivos extremamente fortes. É certo que não poderíamos interpretar a política de qualquer comunidade política como a expressão desse nível de interesse mútuo, e tampouco é atraente esse ideal. A rendição total da personalidade e da autonomia ali explícita deixaria às pessoas muito pouco espaço para levarem suas vidas em vez de serem levadas com elas; destruiria as próprias emoções que celebra. Nossas vidas são ricas porque são complexas conforme os níveis e a natureza das comunidades em que vivemos. Se sentíssemos por amantes, amigos ou colegas nada além do mais intenso interesse que pudéssemos sentir por todos os nossos concidadãos, isso significaria a extinção, e não a universalidade do amor".

Radiodifusão Comunitária é tarefa que envolve múltiplas formas históricas e sociais de organização constitucional do político e do jurídico. Acolhemos, desse modo, a sugestão de Habermas segundo a qual é possível interpretar a história constitucional como um processo individual e coletivo de aprendizagem social, no qual os cidadãos e os movimentos sociais se relacionam com o Estado e o Mercado (nacional e internacional), assim como com os demais sujeitos da sociedade brasileira.

A partir do momento em que o texto legal ou constitucional estabeleça determinados direitos fundamentais ou certas formas específicas de exercício legítimo e soberano do poder político, cada geração de indivíduos e grupos que compartilhe essa vivência institucional assume, por pressuposto performativo de uma comunidade que se autoconstitui, as mesmas referências positivas que foram assumidas pela geração fundadora de determinada ordem constitucional. Segundo *Habermas* (2003:166), ao buscar a aferição da legitimidade dos resultados obtidos por essa prática discursiva, tais atores "têm que supor que todas as gerações precedentes tiveram a mesma intenção de criar e ampliar as bases para uma associação livre de parceiros do direito, que doam a si mesmas as leis de que necessita".

Com base no viés discursivo da Constituição, não nos interessa descrever a ampliação do rol positivado de direitos à comunicação e à informação. Conferimos primazia às maneiras pelas quais as concepções já existentes podem ser interpretativamente reconstruídas para a realização de outras dimensões da liberdade e da igualdade a partir das políticas públicas aplicáveis aos serviços de radiodifusão comunitária.

Para uma abordagem compatível com os objetivos deste trabalho, as experiências das rádios comunitárias serão contextualizadas no âmbito do aprendizado cidadão e democrático, haurido a partir da sucessão dos paradigmas de Estado de Direito. Essa perspectiva desenvolve-se de tal modo que, nos dizeres de *Andrew Arato* (1998:27), "cada paradigma procura abranger o anterior, cuja crítica joga um papel importante na construção do novo paradigma".

No âmbito da ótica discursiva da Constituição, portanto, utilizamos a categoria paradigma tão somente para nos referirmos a modelos normativos destinados a auxiliar a inafastável tarefa de redução da complexidade interpretativa. Neste ponto, orientamo-nos de acordo com a seguinte assertiva de *Carvalho Netto* (2001:14):

> Em qualquer tema que formos abordar no Direito, a questão da interpretação, sobretudo a da interpretação constitucional, é sempre uma questão central. Isso porque estaremos sempre falando da reconstituição do sentido de textos e, desse modo, uma noção básica é hoje requerida: a noção de paradigma, que abre inclusive a nossa Constituição, a do Estado Democrático de Direito.

Desse modo, podemos dizer que a noção de paradigma busca proporcionar duas percepções que nos são pertinentes: a) primeiro, a descrição normativa de matrizes paradigmáticas não corresponde a momentos estanques, claramente identificados no tempo; b) ademais, essa alternativa discursiva da Constituição consiste em uma dentre inúmeras possibilidades de compreensão da cidadania e da democracia nas sociedades contemporâneas.

Adotamos como pressuposto o argumento de que os efeitos discursivos e procedimentais da realização dos direitos de liberdade e igualdade apenas podem ser apreendidos criticamente sob a égide de uma releitura das dimensões públicas e privadas da cidadania e da democracia. Para *Habermas* (1997b:123-190), as perspectivas superpostas e concorrentes da tradição moderna dos Estados Liberal e Social podem ser sistematizadas na concepção contemporânea — ainda em curso — do Paradigma do Estado Democrático de Direito.[77] A proposta habermasiana pode ser esquematicamente apresentada com base nas seguintes perspectivas sucessivas de interpretação: o Paradigma do Estado Liberal (caracterizado pela preponderância discursiva da autonomia dos atores privados); o Paradigma do Estado Social (marcado pela hegemonia de uma visão de autonomia pública reduzida ao aparelho estatal-burocrático); e a emergência do Paradigma do Estado Democrático de Direito (concebido como momento de desabrochamento de fragilidades discursivas relacionadas ao déficit patrimonial estatal e, sobretudo, às carências democráticas no exercício da cidadania).

Nesse contexto, podemos dizer que a noção de Estado Democrático de Direito concebe a dicotomia público-privado em termos dos riscos e interferências que o sistema administrativo e o sistema do mercado exerceram e ainda exercem sobre o processo democrático de construção da cidadania. Assim, para a efetividade das pretensões constitucionais de autonomia e de autodeterminação individual e coletiva dos atores afetados, sugerimos o atendimento de, pelo menos, duas condições básicas: i) público e privado são diferentes, mas complementares; ii) os usos do público e privado são diversos dos médiuns do Estado (poder administrativo) e do Mercado.

A ideia de complementaridade e diferença entre público e privado (item "i" acima) oferece um parâmetro de análise segundo o qual a distinção estabelecida jamais se reduza aos termos meramente lógicos ou descritivos de uma tentativa racional de compreensão da realidade social. Ademais, essa perspectiva assume como pressuposto o afastamento de qualquer pretensão ontológica de se decifrar a essência de tais categorias. Inspirando-nos naquilo que Habermas denomina como *pragmática formal*[78], nos preocupamos com as variantes comunicativas dos usos normativos que as noções público-privado podem constituir reciprocamente entre si para balizar juízos aplicáveis em determinadas circunstâncias.

A segunda assertiva (item "ii" acima), por sua vez, diferencia performativamente os usos linguísticos do público, do privado, do estatal e do econômico. O público não se resume ao Estado. O Mercado não mais pode ser presumido como manifestação sempre privada. No ambiente social, não é admissível dar primazia ao público em detrimento do privado, e vice-versa. Com essas afirmações, não desejamos realizar oposição radical entre essas categorias, mas apenas enfatizar que tanto o Estado quanto o Mercado possuem

---

(77) Para maiores aprofundamentos, principalmente no que concerne a alguns elementos históricos e normativos das tensões paradigmáticas entre o público e o privado *cf.* Araújo Pinto (2003:19-50) e Carvalho Netto (2001:11-20).

(78) A abordagem da pragmática formal é apontada por Habermas (2004c:63-134) como uma tentativa de resgate da ainda não-resolvida relação entre teoria e *praxis*. Para tanto, a partir da tensão entre verdade e justificação das pretensões discursivas, a obra habermasiana busca encadear os potenciais filosóficos e normativos proporcionados pela virada linguística (promovida pelas versões complementares da hermenêutica filosófica e da filosofia analítica) e pela virada pragmática (realizada a partir do pensamento de Richard Rorty), *cf.* Habermas (2004c:227-266).

facetas públicas e privadas que deslizam conforme o olhar dos atores ou dos interesses envolvidos para a solução de determinada questão.

Ao buscar a validade de pretensões normativas em casos concretos, é fundamental que a interpretação constitucional atente para espaços institucionais de utilização "pública" ou "privada" de argumentos jurídicos. Hipoteticamente, ao argumentar que a questão "A" é pública e o tema "B" é privado, os atores envolvidos, em dada situação, veem-se diante de pretensões normativas a partir das quais o poder político coletivamente soberano passa a ser exercido em detrimento do reconhecimento de direitos fundamentais; ou, ao contrário, a titularidade de tais prerrogativas é enunciada como escudo protetor de quaisquer intervenções do Estado ou da Sociedade no âmbito da esfera privada de determinado sujeito de direito.

É exatamente essa percepção do uso diferenciado da argumentação jurídica com pretensões "publicizantes" ou "privatizantes" que pode permitir, naquela situação concreta, uma reflexão sobre os limites e possibilidades de conquista (presente ou futura) de direitos e deveres. Nota-se, por conseguinte, que, ao reduzir a questão do público e do privado a um problema epistemológico de classificação dos fenômenos jurídicos nas categorias[79] "direito público" e "direito privado", o pensamento jurídico tradicional permanece insensível e negligencia um sem número de alternativas concretas de tematização da cidadania e da democracia. Esse risco não pode nem deve ser assumido sem ampla discussão sobre os prejuízos (muitas vezes irreversíveis) advindos do desperdício de experiências constitucionais inovadoras — como é o caso das inúmeras vivências atinentes aos horizontes de emancipação social por meio das rádios comunitárias.

Em síntese, lançamos mão de perspectivas que permitem releitura de uma questão que permeia todas essas dimensões de legitimidade do sistema contemporâneo de direitos: o reconhecimento do papel democrático da cidadania, a partir das *dicotomias deslizantes* do público e do privado no Paradigma do Estado Democrático de Direito.[80] Cidadania e democracia, para os fins deste estudo se situam tanto no âmbito do público quanto no do privado.[81]

A adoção desse enfoque como alternativa teórica de redefinição tem por escopo analisar o instituto dos serviços públicos de telecomunicações no contexto do Estado Democrático de Direito Brasileiro[82] — uma atividade cada vez mais complexa e contingente:

---

(79) Nesse ponto, alinhamo-nos à perspectiva desenvolvida por Araújo Pinto (2003:45), no sentido de que as categorias dicotômicas do público e do privado possuem vários pontos de contato: "Observa-se, pois, que as esferas do público e privado, tratadas, tanto no paradigma do Estado Liberal quanto no do Estado Social como opostas (modificando-se apenas a direção da 'seta valorativa'), passam, num cenário de construção do paradigma do Estado Democrático de Direito, a ser vistas como complementares, equiprimordiais. E é essa mesma relação de equiprimordialidade que norteará a redefinição da dicotomia *direito público — direito privado*" — (realces no original).

(80) A expressão "dicotomias deslizantes" é utilizada por Araújo Pinto (2006) para se referir às múltiplas possibilidades de diferenciação de sentido do público e do privado, em especial, no contexto do terrorismo contemporâneo.

(81) Não podemos deixar de mencionar, aqui, que subscrevemos o pensamento de Carvalho (1996:1) segundo o qual: "A cidadania pode ser adquirida dentro do espaço público, mediante a conquista do Estado, ou dentro do espaço privado, mediante a afirmação dos direitos individuais, em parte sustentados por organizações voluntárias que constituem barreiras à ação do Estado".

(82) Apesar do fato de a própria concepção teórica de Estado Democrático de Direito como paradigma estar em plena edificação, o objetivo da utilização da expressão realçada é unicamente o de enfatizar a compatibilidade dos

a) na dinâmica de divisão de poderes para a fundamentação, o controle judicial e a aplicação pragmática de políticas públicas para a otimização de serviços públicos usufruíveis por todos os sujeitos envolvidos (Estado, agências, cidadãos, empresas, corporações, concessionários, permissionários, autorizatários, comunidades locais, regionais, nacionais e transnacionais, entidades do terceiro setor); e, sobretudo, b) no processo incessante de tematização constitucional da cidadania no âmbito da democracia brasileira.

Daí a pertinência do problema central desta pesquisa: como é possível superar a compreensão tradicional da noção de serviço público de modo a contribuir para a identificação de carências de legitimidade do controle normativo (estatal e social) da regulação dos serviços de radiodifusão comunitária?

Nesse particular, uma discussão sobre a imposição, ou não, de metas de universalização e continuidade para as telecomunicações, por exemplo[83], apenas oferece os primeiros indícios da demanda por inclusão generalizada dos cidadãos brasileiros e por movimentos organizados da sociedade civil ou entidades do terceiro setor nos procedimentos de prática normativa, decisória e executiva das políticas públicas setoriais das rádios comunitárias. De outra parte, multiplicam-se as previsões legislativas de ouvidorias[84], audiências públicas[85]

---

elementos sociais, políticos e jurídicos adotados pela Constituição da República Federativa do Brasil e o instrumental teórico habermasiano (*cf.* o disposto expressamente no preâmbulo constitucional e no art. 1º, *caput* e incisos, da Constituição Federal).

(83) Parágrafo único do art. 63 da LGT.
(84) No setor regulado das telecomunicações, veja-se, por exemplo, o art. 8º, § 1º, da LGT que prevê a ouvidoria como órgão básico da Anatel.
(85) As audiências públicas estão previstas na Constituição Federal tanto para o Poder Executivo quanto para o Legislativo. No âmbito do Poder Legislativo, o texto constitucional faz referência apenas à expressão "sessões públicas". De toda forma, legislação infraconstitucional recente tem implementado o uso desse instrumento de participação da sociedade também com relação aos Tribunais (cf., nesse particular, as previsões análogas constantes do art. 9º, § 1º, da Lei n. 9.868, de 10 de novembro de 1999 — Lei da Ação Direta de Inconstitucionalidade e da Ação Declaratória de Constitucionalidade —, e art. 6º, § 1º, da Lei n. 9.882, de 03 de dezembro de 1999 — Lei da Ação de Descumprimento de Preceito Fundamental). Para o Poder Executivo, apenas para fins de registro, as audiências estão previstas em uma série de dispositivos da CFB/1988, a seguir arrolados: i) o art. 29, XII estipula a possibilidade de "cooperação das associações representativas no planejamento municipal"; ii) o art. 194, parágrafo único, VII, prevê a participação de "caráter democrático e descentralizado" de membros da sociedade ("trabalhadores, empregadores, aposentados e do Governo") nos órgãos colegiados de gestão da seguridade social; iii) o art. 198, III, determina a participação da comunidade na gestão das ações e serviços públicos prestados pelo Sistema Único de Saúde — SUS; iv) o art. 204, II, assegura a participação popular "por meio de organizações representativas, na formulação das políticas e controle das ações em todos os níveis" na assistência social; e v) o art. 225, que, por sua vez, contempla a possibilidade de realização de audiências ao impor à coletividade o dever de atuar para a defesa e preservação do meio ambiente. Com relação ao Poder Legislativo, a realização de "audiências públicas com entidades da sociedade civil" é referência constitucional fundamental prevista no art. 58, § 2º, II, para a finalidade de auxiliar as comissões parlamentares da Câmara dos Deputados e do Senado Federal na elaboração de leis e demais atividades que estejam inseridas em sua competência específica. Por fim, no contexto infraconstitucional, há uma série de dispositivos que concretizam essa mesma tendência constitucional. Na seara da legislação ambiental editada antes da CFB/1988, é pertinente arrolar: i) o art. 2º, X, da Lei n. 6.938, de 31 de agosto de 1981 (que versa sobre a Política Nacional do Meio Ambiente), traz como princípio a educação ambiental, que deve ser implementada de modo a permitir a "participação ativa" da comunidade na defesa do meio ambiente; ii) o art. 8º, II da mesma Lei n. 6.938/1981 autoriza o Conselho Nacional do Meio Ambiente — Conama — a convocar, quando julgar necessário, a participação de entidades privadas para colaborarem na "realização de estudos das alternativas e das possíveis consequências ambientais de projetos públicos ou privados"; por fim, iii) o art. 2º da Resolução do Conama n. 9, de 03 de dezembro de 1987, atribui ao órgão de meio ambiente

e conselhos municipais, regionais e nacionais[86] para o levantamento de opiniões, reclamações e sugestões desses atores individuais e coletivos.

Tal fenômeno de proliferação de novos fóruns de debate aponta para o surgimento de demandas crescentes para criação de espaços institucionais em que a participação não somente é requerida, mas extremamente necessária para a própria legitimação e êxito das políticas públicas destinadas a setores vinculados a atividades econômicas relevantes e à prestação de serviços públicos. Ademais, a contribuição de atores coletivos e individuais orientados por interesses públicos e privados[87] e dos próprios cidadãos é, cada vez mais, realçada para a consecução dos almejados "fins públicos" das políticas de regulação.

Após essas considerações, é pertinente questionarmos o que realmente muda na vida dos cidadãos, grupos e comunidades preteridos nessa discussão. Ou seja, de que modo transformações textuais da Constituição podem afetar o controle normativo e social das políticas públicas de telecomunicações no contexto de interpretação dos princípios e regras que regem a gestão do serviço de radiodifusão comunitária no Brasil?

---

licenciador o dever de promover audiência pública quando o pedido for "solicitado por entidade civil, pelo Ministério Público, ou por 50 (cinquenta) ou mais cidadãos" e mais, o art. 5º da mesma resolução disciplina que: "A ata da(s) audiência(s) pública(s) e seus anexos, servirão de base, juntamente com o RIMA [Relatório de Impacto sobre o Meio Ambiente], para a análise e parecer final do licenciador quanto à aprovação ou não do projeto". Após a promulgação da CFB/1988, a realização de audiências que demandam a participação da sociedade passou a se constituir como um instrumento básico para nortear as ações da Administração Pública. Eis alguns exemplos: i) o art. 39 da já referida Lei n. 8.666/1993 ("Lei de Licitações") obriga a realização de audiência pública para iniciar o processo licitatório de determinados empreendimentos que acarretem elevados gastos públicos; ii) os arts. 32 a 34 da Lei n. 9.784, de 29 de janeiro de 1999 ("Lei de Processo Administrativo") atribuem centralidade às audiências públicas, as quais, sem prejuízo da adoção de outros mecanismos que fomentem a participação popular, poderão auxiliar o processo de tomada de decisões "para debates sobre a matéria do processo"; iii) o art. 48 da Lei Complementar n. 101, de 04 de maio de 2000 ("Lei de Responsabilidade Fiscal"), vislumbra a audiência pública como mecanismo de transparência da gestão fiscal e o parágrafo único desse dispositivo assevera que: "A transparência será assegurada também mediante incentivo à participação popular e realização de audiências públicas, durante os processos de elaboração e de discussão dos planos, lei de diretrizes orçamentárias e orçamentos"; por último, iv) o art. 40, § 4º, I, da Lei n. 10.257, de 10 de julho de 2001 ("Estatuto das Cidades"), ao dispor sobre o processo de elaboração dos Planos Diretores e a fiscalização de sua implementação, determina que o Legislativo e o Executivo municipais deverão garantir "a promoção de audiências públicas e debates com a participação da população e de associações representativas dos vários segmentos da comunidade" com vistas a efetivar a transparência, publicidade e participação social na política de desenvolvimento e expansão urbana. Em suma, todo esse levantamento legislativo é pertinente porque, apesar de a LGT prever publicidade para as sessões do Conselho Diretor (Lei n. 9.472/1997, art. 21), o Regimento Interno da Anatel (Resolução n. 270, de 19 de julho de 2001), na contramão de toda essa tendência de abertura à participação, criou uma "nova" categoria de deliberação da agência: a reunião (que é destinada unicamente aos integrantes do Conselho Diretor, ao Procurador-Geral e ao Ouvidor da Anatel). Desde a criação da agência (julho de 1997), estranhamente, foram realizadas apenas 3 sessões (uma em 2000 e duas em 2003) e, por outro lado, 422 reuniões. Diante desse quadro em que o uso emancipatório das audiências públicas é utilizado contra a própria participação e audiência do público, a atuação da cidadania é um tanto quanto comprometida pela prática institucional desse modelo regulatório que tem sido sistematicamente implementado.

(86) No âmbito da Anatel, nos termos do art. 33 da Lei n. 9.472/1997, o Conselho Consultivo é órgão previsto como "participação institucionalizada" da sociedade. O Conselho Consultivo é composto por "representantes indicados pelo Senado Federal, pela Câmara dos Deputados, pelo Poder Executivo, pelas entidades de classe das prestadoras de serviços de telecomunicações, por entidades representativas dos usuários e por entidades representativas da sociedade".

(87) Como, por exemplo: profissionais autônomos e liberais; sociedades de economia mista; empresas públicas; empresas e conglomerados privados etc. Acerca de exemplos atuais que representam as tensões e possibilidades de novas interações entre o Estado e os particulares, veja-se o recente processo legislativo de regulamentação das Parcerias Público-Privadas (PPPs — Lei n. 11.079, de 30 de dezembro de 2004) e dos Consórcios Públicos (Lei n. 11.107, de 06 de abril de 2005).

À primeira vista, reforçamos o caráter de precariedade e provisoriedade dos múltiplos sentidos que disposições textuais podem assumir. O passo hermenêutico adotado é o de que o texto da Lei n. 9.612/1998, assim como o de qualquer outra disposição legislativa que venha a ser editada com o objetivo de "aperfeiçoar" a regulamentação legal da atividade das rádios comunitárias, por si só, não resolve, nem mitiga nossa preocupação de que os rumos da democracia e os percursos da cidadania são improváveis.

O estudo de problemas constitucionais contemporâneos, como é o caso dos serviços públicos de telecomunicações, nos leva a tomar algumas cautelas. Não é possível traçarmos respostas conclusivas para a vivência presente e futura de liberdades, porque, a cada momento, elas podem ser acorrentadas, ou, ainda mais, libertadas pelas práticas sociais historicamente situadas.

Assim, apesar dos fortes indícios de instrumentalização das rádios comunitárias para fins partidários, eleitorais e religiosos, entendemos que o serviço de radiodifusão comunitária ainda pode desempenhar importante papel para a formação de espaços constitucionais de articulação das liberdades, da igualdade e da fraternidade. Não podemos negar o papel que as alternativas de comunicação trazidas pelas rádios comunitárias podem proporcionar para a consolidação de arenas de tematização de assuntos de relevância pública e privada. Por meio dessas rádios, cidadãos, movimentos sociais e comunidades têm a oportunidade de exercitar uma autorreflexão sobre suas experiências e demandas. Trata-se de uma possibilidade de livre exercício do direito à comunicação e à informação — uma vivência que passa a ser equanimemente distribuída em igualdade de condições por todos aqueles que interajam diretamente, ou que tenham acesso às formas e conteúdos da programação veiculada.

A radiodifusão comunitária, como o próprio nome já indica, consiste em prática social por meio da qual a comunidade pode exercer a construção dos laços de convivência que unem seus integrantes locais. Num país em que nem sempre todos foram iguais, nem tampouco livres, para emitirem, mesmo que numa limitada parcela do espaço público, suas vontades e opiniões particulares, essas rádios simbolizam uma alternativa democrática para amplos usos pedagógicos e emancipatórios da cidadania. Para uma melhor reflexão sobre o tema, abordaremos, brevemente, dois exemplos ilustrativos das possibilidades e limites da experiência da radiodifusão comunitária brasileira.

O primeiro diz respeito ao caso da "Rádio Favela-FM" na cidade de Belo Horizonte (MG). No início da década de 1980, três jovens decidiram colocar em operação um terminal de radiodifusão como alternativa de informação e entretenimento para a comunidade do Bairro da Serra. Gradualmente, o apoio e a audiência dos moradores locais ampliaram-se, tanto em termos quantitativos quanto qualitativos. A partir de uma programação musical diversificada e de reportagens relativas ao controle do exercício do poder político, a rádio alcançou a terceira maior audiência da capital mineira.[88]

Apesar das idas e vindas decorrentes da interrupção das transmissões (as quais foram inúmeras vezes impedidas por policiais federais, sob o argumento de que a rádio

---

(88) Para maiores registros acerca dessa experiência, *cf.* Athayde (2006:31).

seria clandestina), a programação "pirata" começou a contar com a participação dos cidadãos por meio da indicação de músicas a serem reproduzidas; de propostas de veiculação de propagandas e ofertas de emprego no comércio local; do resgate da memória histórica e cultural da comunidade; e da discussão acerca de direitos intimamente relacionados à cidadania, com especial ênfase na qualidade da prestação de serviços públicos.

A rádio, que somente em 2000, foi juridicamente alocada na modalidade de radiodifusão educativa, nasceu de uma experiência comunitária em que os ouvintes puderam exercer a autonomia do direito constitucional à comunicação e à informação quanto aos mais diversos assuntos públicos: educação, saúde, política, acesso à Justiça etc.

Outro episódio interessante é o da recente outorga de autorização à comunidade de São Gabriel da Cachoeira (AM). Após oito anos para a consecução desse título jurídico-administrativo, os cidadãos da localidade puderam, pela primeira vez, exercer, com o respaldo institucional do Minicom, a efetividade do amplo direito à comunicação e à informação. Mas essa conquista não se deveu somente à superação dos óbices burocráticos da lentidão administrativa do Estado Brasileiro.

Chama a nossa atenção o fato de que a população de São Gabriel é composta por 73,31% de cidadãos brasileiros de origem indígena. Segundo recentes dados do IBGE, trata-se do município que apresenta o maior percentual de indivíduos cuja ascendência provém de etnias indígenas. Ademais, os quase 30 mil habitantes dividem-se entre três idiomas cooficiais, além do português: o *nheengatu*, o *tucano* e o *baniua*.

Com a outorga da autorização, os usuários deste serviço de radiodifusão comunitária já começaram a ter acesso à programação, a qual tem sido difundida, simultaneamente, nesses quatro idiomas. Os programas transmitidos por essa rádio têm enfatizado, sobretudo, os elementos da cultura e da história a partir do ponto de vista do protagonismo dessas identidades culturais de matriz indígena.

Em recente reportagem, datada de 10 de novembro de 2006, a agência de notícias na Internet *Estado de S. Paulo*[89] veiculou o interesse da Prefeitura municipal em fomentar o aprendizado dessas línguas através dos meios de comunicação de massa. Nesse ponto, a recém-autorizada rádio comunitária poderá assumir importante papel para a concretização dessa experiência de intercâmbio cultural e educação pública.

No momento em que essas comunidades tiverem autonomia para exercer legitimamente a atividade de exploração das rádios comunitárias, tornar-se-á possível a participação dos indivíduos na elaboração coletiva da forma e do conteúdo da programação a ser veiculada. A rigor, essas experiências, quando bem sucedidas, podem constituir verdadeiros instrumentos de problematização de temas envolvidos com a formação da opinião e da vontade política coletivamente vinculante, tais como: a discussão de excessos e déficits nas relações de trabalho; a fiscalização das campanhas eleitorais; o controle da prestação de serviços públicos; e o fomento de políticas públicas de outros setores relevantes para a cidadania, como saúde pública e qualidade da educação.

---

(89) Para maiores informações, *cf.* reportagem intitulada "Município do Amazonas oficializa três línguas indígenas" (2006), disponível em: <http://www.estadao.com.br/educacao/noticias/2006/nov/10/311.htm>.

A partir desses dois exemplos, lançamos as bases jurídicas para promover um debate democrático acerca das políticas públicas invocáveis, num dado contexto, como coletivamente vinculantes. É a própria experiência do serviço de radiodifusão comunitária que passa a ser tematizada pelos cidadãos e pelos movimentos sociais como procedimento válido para a discussão da legitimidade dos conteúdos e formas requeridos para a exploração da atividade.

Com base em experiências como essas, desenvolveremos nosso estudo em torno das possibilidades e limites constitucionais de construção democrática da cidadania, com o objetivo de identificar tendências "regulatórias" e "emancipatórias" no Sistema Brasileiro de Telecomunicações.[90] Essa preocupação ganha relevo principalmente quando

---

(90) Cabe esclarecermos que, nesse parágrafo, os termos "regulação" e "emancipação" são utilizados em um sentido bem próximo às acepções teóricas trabalhadas por Santos (2002:47-54). Com essa afirmação, não assumimos a pretensão ou compromissos de realizar uma "tradução global" da diversificada obra de Boaventura de Sousa Santos (2002). Ao revés, desejamos pontuar que, quanto à análise das construções inacabadas do paradigma da modernidade, nos é válida a noção intuitiva de que, talvez, a absorção do pilar da emancipação pelo pilar da regulação se constitua como um dos fatores mais característicos da condição sociocultural ao final do século XX. Apenas para que nos familiarizemos com o arcabouço conceitual desenvolvido por Santos (2002:55-68), cada um desses pilares constitui-se por meio de três elementos (princípios ou racionalidades) distintos. O pilar da regulação seria composto pelo: i) princípio do Estado (formulado principalmente por Thomas Hobbes, consiste na obrigação política vertical entre os cidadãos e o Estado); ii) princípio do Mercado (desenvolvido primordialmente por John Locke e por Adam Smith, trata da obrigação política horizontal individualista e antagônica entre os constituintes do mercado); e, por último, iii) o princípio da Comunidade (que abarca a totalidade da teoria social e política de Rousseau, edifica-se por meio da obrigação política horizontal solidária e fraterna entre constituintes da comunidade e entre associações). O pilar da emancipação, por seu turno, seria formado pelas três modalidades de racionalidade destacadas por Max Weber: i) a racionalidade estético-expressiva das artes e da literatura; ii) a racionalidade cognitivo-instrumental da ciência e da tecnologia; e iii) a racionalidade moral-prática da ética e do direito. O processo de "absorção" de um pilar pelo outro teria ocorrido em virtude de processos simultâneos em cada um dos pilares. Com relação ao pilar da emancipação, Santos sustenta a paulatina colonização e redução do potencial emancipatório das demais racionalidades em razão de uma situação de primazia da racionalidade cognitivo-instrumental da ciência e da tecnologia (fenômeno que culminou com a ocorrência de uma *hipercientificização do pilar da emancipação*). Já no que concerne ao pilar da regulação, o autor (2002) observa uma tendência de desenvolvimento hipertrofiado em razão do foco exacerbado no princípio do Mercado. Essa ênfase evoluiu de tal modo que, mantidas as devidas proporções, denota-se a denominada *hipermercadorização do pilar da regulação*. Desse modo, a *hipercientificização do pilar da emancipação* e a *hipermercadorização do pilar da regulação* levaram à absorção daquele pilar por este a partir do momento em que ocorreu a conversão da ciência como principal força produtiva. Consequentemente, com essa incorporação, o pilar da emancipação passou a introjetar em si elementos do pilar da regulação. Assim sendo, com o aumento do caráter regulatório, Santos assevera os riscos de uma maior inflexibilidade e rigidez de práticas sociais e políticas cada vez mais contingentes e convencionais. Em conclusão, o autor aponta para a síndrome de esgotamento global que resultou na neutralização eficaz dos anseios do paradigma da modernidade em viabilizar uma integração social solidária e profunda. Com a derrocada do sistema de liberdades clássicas formuladas no processo histórico de afirmação institucional dos Estados-Nação e de evolução do modo capitalista de produção, a regulação social torna-se, cada vez mais, difícil e a emancipação, paulatinamente, mais avessa a novas alternativas. Conforme buscaremos, de modo mais preciso, especificar nos *Capítulos 2* e *3*, os princípios dos pilares da regulação e as racionalidades componentes do pilar da emancipação nos oferecem parâmetros consideravelmente intuitivos quanto à identificação de riscos e potenciais de identificação de alternativas à colonização da vida social. Nesta parte da investigação, a importância do estudo dessas questões são aqui justificadas, de um lado, a partir das tendências "regulatórias" manifestadas por meio de leituras estatizantes, nacionalistas e privatizantes das políticas públicas de radiodifusão; e, de outro, por intermédio das contribuições "emancipatórias" dos cidadãos e dos movimentos sociais. Posicionamo-nos, portanto, em prol da proposição de alternativas práticas, teóricas e jurídicas a um projeto de comunicação social construído, predominantemente: i) pelos interesses econômicos dos atores do Mercado; ii) por uma leitura formalista do papel a ser desempenhado pelo aparato burocrático-administrativo do Estado Brasileiro; e iii) por uma perspectiva materializante de uma identidade cultural comum, forjada, a todo momento, a pretexto de escusos imperativos de "segurança nacional" e "integração nacional".

tal estrutura institucional-regulatória se apresenta sob as vestes ou os rótulos de uma típica manifestação da "democracia" — aqui entendida sob as advertências e riscos daquilo que *Boaventura Sousa Santos* (1999:264) denomina como *fascismo societal*.[91] Em síntese, desconfiamos de estruturas institucionais de imposição do poder e do direito para identificarmos práticas sociais que estejam impregnadas por influências autoritárias.

Desejamos levantar experiências do constitucionalismo brasileiro que, nas políticas públicas de telecomunicações, apontem, respectivamente, para a invalidação: da consideração da lei estatal como único limite normativo de definição de serviço público (conforme pretende sustentar o formalismo); e da invocação ufanista da "nação brasileira" ou dos imperativos estatais e econômicos de "ordem pública" como parâmetros da distribuição dos valores sociais concretamente envolvidos na fruição desses serviços pelos clientes do Estado, ou pelos consumidores do Mercado (numa radicalização da concepção essencialista de serviços públicos).

Nossa proposta buscará descrever peculiaridades de uma cidadania, a um só tempo: imposta "de cima para baixo"; e, paradoxalmente, tornada democraticamente possível por meio de estruturas discursivas de legítima construção, "de baixo para cima", do poder comunicativo regulado, também, pelo direito e pela Constituição. Assim, dirigiremos nossos passos com o intuito de identificarmos práticas sociais concretas da radiodifusão brasileira que tenham contribuído ou possam contribuir para uma compreensão, em bases mais amplas, da vivência constitucional da cidadania no Brasil, a partir do caso específico da radiodifusão em geral e do SRC.[92]

Não superestimamos os efeitos que determinados problemas constitucionais concretos dos serviços de radiodifusão comunitária podem trazer para uma idealização, a todo custo, do espaço de formação e circulação da opinião e da vontade.[93] Num primeiro nível, a perspectiva discursiva da Constituição deve se confrontar com aspectos problemáticos do "exercitar" democrático da cidadania, tais como: a falta de tempo adequado para as

---

(91) Para Santos (1999), o "fascismo societal" corresponde a projetos autoritários que "sub-repticiamente se infiltram e escondem" no interior de "políticas públicas" e práticas sociais que busquem se afirmar, a todo custo, como modelos "democraticamente" incontestáveis. Daí a proposta desse autor (1999:270) segundo a qual lutas jurídico--políticas podem alcançar importantes conquistas à medida que se fortaleçam como uma alternativa a esse modelo de exclusão por meio da cooperação, da solidariedade, da participação, da democracia e da prioridade da distribuição sobre a acumulação.

(92) Neste trabalho, o emprego das expressões "de cima para baixo" e "de baixo para cima" é reconhecidamente tributária da terminologia empregada por Brian Turner (1990) para nos referirmos, respectivamente, a práticas sociais verticais e horizontais de construção democrática da cidadania. Esse emprego específico é motivado pelas seguintes preocupações conclusivas lançadas por Avritzer (2002:29-55): "A questão para a teoria social do século XXI é como associar o abstrato de categorias de uma cidadania pós-nacional como lutas concretas pela limitação das formas de expansão do mercado e, em alguns casos, do Estado para além da territorialidade nacional. Essas lutas tem se concentrado nos campos do civil e do social pela própria natureza da globalização baseada em grande parte no fluxo de indivíduos e mercadorias. São nessas áreas que têm surgido movimentos sociais pós-nacionais que têm tocado fundamentalmente nas questões civil e social. Isso não quer dizer que o elemento político da cidadania não se vá colocar na ordem do dia em algum momento e vir a constituir um novo concreto de lutas democráticas. É da ação dos atores sociais nesse campo que dependerá a extensão da cidadania mundial para o campo do político". Para interessante estudo prospectivo e comparativo sobre as fronteiras de teorização da cidadania a partir da experiência americana, inglesa, francesa e alemã, *cf.* Turner (1990).

(93) Habermas (1997b:54).

deliberações relativas às políticas públicas destinadas às rádios comunitárias, ou, até mesmo, à qualidade da programação a ser difundida; e o caráter efêmero e oportunista por meio do qual temas reconhecidos como "públicos" ou "privados" podem ser, a cada momento, instrumentalizados em prol de determinados interesses econômicos, eleitorais, religiosos etc.

Ao lidar com esses riscos, percebemos que as condições comunicativas teoricamente idealizadas apresentam inúmeros problemas fáticos de legitimação na sociedade brasileira. Torna-se cada vez mais problemática a concretização do texto constitucional nos ambientes sociais e administrativos de um Estado recheado por aspectos contrafáticos a partir dos quais as realizações de direitos civis, políticos e sociais são postergadas, dia após dia. Assumimos a ideia de que compete ao direito e, em especial, à Constituição, a tentativa de promover a garantia de condições discursivas para o surgimento de interações comunicativas mediadas normativamente e imunes à violência.[94] Isto é, a comunicação social por meio da radiodifusão comunitária deve ser compreendida como atividade desvinculada de influências autoritárias e antidemocráticas.

Assim, por mais que os serviços de radiodifusão comunitária se manifestem por meio de instâncias institucionais do Estado, e ainda que exclusivamente através das imposições formais e materiais de negociação impostas pelo Mercado, os cidadãos e os movimentos sociais possuem titularidade e legitimidade: para invocar a aplicação da Constituição a casos concretos em que os mais diversos níveis jurídicos de "livre" e "igual" acesso à comunicação e à informação devam ser resguardados; e para exigir, do aparato administrativo, medidas de equânime fundamentação da distribuição dos recursos econômicos e políticos nas práticas sociais.

A partir da realização do texto constitucional, surgem as seguintes questões: de que modo os discursos normativos têm sido historicamente apropriados por atores hegemônicos (principalmente pelo Mercado e pelo Estado)? De que maneira seria possível fundamentar o controle social e estatal desses discursos por meio de leituras válidas e legítimas do direito à comunicação e à informação na Constituição Federal de 1988?

Trata-se de perguntas que apenas acenam com hipóteses de investigação que devem ser oportunamente desenvolvidas, a partir da releitura de três premissas básicas da esfera pública: i) a abertura do debate quanto aos argumentos que podem ser eventualmente

---

(94) Sem maiores extensões, é pertinente registrar que essa tese habermasiana é tributária da obra de Hannah Arendt. A reflexão proposta por Arendt (2005:188-259) remete à discussão da noção de esfera pública a partir da *polis* grega e da *res publica* romana. Nesses contextos clássicos, o espaço público era visto como o local privilegiado em que os iguais, *isotes* (grego) e *cives* (latim), contrapunham-se uns aos outros na *ágon* (luta, disputa) pela construção de uma identidade ética comum. A partir da degeneração do modelo clássico das *virtudes cívicas* na modernidade, Arendt (2005:260-338) levanta os problemas existenciais do homem que, situado em uma sociedade de massas, tem o seu agir reduzido às possibilidades político-econômicas do trabalho, de tal maneira que restam poucas oportunidades para a *ação intersubjetiva independente*, isto é, imune à violência (real ou potencial). Nesse particular, Habermas (1997a:173;185-190) reconhece que o fenômeno do poder político não se restringe unicamente à imposição ou violência, mas também se estende a um potencial ou poder de formação de uma vontade comum lastreada por um processo comunicativo normativamente depurado pelo *medium* do direito. Ou seja, para a idealização normativa da esfera pública cívica, o processo comunicativo de formação e circulação do poder não deve estar necessariamente sujeito às influências da violência (real ou potencial).

articulados em decorrência do levantamento quase inesgotável de questões até então negligenciadas pelas políticas públicas em geral; ii) a tensão existente entre liberalismo e comunitarismo (ou republicanismo), sob a égide da democracia deliberativa, para a interpretação dos direitos de liberdade e igualdade de expressão, informação e participação na formação da vontade política vinculante; e, por fim, iii) a legitimidade democrática do reconhecimento plural dos atores envolvidos, os quais podem invocar, a qualquer momento, a arena pública de discussão como pressuposto de sua inclusão cidadã no debate.[95]

A ótica discursiva da Constituição ora sugerida conclui que não se deve impossibilitar o gozo de autonomia jurídico-política (pública e privada) pelos atores sociais diretamente afetados. Trata-se de uma articulação compreensiva dos sujeitos (individuais e coletivos) de direito na condição ambivalente de "cidadãos da sociedade" e "cidadãos do Estado". Isto é, cidadãos que compartilham um mesmo espaço social e sujeitos de direito que, a todo momento, podem legitimamente invocar a Constituição para contestar a atuação do aparato estatal. Essas duas atuações perfomativas dos cidadãos e dos movimentos sociais não podem ter sua realização constitucional reduzida às possibilidades materiais do Mercado ou do Estado. Nos dizeres de *Habermas* (2003:152):

> Para fazerem um uso *adequado* de sua autonomia pública, garantida através de direitos políticos, os cidadãos têm que ser suficientemente independentes na configuração de sua vida privada, assegurada simetricamente. Porém, os "cidadãos da sociedade" (*Gesellschafstsbürger*) só podem gozar simetricamente sua autonomia privada, se, enquanto cidadãos do Estado (*Staatsbürger*), fizerem uso adequado de sua autonomia política — uma vez que as liberdades de ação subjetivas, igualmente distribuídas, têm para eles o mesmo valor — (realces no original).

Radicalizando essa análise habermasiana, enquanto a concepção liberal tende a abrir os olhos para a titularidade discursiva a ser exercida pela autonomia privada e os fecha para a autonomia pública, o modelo republicanista tenta reconhecer o protagonismo discursivo da autonomia pública (embora não o enxergue, de igual modo, com relação à autonomia privada).

Como alternativa a essas duas concepções, o pensamento habermasiano propõe o modelo democrático da política deliberativa. A partir dessa compreensão, variadas questões são passíveis de sensibilizar as instâncias formais e informais, para que novos temas possam ser introduzidos nas respectivas agendas de deliberação, e, consequentemente, enfeixados em políticas públicas mais direcionadas aos interesses da sociedade. Segundo afirma *Habermas* (1997b:134) "(...) a política deliberativa alimenta-se do jogo que envolve a formação democrática da vontade e a formação informal da opinião".

Nesse sentido, os cidadãos e movimentos sociais passam a ter sua presença reconhecida tanto na esfera pública política quanto na esfera pública informal. A primeira corresponde ao âmbito institucionalizado no qual o agir comunicativo é transformado em poder político. A segunda refere-se a um espaço não institucionalizado em que, embora a formação da vontade e de opiniões públicas não necessariamente transportem

---

(95) Para maiores detalhes sobre essas condições, *cf.* Habermas (1984:46-68; e 1991:31-42).

a pretensão de marcar posição no jogo político, é possível colher argumentos para sustentar posturas públicas positiváveis que, por esse motivo, poderiam ser aplicadas à implementação de políticas públicas.

A título exemplificativo, vejamos o caso da violência doméstica no Brasil. Há não muito tempo, esse assunto era visivelmente "privatizado", ou seja, circunscrito ao ambiente do lar. Daí a proliferação do provérbio "em briga de marido e mulher ninguém mete a colher".

Assim, se partíssemos de uma leitura liberal radical da esfera pública, questões "privadas" como estas não poderiam ser publicizadas, porque, a rigor, o legislador não deveria intervir para além das garantias básicas da estrutura familiar. Uma interpretação comunitarista, por seu turno, se levada às últimas consequências, poderia chegar ao extremo de instituir a necessidade de um órgão para a fiscalização diária dos domicílios brasileiros.

A partir da aproximação permitida pela democracia deliberativa, ambos os excessos perderiam sua força justificatória a partir do momento em que fossem colocados na discussão, de um lado, a promoção da integridade física e psicológica dos membros da família contra violações indevidas e, de outro, a definição de políticas públicas efetivas e legítimas que tentassem resolver a questão da igualdade de gêneros sem protecionismos inadequados.

Sob esses contornos, o tema da violência doméstica assumiu tendências de "publicização". Trata-se da construção coletiva de um tema que não pode negligenciar as peculiaridades da exclusão social da cidadania da mulher. Conforme nos indicam as experiências que motivaram a recente edição da Lei n. 11.340/2006 (também conhecida como Lei Maria da Penha), essa é uma experiência que a democracia brasileira não pode negligenciar.[96]

---

(96) Para registrar a atualidade e a importância do tema da violência doméstica na sociedade brasileira, é interessante mencionar que, no dia 07 de agosto de 2006, o Presidente da República sancionou a Lei n. 11.340/2006, de iniciativa do Congresso Nacional. Esse documento legislativo buscou criar "mecanismos para coibir a violência doméstica e familiar contra a mulher, nos termos do § 8º do art. 226 da Constituição Federal, da Convenção sobre a Eliminação de Todas as Formas de Discriminação contra as Mulheres e da Convenção Interamericana para Prevenir, Punir e Erradicar a Violência contra a Mulher". A referida lei dispõe ainda acerca da criação dos Juizados de Violência Doméstica e Familiar contra a Mulher e alterou a legislação penal aplicável (o Código de Processo Penal, o Código Penal e a Lei de Execução Penal), cominando penas mais severas, para os casos em que se constate a violência doméstica. Esse diploma legal ficou conhecido, desde a sua tramitação até a sua aprovação, como "Lei Maria da Penha". Maria da Penha Maia é uma cidadã brasileira que, em 1983, foi vítima de seu então marido, o professor universitário Marco Antônio Herredia. O agressor tentou assassiná-la duas vezes. Na primeira, Maria da Penha ficou paraplégica em razão de um disparo de revólver que lhe atingiu a coluna. Na segunda, Maria, mãe de três filhas (entre seis e dois anos de idade), quase foi eletrocutada. As investigações criminais começaram ainda em junho de 1983. Entretanto, a denúncia somente foi apresentada pelo Ministério Público do Estado do Ceará em setembro de 1984. Oito anos depois (1992), a Justiça cearense condenou Marco Herredia a uma pena de oito anos de prisão. Em razão da morosidade do poder judiciário para apreciar os inúmeros recursos e incidentes processuais suscitados pela defesa, porém, a pena somente começou a ser cumprida em 28 de outubro de 2002 (quase vinte anos depois!). Hoje (menos de quatro anos após a efetivação da prisão), Herredia está em liberdade. Diante do quadro de impunidade e descaso, no âmbito internacional, o caso foi submetido à Comissão Interamericana dos Direitos Humanos da Organização dos Estados Americanos (CIDH/OEA), a qual responsabilizou a República Federativa do Brasil e acatou, pela primeira vez na história, uma denúncia oriunda da prática de crime de violência doméstica. Após sobreviver às tentativas de homicídio, Maria da Penha começou a atuar em movimentos sociais contra violência e impunidade e, atualmente, desempenha a

Para contextualizarmos alguns dos limites e possibilidades que as rádios comunitárias podem desempenhar na implementação de políticas públicas destinadas às mulheres, analisaremos episódio diretamente relacionado à autonomia de cidadãs brasileiras. Trata-se de um processo administrativo que apreciou pedido de outorga de autorização para exploração de radiodifusão comunitária, formulado por uma associação de mulheres da cidade de Juazeiro do Norte, situada no Estado do Ceará (coincidentemente, a mesma unidade da federação na qual ocorreram os fatos de violência contra Maria da Penha).

A Associação das Mulheres de Juazeiro do Norte (Amujun) teve seu pleito indeferido pelo Ministério das Comunicações (Minicom). Nesse caso, a solicitação não foi atendida sob o fundamento de que a Amujun promoveria "discriminação sexual". Para embasar essa decisão administrativa, o Minicom invocou o inciso IV do art. 4 da Lei n 9.612/1998.[97]

Tal dispositivo enuncia, em linhas gerais, que as emissoras comunitárias deverão atender, em sua programação, à diretriz legal da "não discriminação de raça, religião, sexo, preferências sexuais, convicções político-ideológico-partidárias e condição social (...)". A negativa do pedido de autorização da Amujun foi determinada, portanto, sob o argumento de que as políticas públicas de radiodifusão comunitária deveriam evitar a promoção de atividade discriminatória. Como resultado, esse processo administrativo foi arquivado em 27 de julho de 2001 (Processo n. 5360.01021/99).

O exemplo concreto da Amujun nos é duplamente instigante. Em primeiro lugar, a análise normativa dessa decisão nos permite estudar a efetividade das políticas públicas no setor de radiodifusão comunitária no Brasil. Nessa situação concreta, o eventual funcionamento dessa rádio comunitária poderia articular formas e conteúdos de sensibilização dos cidadãos e da comunidade de Juazeiro do Norte acerca dos problemas da violência doméstica. De outro lado, o ato administrativo indeferitório do Minicom nos revela algumas das armadilhas discursivas que, uma vez apropriadas, podem ser utilizadas contra o próprio regime constitucional de liberdades. Nesse caso concreto, o argumento da defesa da "pluralidade" foi utilizado contra a diferença.

O impedimento de interpretações jurídicas que permitiriam a inclusão das mulheres dessa comunidade ameaçou o livre e equânime acesso aos direitos constitucionais à

---

função de coordenadora de estudos, pesquisas e publicações da Associação de Parentes e Amigos de Vítimas de Violência (Apavv), no Ceará. À primeira vista, observam-se, portanto, indícios de que o legislador brasileiro acena com a necessidade de fomento de políticas públicas eficazes para assegurar a todas e a cada uma das mulheres as condições mínimas para o exercício efetivo dos direitos à vida, à segurança, à saúde, à alimentação, à educação, à cultura, à moradia, ao acesso à justiça, ao esporte, ao lazer, ao trabalho, à cidadania, à liberdade, à dignidade, ao respeito e à convivência familiar e comunitária. Segundo dispõe o art. 3º e §§ da Lei n. 9.612/1998:
"Art. 3º – Serão asseguradas às mulheres as condições para o exercício efetivo dos direitos à vida, à segurança, à saúde, à alimentação, à educação, à cultura, à moradia, ao acesso à justiça, ao esporte, ao lazer, ao trabalho, à cidadania, à liberdade, à dignidade, ao respeito e à convivência familiar e comunitária.
§ 1º – O poder público desenvolverá políticas que visem garantir os direitos humanos das mulheres no âmbito das relações domésticas e familiares no sentido de resguardá-las de toda forma de negligência, discriminação, exploração, violência, crueldade e opressão.
§ 2º – Cabe à família, à sociedade e ao poder público criar as condições necessárias para o efetivo exercício dos direitos enunciados no *caput*".
(97) O inciso IV do art. 4º da Lei n. 9.612/1998 dispõe que: "As emissoras do Serviço de Radiodifusão Comunitária atenderão, em sua programação, aos seguintes princípios: (...) IV – não discriminação de raça, religião, sexo, preferências sexuais, convicções político-ideológico-partidárias e condição social nas relações comunitárias".

comunicação e à informação. Trata-se de uma limitação aparentemente autoritária não somente quanto à prestação do SRC. Essa decisão é ilustrativa do desperdício, pelo Estado Brasileiro, de novos enfoques que esse serviço poderia receber a partir de outras óticas cidadãs da administração-administrada das liberdades, da igualdade e da fraternidade (aqui entendidas como formas jurídicas de emancipação política no interior da esfera pública)[98].

A partir dos exemplos que retratamos neste capítulo, verificamos que a questão das políticas públicas destinadas às rádios comunitárias pode envolver, além da luta e da conquista de direitos de liberdade de expressão, a emancipação política de identidades sociais individuais e coletivas. Nessas experiências, as rádios comunitárias manifestam-se como espaços propensos ao exercício da autonomia pública e privada para a construção democrática da cidadania. Nesse cenário, não é preciso muito esforço para que percebamos o quão superficiais podem ser as perspectivas proporcionadas pelo Formalismo ou pelo Essencialismo.

Uma perspectiva formalista argumentaria, por exemplo, que, por se tratar de atividade prestada sob o regime de direito privado, a atuação administrativa do Estado Brasileiro deveria se limitar aos aspectos previstos na legislação. Daí a dificuldade que surgiria para a imposição de metas constitucionais para a detecção procedimental de vícios quanto ao livre e equânime exercício do direito à comunicação e à informação. Já em consonância com uma abordagem essencialista, a relevância do controle social e estatal apenas se manifestaria a partir de vivências concretas em que a exploração do SRC fosse virtuosamente interpretada como fundamental sob o ponto de vista exclusivo dos integrantes das respectivas comunidades envolvidas.

Essas duas visões são problemáticas porque elas desconsideram, por princípio, a possibilidade de que atividades prestadas por particulares podem apresentar relevância para a consecução de metas coletivas e para a proteção de direitos fundamentais. O tema

---

(98) Em artigo intitulado "Exclusão e Diferença nas Políticas Públicas de Radiodifusão Comunitária no Brasil: Possibilidades e limites a partir do pensamento de Jürgen Habermas", o autor deste livro buscou analisar alguns dos limites teóricos e normativos que a própria Teoria do Direito e da Democracia pode enfrentar em casos concretos nos quais se discuta o reconhecimento de direitos de minorias. No caso do artigo mencionado, Vila-Nova Gomes (2006:273-274) assevera que: "A complexidade das políticas públicas destinadas às rádios comunitárias pode envolver, além da luta e conquista de direitos de liberdade de expressão e igualdade de gêneros, a construção democrática da cidadania e a emancipação política de identidades sociais coletivas mesmo em contextos autoritários e de exclusão como o brasileiro. Esse tipo de experiência indica a necessidade, cada vez mais presente, de redefinir os subsídios teóricos e práticos da democracia e do direito (consideradas as possibilidades e limites às alternativas de emancipação na 'Casa de Habermas')". O presente capítulo corresponde a um desdobramento dessas reflexões iniciais. Nesse sentido, o raciocínio até aqui desenvolvido busca indicar a noção constitucional da ótica dos administrados-administradores como uma referência teórica e normativa que contribua para a (re)definição dos marcos jurídicos e políticos de interpretação das práticas sociais e institucionais no contexto das políticas públicas destinadas à radiodifusão comunitária. A formulação dessa noção assume aqui, portanto, uma dimensão que transcende a mera tentativa teórica de explicação do problema de legitimidade dessas políticas. O objetivo subjacente ao lançamento dessa nova ótica constitucional apresenta por escopo a indicação de parâmetros interpretativos que permitam que o sistema de direitos seja, simultaneamente, compreendido como complementar a um modelo democrático de separação de poderes (aspecto político), assim como a uma dimensão prática de concretização de prerrogativas e liberdades cívicas (aspecto jurídico) dos cidadãos e dos movimentos sociais. Nessa relação complexa, o espaço público passa a ser constantemente alimentado por essa tensão normativa e se manifesta como uma espécie de "termômetro constitucional" do processo de legitimação democrática das políticas públicas de promoção e de regulação da comunicação social (aspecto institucional).

da radiodifusão comunitária, conforme buscamos ilustrar neste capítulo, possui potencial democrático não somente quanto à utilização de meios de limitação/imposição de poder, mas também com relação a vivências de afirmação/negação de garantias constitucionais.

Por esse motivo, sustentamos a ótica dos administrados-administradores como alternativa de harmonização das duas dimensões equiprimordiais da autonomia dos cidadãos e dos movimentos sociais: o público e o privado. Em outras palavras, as rádios comunitárias surgem, nesse contexto, como espaços discursivos de articulação equidistante da autonomia pública e privada.

Sob o viés da autonomia pública, entram em cena os princípios, procedimentos e regras que devem nortear a legitimidade do processo público de tomada de decisões vinculantes que delimitarão os rumos das políticas públicas aplicáveis às rádios comunitárias. Já sob a perspectiva da autonomia privada, a cidadania pode levantar pretensões jurídicas e políticas para a realização de direitos constitucionais à comunicação e à informação. Em síntese, a participação dos cidadãos e movimentos sociais na fiscalização da programação veiculada corresponde, a um só tempo, em uma forma de discussão incessante acerca das formas e conteúdos que podem ou devam ser legitimamente veiculados em prol dos interesses individuais e coletivos verificáveis na comunidade.

De um modo geral, o ato administrativo de autorização para a exploração de rádios comunitárias passa a ser compreendido não apenas como uma possibilidade de ação do Estado Brasileiro. A outorga, ou não, de uma autorização, corresponde, a um só tempo, a uma manifestação de soberania do povo brasileiro e a uma proposta de realização individual e coletiva de direitos à comunicação e à informação. Trata-se de uma concretização de liberdades e de igualdade que, a nosso ver, também deve ser protagonizada pelos inúmeros cidadãos e movimentos sociais inseridos na comunidade na qual tal serviço possa ser legal e legitimamente prestado.

Em conclusão, os sujeitos da cidadania, pela simples ficção jurídica de ostentarem a condição de agentes dotados de autonomia política (pública e privada), estão aptos a participar das discussões públicas. De outra parte, as deliberações sobre o poder e o direito dependem da participação institucional dos cidadãos e dos movimentos sociais para se tornarem legítimas e eficazes.

Com o objetivo de densificar e exemplificar as dimensões públicas e privadas envolvidas nessa análise, enfocaremos, no próximo capítulo, a construção da noção de serviços públicos de telecomunicações no Estado Brasileiro. Nesse contexto, entrarão em cena riscos e alternativas que a concepção de um modelo estatizante, nacionalista e patrimonialista das políticas públicas de radiodifusão pode impor à cidadania.

Capítulo 2

A CONSTRUÇÃO HISTÓRICA E NORMATIVA DA NOÇÃO DE SERVIÇO PÚBLICO DE TELECOMUNICAÇÕES NO ESTADO BRASILEIRO

> "'Contra a pátria não há direitos', informava uma placa pendurada no saguão dos elevadores da polícia paulista."
>
> (Elio Gaspari, *As Ilusões Armadas: A Ditadura Escancarada*)

Para abordarmos o tema da construção histórica e normativa da noção de serviço público de telecomunicações, buscaremos trabalhar o contexto da sociedade brasileira no momento da aparição do rádio como novo instrumento tecnológico à disposição da cidadania. Investigaremos, para tanto, tendências emancipatórias e regulatórias que, desde esse acontecimento, têm se difundido na experiência constitucional-democrática dos administrados-administradores.

a) Do coronelismo ao coronelismo eletrônico: reflexões sobre o momento da aparição do rádio

Em 15 de novembro de 1889, foi proclamada a nossa República. Segundo jornal da época, esse acontecimento foi passivamente observado por um amontoado de "bestializados".[1] Em sua grande maioria, tratava-se de cidadãos inativos, que mal compreendiam o que acontecia, "julgando ver talvez uma parada militar".[2] Considerável parcela da população adulta do Rio de Janeiro — cerca de 80% dos habitantes residentes na capital federal — estava formalmente excluída do processo eleitoral. O "povo brasileiro" assistiu passivo ao fim do regime monárquico e ao início da era republicana.

Trinta e três anos depois, o rádio surgiu para o Estado Brasileiro. No dia 7 de setembro de 1922, ocorreu a primeira transmissão radiofônica oficial no Brasil. Por ocasião de feira internacional sediada na capital federal, o rádio celebrava o centenário da Independência.

Cem anos antes, o controverso grito de "Independência ou Morte!" havia sido entoado pelo posteriormente Imperador Dom Pedro I, às margens do Rio Ipiranga, num evento

---
(1) Expressão utilizada, de acordo com Carvalho (1987:165) por Aristides Lobo em reportagem do *Diário Popular* de São Paulo, em 18.11.1889.
(2) Carvalho (1987:9).

presenciado por um pequeno grupo. Um século depois, era a voz do então presidente da República, Epitácio Pessoa, que ecoava pelo pavilhão de uma estação especialmente construída para as comemorações. Os ouvidos atentos dos cidadãos-presentes, agora, a vários quilômetros do Ipiranga, aguçavam-se para acompanhar a novidade.

Curiosamente, a invenção do rádio foi atribuída ao padre brasileiro Roberto Landell de Moura em 1893.[3] Apesar disso, a voz da presidência somente foi transmitida graças aos aparatos eletrônicos emprestados das nascentes corporações estadunidenses *Westinghouse Eletric Corporation* e *Western Electric*. A tecnologia de difusão sonora fora toda cedida, mediante contrato de comodato, por empresas internacionais.

Diante desse quadro de dependência externa, o país não havia desenvolvido ainda estratégias adequadas para apresentar condições básicas de infraestrutura para sediar diretamente um polo de manutenção e aperfeiçoamento tecnológico do sistema radiodifusor. A opção administrativa pela importação do material e do conhecimento demandado para a operação e exploração dessas atividades, logo de início, minaram a consolidação de um projeto genuinamente nacional para a radiodifusão.

Essa maravilha tecnológica do início do século XX permitia mais uma forma de extensão vocálica e auditiva à disposição dos brasileiros. A sintonia das ondas radiofônicas trouxe, pela atmosfera, novos ares às instalações situadas entre dois cartões-postais cariocas: o discurso proferido na Praia Vermelha, base do Pão de Açúcar, era transmitido a partir de antena fincada no alto do morro do Corcovado.[4]

Essa era a paisagem na qual o rádio começava a se propagar pelo Brasil. De início, a utilização desse meio de comunicação de massa apresentava diversas vantagens com

---

(3) Landell de Moura é apontado como um dos pioneiros da história do rádio não somente no Brasil, mas também da radiodifusão mundial. O padre gaúcho engendrou diversos aparelhos que contribuíram para o progresso das telecomunicações. Em 1893, esse cientista promoveu exposição pública em São Paulo de seus principais inventos, dentre os quais se destacaram: o teleauxiófono e o caleofono (aparelhos destinados a promover a telefonia com fio); o anematófono (aparato voltado à operação da telefonia sem fio); o teletiton (mecanismo de telegrafia fonética, sem fio, por meio do qual duas pessoas poderiam se comunicar sem serem ouvidas por terceiros); e o edífono (espécie de instrumento que permitia a duplicação e a depuração de vibrações e ruídos que impedissem a transmissão da voz fonografada). Esse cidadão representa uma intrigante personagem histórica cujo papel concentrava em si os desígnios do divino e do científico. Há registros de que Moura teria chegado a profetizar, no ano de 1890, o desenvolvimento "telegrafia sem fio", "radiotelefonia", "radiodifusão", "satélites de comunicação" e "raios laser". Afastando-nos da necessidade de verificação das premonições desse cidadão brasileiro, o fato é que, dez anos depois (1903), o padre-cientista obteve do Governo Imperial a Carta Patente n. 3.279, de 9 de março de 1901, que lhe reconheceu os méritos científicos de inovação tecnológica na área das telecomunicações por meio da invenção de "aparelho destinado à transmissão phonética à distância, com fio ou sem fio, através do espaço, da terra e do elemento aquoso". No ano seguinte (1904), o pioneirismo da atuação científica de Moura também seria reconhecido nos Estados Unidos da América pelo *The Patent Office at Washington*, departamento que lhe concedeu três registros de patenteamento com relação ao: telégrafo sem fio, telefone sem fio e transmissor de ondas sonoras (Fonte dos dados aqui relatados: <www.mc.gov.br> — Endereço: <http://www.mc.gov.br/005/00502001.asp?ttCD_CHAVE=7735>).

(4) Em edição de n. 36 da Revista *Nossa História* do mês de outubro de 2006, Sônia Virgínia Moreira (2006:60-66) preocupa-se com a descrição da evolução do papel do rádio na vida dos brasileiros. A reportagem nos é pertinente porque busca ilustrar esse meio de comunicação de massa como uma "paixão nacional" a serviço do Estado e do Mercado no Brasil.

relação ao processo de implantação dos meios tradicionais de comunicação e transmissão de ideias, opiniões e conhecimentos até então existentes, tais como: o telégrafo e o telefone.[5]

O longo alcance das transmissões permitia a superação dos óbices decorrentes de um país de dimensões continentais. Por meio de uma única propagação de voz, era possível alcançar centenas e, pouco depois, milhares de cidadãos-ouvintes.

Ademais, ao menos em tese, o meio radiofônico exigia de seu destinatário apenas a boa audição. Em princípio, esse novo meio de comunicação seria acessível para a grande massa de analfabetos do país — a maioria absoluta da população brasileira no período.[6] Essa maior possibilidade de universalização oferecia a vantagem de custos infraestruturais e operacionais mais baixos que os demandados para a comunicação por meio telefônico ou telegráfico, por exemplo.

Após o sucesso dessa primeira transmissão, uma pergunta que ainda pairava era se os instrumentos radiofônicos utilizados na cerimônia oficial deveriam retornar aos Estados Unidos da América, ou permanecer na República dos Estados Unidos do Brasil. No primeiro caso, a difusão da voz do presidente serviria de mero pretexto para simbolizar, de modo muito pálido, a realidade de que os brasileiros continuariam excluídos do acesso a novas tecnologias. Na segunda hipótese, a permanência dos aparatos era vista como uma oportunidade única, que serviria como uma espécie de "primeiro passo" da radiodifusão brasileira.

Para o desate desse nó, dois brasileiros ofereceram significativa contribuição: *Henrique Morize* e *Edgard Roquette-Pinto*. A Morize coube a tarefa de exercer influência *(lobby)* para

---

(5) Laura Antunes Maciel (2001:131) sinaliza para a desconfiança que o telégrafo gerava nos usuários do serviço a partir do início da década de 1860: "Por mais uma década ainda a comunicação telegráfica não mereceria a confiança dos habitantes da Corte, que mantiveram inalterado o hábito secular de remeter os recados através de mensageiros. Vítima de preconceitos e reclamações sobre sua ineficiência e até de descrença sobre a possibilidade de trocar mensagens através de um fio eletrificado, o telégrafo não passaria, para muitos, de truque, ilusionismo e efeito de mágica. Estas desconfianças justificariam o pequeno volume de correspondência telegráfica, chegando a ameaçar o fechamento de algumas estações telegráficas". Já quanto ao telefone, Aranha de Oliveira (2005b:68): "O início do século XX não correspondeu às expectativas geradas pelo pioneirismo brasileiro na telefonia". A principal empresa de telefonia dessa época, a Central Telefônica Brasileira (CTB), além de se constituir como um *braço da operadora de energia elétrica Light*, era uma operadora de telefonia a serviço de cerca de 5 mil cidadãos que possuíam condições econômicas para custear a manutenção de um serviço que enchia mais os olhos que os ouvidos dos usuários. Para maiores aprofundamentos dos primeiros passos das telecomunicações (telefonia e telégrafos) no Brasil, *cf.* Aranha Oliveira (2005b:68-72). Com relação às vicissitudes históricas da implantação do Serviço Telegráfico no Brasil, *cf.* Maciel (2001).

(6) Carvalho (2004:22-23) registra a ausência de informações específicas sobre a herança colonial. De toda forma, o índice de alfabetização dos brasileiros permaneceu cotado a patamares pífios durante considerável tempo mesmo após o processo de independência: "Não há dados sobre alfabetização ao final do período colonial. Mas se verificarmos que em 1872, meio século após a independência, apenas 16% da população era alfabetizada, poderemos ter uma ideia da situação àquela época". Alessandra El Far (2004:12-13) afirma que: "O índice de analfabetismo no Rio de Janeiro, naquele final de século, era o mais baixo do país. Enquanto 80% dos brasileiros não sabiam ler nem escrever, quase metade da população carioca aparecia, nos dados oficiais, liberta desse mal. Segundo o censo de 1890, a população da capital federal era de 522 mil habitantes, um número que praticamente havia dobrado em relação ao recenseamento de 1872. Desse meio milhão de moradores, 57,9% dos homens e 43,8% das mulheres foram registrados como alfabetizados, o que representava, em termos numéricos, cerca de 270 mil pessoas capazes de ler e escrever. Com o novo século, o índice populacional cresceu de modo acelerado. Em 1906, havia na cidade 811.443 almas, cujo montante de possíveis leitores ultrapassava os 400 mil". Para interessante levantamento de dados específicos quanto à questão do analfabetismo no Brasil, *cf.* Carvalho (2004). Já com relação às práticas de escrita e leitura no contexto do parque gráfico do Rio de Janeiro do final dos Oitocentos e início dos Novecentos, *cf.* El Far (2004).

convencer a administração republicana de que — diferentemente daquilo que havia sido acordado entre o Governo Brasileiro e as referidas empresas — o aparato de radiodifusão deveria continuar instalado no Rio de Janeiro. Roquette-Pinto, por seu turno, era entusiasta da inovação tecnológica recém importada para a nação. O rádio, para esse cidadão brasileiro, que, depois, tornou-se notável como "pai da radiodifusão nacional", inauguraria inúmeras alternativas educativas e culturais de integração do povo brasileiro.

A partir desse impulso, implementaram-se, gradualmente, as centrais radiofônicas do país. Em 20 de abril de 1923, Morize e Roquette-Pinto fundaram a primeira emissora a operar regularmente no país: a Rádio Sociedade do Rio de Janeiro. Aos poucos, alguns brasileiros começaram a integrar clubes e sociedades de radiodifusão. Até os dias de hoje, é comum a existência de emissoras que preservaram o termo "clube" na denominação. Segundo registra *Sônia Virgínia Moreira* (2006:61), esse:

> É um vestígio de uma época em que os associados participavam ativamente da programação das rádios. Não se transmitiam "reclames" que pudessem financiar a atividade. Era comum um sócio emprestar os seus discos, por exemplo, para ajudar a montar a programação musical. Sem o recurso da gravação, que surgiria depois, as emissoras transmitiam ao vivo e os programas não duravam muito. Ficavam cerca de quatro horas diárias no ar, de manhã e à noite, e em dias alternados da semana para não sobrecarregar os transmissores.

André Mendes de Almeida (1963:49) identifica a existência de cerca de 20 emissoras no final da década de 1920. Essa estimativa é compatível com o levantamento realizado por *Moreira* (2006:61), no qual a questão recebe os seguintes dados:

> Entre 1922 e 1928, registram-se 19 iniciativas pioneiras de transmissão radiofônica em dez estados brasileiros. São Paulo tinha o maior número de emissoras em operação: cinco, entre elas a Rádio Educadora Paulista, fundada na capital em 1923. Na Região Nordeste, há que se destacar a emissão original da Rádio Clube de Pernambuco, já em 1922 — iniciativa de um grupo formado por senhores de engenho, comerciantes, políticos e intelectuais, liderado por Oscar Moreira Pinto.

Essas rádios-clubes subvertiam, aos poucos e a seu modo, a relação comunicativa estabelecida por meio da palavra escrita entre escritor e leitores. A radiodifusão oferecia uma nova forma de linguagem, estruturalmente diferenciada dos meios impressos, que ainda eram muito limitados, em decorrência de diversos problemas: tímida produção do parque gráfico nacional; baixa porcentagem de alfabetização da população brasileira; e reduzida proporção de escritores-cidadãos que se aventuravam em oferecer algumas páginas ao público-leitor.[7]

---

(7) Em tentativa de análise dos complexos níveis qualitativos de articulação estrutural do discurso, Santos (1983:144) aponta os problemas sociológicos e historiográficos de apuração dos efeitos políticos da comunicação social. Para esse autor, essas influências somente podem ser percebidas "ao nível da longa duração histórica". Para exemplificar um caso em que os eixos histórico-linguísticos disponíveis na sociedade, Santos (1983:144-145) busca ilustrar as transformações nas relações entre cultura oral e escrita a partir do surgimento do rádio e dos demais meios de comunicação de difusão de sons e imagens (TV), com os seguintes dizeres: "Estas duas formas de produção cultural têm diferentes características estruturais (Ong, 1971; 1977; Santos, 1980). Por exemplo, a cultura oral é centrada na conservação do conhecimento, enquanto a cultura escrita é centrada na inovação. A

Seja por meio do financiamento da atividade — até então, desprovida de fins lucrativos —, seja a partir da opinião e da vontade dos ouvintes-radialistas que, de maneira amadora, propagavam suas ideias e planejavam a programação de seu "público", a aparição das rádios nos oferece indícios de que eram os integrantes da comunidade, coletivamente identificados a partir de determinada associação ou clube amador, que autoprogramavam a forma e os conteúdos daquilo que era veiculado.

Esses indícios são ilustrativos de que a experiência da radiodifusão surgiu como uma experiência, de certa forma, "comunitária". Dito de outro modo, apesar das limitações tecnológicas e óbices econômicos verificáveis, principalmente com relação ao acesso a esse meio de comunicação, observamos que eram os próprios administrados-administradores que se organizavam, de modo não profissionalizado, em prol da difusão e compartilhamento de opiniões, notícias e gostos musicais. Em síntese, o rádio acenava com possibilidades e limites para os posteriores desdobramentos da cidadania e da democracia no Brasil.

Logo de início, porém, não é possível superestimarmos a acessibilidade do rádio brasileiro. De acordo com *Roberto Amaral* (1995:467), "Ao contrário da história norte-americana, cujas emissoras de rádio já nasceram com fins comerciais, no Brasil, elas eram dedicadas a atividades culturais e mantidas à custa de seus associados". Essa consideração nos induz à ideia de que a vivência dos benefícios proporcionados pela radiodifusão era restrita àqueles com condições financeiras para adquirir um aparelho receptor — o qual também deveria ser importado. Não bastasse isso, a aquisição da condição de sócio de uma associação ou clube-amador envolvia o dispêndio regular de recursos para o custeio das mensalidades.

Além dos obstáculos gerados por essa origem elitista, a própria população mais abastada recebia a novidade com certa desconfiança, e até mesmo desprezo.[8] Sob influência dos ruídos decorrentes dos desníveis das transmissões, os ouvidos ainda não estavam tão acostumados, nem receptivos à programação que, segundo *Moreira* (2006:62), era "considerada superficial e volátil — palavras ao vento, sem valor documental, já que não podiam ser guardadas", processadas da mesma maneira que a "perenidade" da palavra impressa.

---

cultura oral é coletivizada, enquanto a cultura escrita permite a individualização. A unidade básica da cultura oral é a fórmula, enquanto a unidade básica da cultura escrita é a palavra. Se olharmos a história da cultura moderna à luz destas distinções torna-se claro que, até o século XV, a cultura europeia, e, por conseguinte, a cultura jurídica europeia, foi predominantemente oral. A partir de então, a cultura escrita expandiu-se gradualmente e a cultura oral entrou em declínio. Mas, até o século XVIII a estrutura da cultura escrita manteve-se em processo de consolidação e permaneceu permeada pela lógica interna da cultura oral. Por outras palavras, nesse período escrevíamos como falávamos; isto mesmo pode ser detectado na escrita jurídica da época. Do século XVIII até as primeiras décadas do presente século a palavra escrita dominou a nossa cultura [a europeia]. Então o rádio e os meios de comunicação audiovisuais redescobriram o som das palavras e entrando no período a que Ong chamou de 'oralidade secundária'. Mas esta reoralização da cultura é diferente da cultura oral anterior, uma vez que a estrutura da cultura escrita, permeia, contamina a nova oralidade. Por outras palavras, falamos como escrevemos". Com essa referência, não temos pretensão de traçar paralelos diretos entre a cultura oral e escrita na Europa do século XV aos dias atuais com os vestígios histórico-sociais remendados no corpo do texto com relação ao Brasil do início do século XX. Desejamos registrar tão somente a importância democrática da radiodifusão não somente no âmbito do conhecimento ou competência linguística dos atores, mas, sobretudo, no contexto das ações em que a comunicação passa a ser permitida e exercitada pelos "cidadãos brasileiros" da Primeira República.

(8) De acordo com Moreira (2006:61): "As transmissões pioneiras foram recebidas com certo desprezo pela população culta, mais acostumada à palavra impressa estampada nos jornais e revistas".

Podemos dizer que, de 1922 em diante, o rádio nasceu entre o estatal, o econômico e os particulares. Situado entre tendências nacionalistas e de dependência internacional, as primeiras pretensões públicas e privadas para o desenvolvimento dessa atividade nasceram a partir de dois modelos cívicos (não necessariamente excludentes entre si), correspondentes às seguintes experiências nascentes da radiodifusão brasileira: o educativo (ou cultural) e o econômico.

O radialismo econômico é originário da tradição estadunidense. A programação desse tipo de radiodifusão é marcada pela lógica comercial da maximização de lucros por meio da crescente divulgação e do consumo desenfreado de produtos.

O modelo radiodifusor educativo-cultural, por sua vez, foi inicialmente idealizado a partir da própria experiência do surgimento das rádios brasileiras. A ideia básica dessa forma de veiculação é a de que o rádio pode ser amplamente utilizado para fins de: universalização e melhoria dos níveis nacionais de educação; inserção cultural; e fomento ao civismo político. Como iniciativas pioneiras desse modelo de radialismo, arrolamos a Rádio Sociedade do Rio de Janeiro (implantada em 1923, por meio da já mencionada atuação de Roquette-Pinto e Morize) e a Rádio Educadora Paulista (fundada em São Paulo, no mesmo ano).

Essa proposta de programação voltada para o aspecto educacional possuía as funções de promover a integração cultural, o resgate da memória histórica da nação brasileira e, sobretudo, permitir a exploração desse meio de comunicação como instrumento democrático de promoção da cidadania. A sugestão oferecida por essa linha de radialismo passava também pela educação e, aqui, novamente, esse modelo de radiodifusão assumia papel diferenciado como instrumento tecnológico de radicalização da democracia e da cidadania.

Essas duas vertentes do radialismo manifestam-se, ainda hoje, na experiência contemporânea das rádios comerciais e educativas no Brasil. O aspecto que desejamos enfocar, por enquanto, é o de que a exploração da atividade de radiodifusão por particulares proporcionou o surgimento de formas alternativas de circulação pública de opiniões e vontades políticas.

Sob influência do radialismo comercial, abriu-se um novo mercado destinado aos consumidores ávidos por novos produtos e serviços. A partir do estímulo proporcionado pela radiodifusão educativo-cultural, brotaram, paulatinamente, novos profissionais, os jornalistas que atuavam nas transmissões como formadores de opinião, ou, simplesmente, comunicadores.

A profissionalização e a crescente influência comercial na programação dos serviços de radiodifusão trouxeram, aos poucos, uma forma inovadora de comunicação social que, por sua relevância, passou a demandar a interação diferenciada entre esses elementos nascentes de construção democrática da cidadania. As rádios tornaram-se, simultaneamente, instrumentos de acumulação de capitais e de distribuição social de informações.

Até o incremento tecnológico proporcionado pelo rádio, não fazia sentido que os atores sociais levantassem pretensões jurídicas quanto ao melhor modo de gestão pública ou de controle administrativo da exploração do serviço.⁽⁹⁾ Com o passar do tempo, o setor começou a assumir conotação facilmente relacionada a típicas atividades econômicas. Nesse contexto, para além dos atos de importação e aquisição de aparatos pelo Estado Brasileiro, essa área começava a desempenhar influência cultural e econômica nas vidas (públicas e privadas) dos cidadãos brasileiros.

Os indícios agrupados até aqui nos oferecem subsídios iniciais de que a concepção tecnológica de "serviço de telecomunicação" corresponde a um processo histórico de contínua (re-)significação. O mesmo pode ser dito quanto à construção da noção brasileira de serviços públicos. Até esse momento histórico, o instituto do serviço público ainda se formava no horizonte jurídico brasileiro.⁽¹⁰⁾ A única forma constitucional utilizada pelo Estado Brasileiro para interferir em atividades dessa natureza era o regime das *concessões para utilização do domínio público*.⁽¹¹⁾ Segundo *Arnoldo Wald* (2001:19), esse tipo de concessão:

---

(9) Com relação ao período de surgimento do rádio, Fernando Herren Aguillar (1999:189-190) afirma: "Em resumo, daquilo que hoje consideramos como serviços públicos, no período em análise, apenas uma porção dessas atividades estava sujeita a regras jurídicas específicas. Outra parte dos serviços era de livre exploração particular, quer dizer, sobre tais atividades apenas incidiam regras que se aplicavam genericamente a toda atividade econômica".

(10) Com relação a essa percepção de que a noção de "serviço público" foi historicamente construída no constitucionalismo brasileiro, Aguillar (1999) descreve o contexto institucional de "regulação" dos serviços públicos em quatro períodos históricos desde o Brasil Colônia até os dias atuais. O primeiro período é denominado como "regulação patrimonialista" e se estenderia do "descobrimento" ao final do Primeiro Império ou Reinado (1500-1840). Nesse longo período, o autor sustenta a hegemonia da mentalidade de preservação do patrimônio da Coroa Portuguesa e, posteriormente, do Império Brasileiro. A segunda etapa seria de "regulação desconcentrada", a qual, por sua vez, é definida como correspondente à experiência da "matriz liberal" de Estado e compreendida entre os anos do Segundo Império ou Reinado até a "Revolução de 1930". A terceira fase seria a da "regulação concentrada" (de 1930 a 1980), na qual a participação estatal foi mais intensa e, inclusive, chegou a se configurar como aparato prestador de serviços públicos. O quarto momento seria o contemporâneo (desde 1980) no qual Aguillar argumenta pela redução da intervenção direta do Estado que, aos poucos, começa a assumir um perfil de "regulador" de serviços públicos. A ideia que desejamos fixar é a compreensão de que a noção de "serviços públicos de telecomunicações", antes de se constituir em formulação atemporal (isto é, concebível *a priori*), é historicamente construída. Trata-se, a nosso ver, de uma formação constitucional de sentido histórica e geograficamente situada. Em linhas gerais, apesar da compreensão global permitida pela sistematização proposta por esse autor (1999), desde já antecipamos que a ela não aderimos por entendermos que se trata de concepção demasiado geral para que compreendamos a contribuição dos movimentos sociais e dos cidadãos por meio do rádio e, posteriormente, pelas emissoras de radiodifusão comunitária.

(11) Bruce Baner Johnson (1996:53-54) aponta a Lei Geral n. 641, de 1852, como o primeiro marco legislativo que versou sobre essas modalidades de "concessões". Essa legislação imperial autorizava o Monarca a conceder a construção e exploração de ferrovia a ser construída entre as (então) províncias do Rio de Janeiro, São Paulo e Minas Gerais. Esse marco normativo estabeleceu uma série de cláusulas básicas para o ato administrativo de concessão. Interessa-nos focalizar os "privilégios" — para que empreguemos a expressão utilizada pela referida lei — concedidos aos eventuais concessionários submetidos a um regime jurídico caracterizado pelos seguintes elementos: i) cessão gratuita dos terrenos públicos necessários para a construção das linhas férreas (inclusive com poder expropriatório com relação às terras pertencentes a particulares); ii) prazo de 90 anos para o respeito do "privilégio" de não haver outras linhas em trinta e um quilômetros de cada lado; iii) isenção tributária quanto à incidência do imposto de importação sobre o valor de equipamentos e insumos necessários à prestação do serviço; iv) prerrogativa de estabelecer, em comum acordo com o Governo Monárquico, o valor e a cobrança de tarifa em valor não superior à quantia anteriormente fixada com referência aos demais meios de transporte; v) estipulação de garantia de rentabilidade mínima de juros de 5% ao ano, cabendo à concessionária, por seu turno, adimplir contraprestação ao poder concedente nas hipóteses em que o rendimento da exploração da atividade superasse dividendos de 8% ao ano (única situação excepcional na qual as tarifas deveriam ser reajustadas a partir do próximo exercício); e, por fim, vi) o direito de resgate e reversão da concessão ao Estado, observadas as condições contratuais. Para maiores detalhamentos acerca das minúcias das concessões havidas nesse período, *cf.* Johnson (1996).

foi importante para o Brasil, na medida em que viabilizou a construção de estradas de ferro e a implantação de serviços de telefonia, gás e eletricidade, entre outros. No entanto, tratava-se de uma concessão estática e rígida, na qual o concessionário tinha liberdade amplíssima, com base em contratos de longuíssimo prazo, numa época na qual a fiscalização e a intervenção estatal praticamente não existiam.

A construção da noção constitucional de serviços públicos de (tele)comunicações corresponde, antes de tudo, a um processo histórico de sedimentação de noções normativas para o controle social de determinadas atividades e serviços. A criação desse conjunto de relações sociais, jurídicas e políticas entre agentes do Mercado, grupos profissionais, cidadãos-ouvintes e consumidores em torno do rádio estimulou o surgimento de novas expectativas quanto à regulação das atividades relacionadas aos serviços de radiodifusão. A relevância econômica e cultural proporcionada pelas rádios deu margem a uma incipiente experiência de controle da atividade.

A partir da reprodução social dessas vivências, os inúmeros sujeitos afetados passaram a buscar outras formas de participação na gestão desse serviço. Essa postura dos administrados-administradores pode ser melhor compreendida se articulada com o processo de mudança do perfil institucional do Estado Brasileiro.

Paralelamente a esse momento de aparição do rádio, outras mudanças sociais, políticas, jurídicas e econômicas também desestabilizaram o modelo normativo do Estado Liberal Brasileiro.[12] Sob influência dos "sopros de socialização", a crise do Paradigma Liberal começava a assumir contornos mais nítidos quanto aos impasses de realização formal de direitos e deveres constitucionalmente assegurados.[13]

Da década de 1910 até os primeiros anos após 1930, limitamo-nos a enumerar uma série de eventos internacionais e processos nacionais que, de certo modo, modificaram as bases da atuação estatal de matriz liberal brasileira. Nesse particular, arrolamos: as

---

(12) Raymundo Faoro (1977:501) busca descrever o sentido que o modelo normativo liberal assumia para os brasileiros da época: "Liberalismo político casa-se harmoniosamente com a propriedade rural, a ideologia a serviço da emancipação de uma classe da túnica centralizadora que a entorpece. Da imunidade do núcleo agrícola expande-se a reivindicação federalista, empenhada em libertá-lo dos controles estatais. Esse consórcio sustenta a soberania popular — reduzido o povo aos proprietários agrícolas capazes de falar em seu nome — equiparada à democracia, democracia sem tutela e sem peias. (...). Ser culto, moderno, significa, para o brasileiro do século XIX e começo do século XX, estar em dia com as ideias liberais, acentuando o domínio da ordem natural, perturbada sempre que o Estado intervém na atividade particular. Com otimismo e confiança será conveniente entregar o indivíduo a si mesmo, na certeza de que o futuro aniquilará a miséria e corrigirá o atraso. No seio do liberalismo político vibra o liberalismo econômico, com a valorização da livre concorrência, da oferta e da procura, das trocas internacionais sem impedimentos artificiais e protecionistas".

(13) Apenas para que fiquemos com uma situação meramente exemplificativa de sinais da alteração de mentalidade no bojo do pensamento jurídico-político nacional, essa mudança gradual já poderia ser ilustrada a partir dos contornos que o pensamento de Ruy Barbosa (1995) aparentemente assumira alguns anos antes. Em vez de se manter aferrado aos postulados liberais clássicos de uma vida sem intervenção do Estado, o jurista prestava homenagens às demandas do "sopro da socialização" a ser realizado sobre as tendências do direito formal burguês. Sob inspiração desses novos ventos, Ruy Barbosa (1995:453) passava a enfatizar que: "As nossas constituições têm ainda por normas as declarações de direito consagradas no século XVIII. Suas fórmulas já não correspondem exatamente à consciência jurídica do universo. A inflexibilidade individualista dessas cartas imortais, mas não imutáveis, a alguma coisa tem que ceder (...) ao sopro da socialização que agita o mundo".

relações internacionais ocorridas a partir da Primeira Guerra Mundial[14] (1914-1918); as repercussões da Revolução Russa de 1917 e da fundação do Partido Comunista do Brasil[15]; os sucessivos impasses econômicos e fiscais decorrentes do crescente endividamento externo da máquina administrativa brasileira; o agravamento das crises de superprodução agrícola cafeeira, em razão da baixa internacional dos preços do café e do início dos processos nacionais de industrialização; a "Grande Crise" de 1929[16]; entre outros.

Ao entrelaçarmos esse plexo de acontecimentos históricos, não traçamos relação linear de causalidade entre os eventos mencionados. Pelo contrário, embora não neguemos a influência que esses incidentes possam ter exercido entre si, entendemos que esse panorama geral de crise do Estado Liberal Brasileiro não foi um processo historicamente isolado, nem unicamente decorrente da necessidade social de construção de uma identidade nacional "brasileira". Consideradas as singularidades culturais de cada comunidade jurídico-política, elementos dessa crise podem ser observados de modo mais ou menos latente em boa parte dos Estados-Nação de tradição constitucional ocidental.[17]

No caso brasileiro, entretanto, um fator distintivo deve ser mencionado: a formação da "República dos Coronéis". Sob a denominação não muito palatável da "República do Café com Leite", tal regime constitucional assumiu suas formas mais aperfeiçoadas na hegemonia dos representantes da agricultura cafeeira e da pecuária leiteira, respectivamente, dos Estados de São Paulo e de Minas Gerais.[18]

Esse modelo era caracterizado pelo coronelismo. A descrição dessa categoria foi cunhada pela clássica obra *Coronelismo, Enxada e Voto: o município e o sistema representativo*, de *Victor Nunes Leal* (1997). Em artigo intitulado *O coronelismo e o coronelismo em cada um*, Leal (1980) explicita que o objetivo de sua obra foi o de examinar um sistema de práticas sociais e políticas que relacionavam o poder municipal com o poder central republicano e que se desenvolveram de modo mais apurado no período da Primeira República (1889-1930). Segundo *Leal* (1980:13), "O coronel entrou na análise por ser parte do sistema, mas o que mais me preocupava era o sistema, a estrutura e a maneira

---

(14) Carvalho Netto (2000:242) assevera a importância do marco da Primeira Guerra Mundial, ou da Grande Guerra, para a análise da transição paradigmática entre a perspectiva do constitucionalismo liberal e o constitucionalismo de sede social.

(15) Carvalho (2004:90) enuncia que: "A Revolução Soviética não teve impacto imediato, de vez que o movimento operário mais radical seguia orientação anarquista. Mas em 1922 formou-se o Partido Comunista do Brasil, dentro do figurino da Terceira Internacional. O Partido disputou com os anarquistas e os 'amarelos' a organização do operariado".

(16) Para uma interessante análise da conjuntura internacional envolvida no marco divisório de 1930 para o percurso da cidadania no Brasil a partir dos eventos internacionais da Primeira Guerra Mundial, da Revolução Russa e da "quebra" da Bolsa de Nova York, cf. Carvalho (2004:89-90).

(17) Acerca da vivência e configuração da crise do paradigma liberal ou do Estado de Direito nos países do Ocidente, Carvalho Netto (2000:241) explicita que: "A vivência daquelas ideias abstratas que conformam o paradigma inicial do constitucionalismo logo conduz à negação prática das mesmas na história. A liberdade e a igualdade abstratas, bem como a propriedade privada, terminam por fundamentar as práticas sociais do período de maior exploração do homem pelo homem de que se tem notícia na história, possibilitando um acúmulo de capital jamais visto e as revoluções industriais".

(18) Apesar da denominação "café com leite" fizesse referência específica, respectivamente, aos Estados de São Paulo e Minas Gerais, segundo Carvalho (2004:89), é possível arrolarmos também, por sua força política e organização, a oligarquia regional do Rio Grande do Sul.

pelas quais as relações de poder se desenvolviam na Primeira República, a partir do município".

De um modo geral, a atuação dos coronéis pode ser descrita como um conjunto de ações cristalizadas no modo institucional, histórico e constitucional de imposição autoritária do poder e do direito. Segundo *Thomas Skidmore* (1976:98), o coronelismo evidenciava as fragilidades da cidadania, da democracia e do modelo federalista brasileiro:

> As eleições para presidente e vice-presidente eram nacionais, o que impunha aos chefes dos estados acordos e barganhas, em torno de candidatos. Num sistema como o vigente, a ausência de acordo gerava conflitos. Assim, a estrutura da jovem República repousava sobre sistemas locais, largamente viciados pelo coronelismo e sobre uma frágil aliança nacional de chefes políticos estaduais.

Nesse cenário, as noções de público, privado, estatal, econômico, jurídico e político ainda apresentavam, entre si, fronteiras muito tênues. A Primeira República (1889-1930) consolidou-se, portanto, por meio do predomínio político dessas oligarquias regionais que conferiam sabor especial ao federalismo pátrio. Além do coronelismo, esse modelo legou a persistência histórica de uma série de experiências sociais excludentes, tais como: o patrimonialismo[19]; os primeiros gérmens de clientelismo[20]; os descuidos com relação a um sistema escravocrata recém-dissolvido[21]; e uma diversidade de outras desigualdades políticas, jurídicas e econômicas.

---

(19) A partir das obras clássicas de Sérgio Buarque de Holanda (1995:145-146), *Raízes do Brasil*, e de Raymundo Faoro (1977:732-750), *Os donos do poder: a formação do patronato político brasileiro*, podemos afirmar que o patrimonialismo brasileiro surge como conjunto de práticas sociais que manifestam tentativas de vinculação das metas públicas a interesses privados de determinadas categorias ou classes sociais. Segundo indica Carvalho (2004:22), as metas "públicas" de prestação de uma justiça, por exemplo, resumiam-se a uma relação "privatizada", definida em meio a conluios, interesses pessoais e negociatas locais firmadas entre grandes proprietários, capitães-mores das milícias (autoridades escolhidas dentre os representantes do latifúndio rural), ou ainda, pelo exercício de ofícios públicos pelas autoridades eclesiais. Competia ao clero católico o exercício de regulação de "outras funções públicas como o registro de nascimentos, casamento e óbitos".

(20) Com o intuito de minimizarmos o eventual emprego negligente de expressões e termos enfeitados com sufixos "–ismos", buscamos utilizar aqui a palavra "clientelismo" na mesma acepção precisamente delineada por Carvalho (1997:3-4): "Outro conceito confundido com o de coronelismo é o de clientelismo. Muito usado, sobretudo por autores estrangeiros escrevendo sobre o Brasil, desde o trabalho pioneiro de Benno Galjart (1964; 1965), o conceito de clientelismo foi sempre empregado de maneira frouxa. De modo geral, indica um tipo de relação entre atores políticos que envolve concessão de benefícios públicos, na forma de empregos, benefícios fiscais, isenções, em troca de apoio político, sobretudo na forma de voto. Este é um dos sentidos em que o conceito é usado na literatura internacional (Kaufman, 1977). Clientelismo seria um atributo variável de sistemas políticos macro e podem conter maior ou menor dose de clientelismo nas relações entre atores políticos. Não há dúvida de que o coronelismo, no sentido sistêmico aqui proposto, envolve relações de troca de natureza clientelística. Mas, de novo, ele não pode ser identificado ao clientelismo, que é um fenômeno muito mais amplo. Clientelismo assemelha-se, na amplitude de seu uso, ao conceito de mandonismo. Ele é o mandonismo visto do ponto de vista bilateral. Seu conteúdo também varia ao longo do tempo, de acordo com os recursos controlados pelos atores políticos, em nosso caso pelos mandões e pelo governo. De algum modo, como o mandonismo, o clientelismo perpassa toda a história política do país. Sua trajetória, no entanto, é diferente da do primeiro. Na medida em que o clientelismo pode mudar de parceiros, ele pode aumentar e diminuir ao longo da história, em vez de percorrer uma trajetória sistematicamente decrescente como o mandonismo".

(21) Para que abordemos o tema dos impasses decorrentes da escravidão, Ruy Barbosa (1995) afirmava a timidez política das mudanças sociais proporcionadas pelo simples ato da abolição da escravatura pelo Estado Brasileiro. Além disso, o autor (1995:427) identificava carências de emancipação da "raça escrava", nos seguintes termos: "Era uma raça que a legalidade nacional estragara. Cumpria às leis nacionais acudir-lhe na degradação em que

Nesse processo autoritário de apropriação do espaço constitucional de afirmação de direitos e de limitação de poderes, na prática, o Estado Liberal Brasileiro aparentava não possuir muitos interlocutores. Consideradas as dimensões do modelo político-oligárquico desse início da experiência republicana, sobrava um limitado espaço de diálogo institucional entre os administrados-administradores e a atuação dos poderes republicanos.[22]

Essas práticas de imposição, de cima para baixo, do poder e do direito corresponderam a um modelo de centralização do prestígio no qual a formação ilegítima dos processos de tomada de decisões coletivamente vinculantes ameaçava, a cada momento, até mesmo as garantias civis formalmente estatuídas em lei. Segundo adverte *Carvalho* (2004:57), com relação à prevalência do papel social e político desempenhado pelos coronéis:

> A justiça privada ou controlada por agentes privados é negação da justiça. O direito de ir e vir, o direito de propriedade, a inviolabilidade do lar, a proteção da honra e da integridade física, o direito de manifestação, ficavam todos dependentes do poder do coronel. Seus amigos e aliados eram protegidos, seus inimigos eram perseguidos ou ficavam simplesmente sujeitos aos rigores da lei. Os dependentes dos coronéis não tinham outra alternativa senão colocar-se sob sua proteção. Várias expressões populares descreviam a situação: "Para os amigos, pão; para os inimigos, pau." Ou então: "Para os amigos, tudo; para os inimigos, a lei".

As práticas sociais e históricas vigentes no período de surgimento do rádio apontam para o privilégio da voz de determinados atores particulares e para a privatização de espaços públicos de definição jurídica das formas legítimas de poder. Essas experiências indicam um considerável desvirtuamento das possibilidades de realização dos direitos civis, políticos e sociais previstos na Constituição Brasileira de 1891.[23]

---

tendia a ser consumida e se extinguir, se não lhe valessem. Valeram-lhe? Não. (...) Executada, assim, a abolição era uma ironia atroz. Dar liberdade ao negro, desinteressando-se, como se desinteressam da sua sorte, não vinha ser mais do que alforriar os senhores. (...) O escravo emancipado, sua família, sua descendência encharcaram putrescentes no desamparo em que se achavam atascados. (...) Era uma segunda emancipação que se teria que empreender, se o abolicionismo houvera sobrevivido à sua obra, para batizar a raça libertada nas fontes da civilização".

(22) Nesse ponto, Herkenhoff (2004:78) busca diagnosticar algumas permanências autoritárias, apesar da promulgação da CRB/1891: "A República, com sua Constituição, não mudou, infelizmente, as regras de distribuição do poder. Continuou nas mãos dos fazendeiros, como no Império, o primado da força econômica. Estabelecido o voto a descoberto, os coronéis continuaram mandando na política local. Através desta, tinham peso decisivo no conjunto da política nacional. Influíam, sem óbices, na representação parlamentar na escolha dos titulares das mais altas funções públicas. O poderio econômico do campo mantinha a dependência do comércio, das profissões liberais e da máquina administrativa aos interesses rurais. Esses segmentos sociais eram instrumentos dóceis dos proprietários de terra, nas questões decisivas".

(23) Apenas para fins de exemplificação de nossa afirmação, lançamos mão da enumeração apresentada por João Baptista Herkenhoff (2004:79) numa tentativa de indicação dos principais direitos civis pretensamente acrescentados pelas disposições textuais da CRB/1891: "a primeira Constituição republicana ampliou a Carta da Cidadania, além de manter as franquias já reconhecidas no Império: extinguiram-se os títulos nobiliárquicos; separou-se a Igreja do Estado e estabeleceu-se a plena liberdade religiosa; consagrou-se a liberdade de associação e de reunião sem armas; assegurou-se aos acusados a mais ampla defesa; aboliram-se as penas de galés, banimento judicial e morte; criou-se o *habeas corpus* com a amplitude de remediar qualquer violência ou coação por ilegalidade ou abuso de poder; instituíram-se as garantias da magistratura (vitaliciedade, inamovibilidade e irredutibilidade de vencimentos) mas, expressamente, só em favor dos juízes federais". Com relação às garantias políticas, Herkenhoff (2004:78) assevera que, ao menos formalmente, o texto constitucional da CRB/1891: "instituiu

A tradição republicana de raízes oligárquicas manifestava-se não somente quanto à escolha dos serviços e assistência que poderiam ser prestados. A "privatização", ou as influências patrimonialistas dessas políticas e decisões repercutia, sobremaneira, nos modos pelos quais a distribuição social e política dessas atividades deveria ser usufruída pelos cidadãos.[24] Para a maioria da população, a herança de imposição de "políticas públicas", de cima para baixo, configurava-se como uma significativa tendência autoritária que, na prática, não permitia a tradução dos elementos básicos para o exercício cívico e democrático da cidadania, nem mesmo sob a batuta do modelo normativo liberal.[25]

Aparentemente, no Estado Liberal, as declarações de liberdade, igualdade e fraternidade eram lidas em razão de uma hegemonia de discursos "patrimonialistas" — uma experiência cujos descompassos persistem, mesmo que de modo fragmentado, até os dias do Brasil de hoje. Nesse ponto, não podemos negar as influências das oligarquias e do coronelismo absorvidas, aqui e ali, pelo Estado Brasileiro e pelas respectivas "políticas" decorrentes de sua atuação administrativa.

Um caso exemplificativo dessa interferência pode ser visualizado a partir da vivência da ideia de legalidade. Em princípio, a noção de que todos são iguais perante a lei simboliza a tônica da matriz liberal. Mas, na prática, nem essa promessa de igualdade formal era assegurada aos atores sociais. Assim, sob o olhar "privilegiado"[26] dos inúmeros tipos

---

o sufrágio direto para a eleição dos deputados, senadores, presidente e vice-presidente da República; estendeu, implicitamente, esse preceito aos cargos eletivos estaduais, por força da disposição que mandava respeitassem os Estados os princípios constitucionais da União; determinou que seriam eleitores os cidadãos maiores de 21 anos que se alistassem na forma da lei; excluiu do alistamento os mendigos, os analfabetos, as praças de pré e os religiosos sujeitos a voto de obediência; aboliu a exigência de renda, proveniente de bens de raiz, comércio, indústria ou artes, como critério de exercício político dos direitos políticos". Com relação aos direitos sociais, reportamo-nos às considerações histórico-sociais que apontam para o predomínio da atuação de sujeitos particulares (senhores de terra e Igreja, principalmente) na "realização" dessas prerrogativas.

(24) Para ilustrarmos essas afirmações, subscrevemos as seguintes palavras de Carvalho (2004:56): "O coronelismo não era apenas um obstáculo ao livre exercício dos direitos políticos. Ou melhor, ele impedia a participação política porque negava os direitos civis. Nas fazendas, imperava a lei do coronel, criada por ele, executada por ele. Seus trabalhadores e dependentes não eram cidadãos do Estado brasileiro, eram súditos dele. Quando o Estado se aproximava, ele o fazia dentro do acordo coronelista pelo qual o coronel dava seu apoio político ao governador em troca da indicação de autoridades, como o delegado de polícia, o juiz, o coletor de impostos, o agente de correio, a professora primária. Graças ao controle desses cargos, o coronel podia premiar os aliados, controlar sua mão de obra e fugir dos impostos. Fruto dessa situação eram as figuras do 'juiz nosso' e do 'delegado nosso' expressões de uma justiça e de uma polícia postas a serviço do poder privado".

(25) Embora, de um lado, não possamos negligenciar os problemas práticos decorrentes da exclusão social, política, econômica e social da maioria da população durante os pouco mais de 40 anos da experiência da Primeira República (1889-1930), de outro, entendemos ser difícil negar por completo as influências e elementos teóricos do Paradigma Liberal. Nesse particular, colocamo-nos em concordância com a seguinte afirmação de Bonavides (2002:331): "Durante cerca de 40 anos o Brasil republicano e constitucional perfilhou, exterior e formalmente na doutrina de um constitucionalismo de raízes norte-americanas com a fachada teórica quase perfeita do chamado Estado Liberal de Direito".

(26) Frisamos, neste ponto, que o "privilégio" dos coronéis não deve ser interpretado como uma forma de manifestação absoluta e incontestável de poder. Com relação ao debate historiográfico havido entre Victor Nunes Leal e Eul-Soo Pang acerca da dimensão política representada pelo papel dos coronéis e mandões, Carvalho (1997:4) esclarece que: "Na visão de Leal, o coronelismo seria um momento particular do mandonismo, exatamente aquele em que os mandões começam a perder força e têm de recorrer ao governo. Mandonismo, segundo ele, sempre existiu. É uma característica do coronelismo, assim como o é o clientelismo. Ao referir-se ao trabalho de Eul-Soo Pang, que define coronelismo como exercício de poder absoluto, insiste: 'não é, evidentemente, ao meu coronelismo

de coronéis (entre os quais: senhores de terras, médicos, comerciantes e, até mesmo, membros da Igreja), encontramos direitos civis, políticos e sociais fática e formalmente desiguais.[27]

Poderíamos afirmar, sem exageros, que a configuração de um aparato de matriz liberal estaria até muito bem ensaiada. Normativamente, porém, as práticas socialmente compartilhadas nos indicam que as falas do "liberalismo" não eram efetivamente pronunciadas por todos. Quando muito, eram interpretadas, por alguns, a partir da consolidação de uma espécie de "pacto liberal-oligárquico" — para nos utilizarmos de uma bem lançada expressão de *Paulo Bonavides e Paes de Andrade* (1991:250).

Nesse contexto de mudanças sociais e institucionais, o reconhecimento da titularidade da autonomia (pública e privada) dos atores individuais e coletivos da sociedade brasileira ainda se defrontava com esses obstáculos ao exercício da cidadania. Diante das dificuldades de materialização do texto da CRB/1891, qual era o lugar do protagonismo dos cidadãos brasileiros?

Nessa reflexão, nos preocuparemos com o modo pelo qual grupos construídos em torno de identidades e práticas sociais específicas passaram a reivindicar, para si, papel especial para representar o restante dos brasileiros. Entram em cena, nesse período, o esgotamento da já mencionada "República do Café com Leite" e as exigências de novas dimensões para o federalismo brasileiro[28]; a multiplicação de iniciativas de contestação de abusos econômicos e sociais por uma classe operária e urbana nascente[29]; o processo cultural de deflagração da Semana de Arte Moderna (1922)[30] e os impasses do embate

---

que se refere', e continua: 'não há uma palavra no meu livro pela qual se pudesse atribuir o *status* de senhor absoluto ao coronel, ou às expressões pessoais de mando do sistema coronelista'. Mais ainda: 'Em nenhum momento, repito, chamei o coronel de senhor absoluto' (*idem*: 12-13; Pang, 1979)."

(27) De acordo com Carvalho (1997:4): "Boa parte da literatura brasileira, mesmo a que se inspira em Leal, identifica coronelismo e mandonismo. Essa literatura contribuiu, sem dúvida, para esclarecer o fenômeno do mandonismo. Da imagem simplificada do coronel como grande latifundiário isolado em sua fazenda, senhor absoluto de gentes e coisas, emerge das novas pesquisas um quadro mais complexo em que coexistem vários tipos de coronéis, desde latifundiários a comerciantes, médicos e até mesmo padres. O suposto isolamento dos potentados em seus domínios também é revisto. Alguns estavam diretamente envolvidos no comércio de exportação, como os coronéis baianos da Chapada Diamantina, quase todos se envolviam na política estadual, alguns na política federal (Carone, 1971; Pang, 1979; Machado Neto *et alii*, 1972; Queiroz, 1975; Sá, 1974; Silva, 1975; Vilaça e Albuquerque, 1965; Campos, 1975). Mas o fato de esta literatura ter tornado sinônimos os conceitos de coronelismo e mandonismo foi negativo. Alguns autores encontraram mesmo um coronelismo urbano (Reis, 1971), ou um coronelismo sem coronéis (Banck, 1974; 1979)".

(28) Carvalho (2004:93) salienta que: "Todos os reformistas estavam de acordo em um ponto: a crítica ao federalismo oligárquico. Federalismo e oligarquia eram por eles considerados irmãos gêmeos, pois era o federalismo que alimentava as oligarquias, que lhes abria amplo campo de ação e lhes fornecia instrumentos de poder".

(29) Para interessantes detalhamentos dessa questão, *cf.* Carvalho (2004:57-61).

(30) Proença Filho (1981:287-290) efetua um levantamento acerca de uma série de acontecimentos históricos que se estendem desde 1912 (com a expressiva atuação literária e jornalística de Oswald de Andrade na imprensa paulista) até as decorrências e impactos proporcionados após a Semana. Um aspecto, que chama a nossa atenção aqui, diz respeito ao modo pelo qual a esfera pública começava a apresentar contornos mais definidos. Além da expressiva evolução do mercado tipográfico brasileiro, as taxas de analfabetismo, aos poucos, reduziam-se. Surgia, de modo mais consistente, um cenário propício para a formação de um público leitor, não apenas voraz para consumir os produtos do mercado editorial, mas que, de modo paulatino, começava a se situar como um conjunto autônomo de agentes críticos acerca da arte e da literatura. O lançamento da Semana da Arte Moderna

entre a *Antropofagia* e o *Verde-Amarelismo* na (re)invenção Modernista do "brasileiro"[31]; a irresignação de oficiais das forças armadas, consubstanciada no movimento Tenentista,

---

contou com nota publicada, no dia 3 de fevereiro de 1922, no periódico *O Estado de São Paulo*. Com relação à crítica literária exercitada por esse público literário nascente, Proença Filho (1981:289-290) afirma que: "A reação à semana não foi, no primeiro momento, violenta e de grande repercussão. A partir de 1924 é que as oposições se fazem sentir com certa veemência, quando o movimento modernista já começa a se firmar como doutrina estética. (...). O grande público sentiu as novas tendências com incompreensão. As 'ousadas novidades' tiveram o mérito de escandalizar, de irritar, mas também de despertar algo que pouco a pouco iria se impor com características tipicamente nacionais, reveladoras de uma realidade brasileira como tal". Para maiores aprofundamentos acerca da diversidade de correntes e tendências no contexto daquilo que aqui denominamos como estilo artístico-literário do *Modernismo*, cf. Proença Filho (1981:293-314).

(31) Segundo Marilena Chauí (1983:113): "Era uma época em que a intelligentsia, criadora do *Movimento Modernista*, procurava desesperadamente o 'caráter nacional' brasileiro, a identidade nacional que permitiria ao Brasil encontrar seu verdadeiro lugar no 'concerto das nações civilizadas', entrando definitivamente para a modernidade. Essa busca colocou, num extremo, a esquerda modernista, os *Antropófagos*, para os quais a brasilidade era a maneira selvagem de devorar e destruir o passado branco e cristão, e no outro extremo, a direita modernista, que inventou o movimento do *Verde Amarelismo* (do qual sairiam os líderes da Ação Integralista Brasileira, nosso fascismo local) e para o qual se tratava de tornar real a ocidentalização cristã do país por meio da cultura e do Estado Forte. Entre ambos, a figura trágica do poeta, músico, folclorista e romancista Mário de Andrade, autor de 'Macunaíma', o herói sem caráter, símbolo do Brasil". Novamente sem o apelo da autorizada crítica estética dessa profusão de tendências literárias que se desenvolviam, nos é interessante notar a sensível diferença por meio da qual tais movimentos criavam a representação artística da brasilidade. Assim, para que realizemos um singelo paralelo com o Romantismo, é instigante percebermos a ambivalência entre o Peri de José de Alencar e o Macunaíma de Mário de Andrade. Peri, o índio, é retratado como o "selvagem", o herói-símbolo das virtudes físicas e morais da coragem e determinação. Macunaíma, por sua vez, é o anti-herói. Uma personagem desprovida de nobrezas morais e, sobretudo, acomodado e preguiçoso. Proença Filho (1981:290-293) delineia repercussões mais precisas dessa "Semana", a partir do surgimento de movimentos contra o passado ("sabemos discernir o que não queremos"), em desfavor da "ênfase oratória, a eloquência, o hieratismo parnasiano, o culto das rimas ricas, do metro perfeito e convencional, da linguagem classizante e lusitanizante", contrário ao academicismo, ao tradicionalismo e "contra os tabus e preconceitos, e, em contrapartida com a perseguição permanente de três princípios fundamentais como assinala Mário de Andrade: direito à pesquisa estética; atualização da inteligência artística brasileira; estabilização de uma consciência criadora nacional". Sem o objetivo de nos estendermos ainda mais nessas fascinantes, mas procelosas águas, o que pretendemos enfatizar é que até mesmo "o" projeto daquilo que era visto pelos cidadãos como típica representação "do" nacional, cada vez mais, se sujeitava aos dilemas de visões plurais da identidade do povo político culturalmente permeado por influências culturais compartilhadas. Assim de acordo com Proença Filho (1981:296), apesar de a "Semana" se posicionar estética e politicamente como um momento de revisitação das heranças da tradição colonial e imperial, o Movimento Verde-Amarelo, por exemplo, em manifesto publicado no dia 17 de maio de 1929, afirmava que: "Nosso nacionalismo é de afirmação, de colaboração coletiva de igualdade dos povos e das raças, de liberdade do pensamento de crença na predestinação do Brasil na humanidade, de fé em nosso valor, de construção nacional. Aceitamos todas as instituições conservadoras, pois é dentro delas mesmo que faremos a inevitável renovação do Brasil, como o fez, através de quatro séculos, a alma de nossa gente, através de todas as expressões históricas. Nosso nacionalismo é 'verdeamarelo' e tupi. O objetivismo das instituições e o subjetivismo da gente sob a atuação dos fatores geográfico e histórico". Chamamos a atenção do leitor para o fato de que, mais uma vez, a figura simbólica do "índio brasileiro" é resgatada como um elemento de identificação nacional. Se, a partir de então, uma visão possível era a de que o Brasil era tupi, não podemos negar os riscos de exclusão cultural decorrentes do fato de que as demais tribos, etnias e nações indígenas, mesmo que a título meramente retórico, nem mais aqui eram mencionadas. Por fim, conforme sintetiza Carvalho (2004:92): "O fermento oposicionista manifestou-se também no campo cultural e intelectual. No ano de 1922, foi organizada em São Paulo a Semana de Arte Moderna. Um grupo de escritores, artistas plásticos e músicos de grande talento, patrocinados por ricos mecenas da elite paulista, escandalizaram a bem-comportada sociedade local com espetáculos e exibições de arte inspirados no modernismo e no futurismo europeus. O movimento aprofundou suas ideias e pesquisas e colocou em questão a natureza da sociedade brasileira, suas raízes e relação com o mundo europeu. Na década seguinte, muitos modernistas envolveram-se na política, à esquerda e à direita. Mas desde o início, mesmo na versão puramente estética do movimento, ele já trazia em si uma crítica profunda ao mundo cultural dominante".

ou Tenentismo⁽³²⁾ (também em 1922); a mobilização da classe média urbana, na condição de estamento social fortalecido politicamente, em torno de uma tentativa de reforma que culminou com a insatisfatória e tardia⁽³³⁾ edição de emenda constitucional em 1926⁽³⁴⁾; e a perda da hegemonia política do Partido Republicano Brasileiro (PRB), primeiramente, em razão da fundação do Partido Comunista (ainda no ano de 1922), e, posteriormente, com o rearranjo das novas facções partidárias de repercussão política nacional: a Ação Integracionista Brasileira (AIB — em 1927) e Aliança da Nacional Libertação (ANL – em 1935).⁽³⁵⁾

Nessa miscelânea de acontecimentos, podemos indicar quem eram os cidadãos que efetivamente integravam a comunidade jurídico-política brasileira? E mais, ainda que diagnosticada a

---

(32) Carvalho (2004:66) busca diagnosticar a importância do tenentismo, nos seguintes termos: "Outro movimento que merece referência foi o dos jovens oficiais do exército, iniciado em 1922. Embora de natureza estritamente militar e corporativa, o tenentismo despertou amplas simpatias, por atacar oligarquias políticas estaduais. A consciência política dos oficiais, sobretudo no que se refere ao mundo das oligarquias, tornou-se mais clara durante a grande marcha de milhares de quilômetros que fizeram pelo interior do país na tentativa de escapar ao cerco das forças governamentais. O ataque às oligarquias agrárias estaduais contribuía para enfraquecer outro grande obstáculo à expansão dos direitos civis e políticos. O lado negativo foi a ausência de envolvimento popular, mesmo durante a grande marcha. Os 'tenentes' tinham uma concepção política que incluía o assalto ao poder como tática de oposição. Mesmo depois de 1930, quando tiveram intensa participação política, mantiveram a postura golpista alheia à mobilização popular".

(33) De acordo com Bonavides (2002:331), a insatisfação de determinados grupos sociais e a demora para a solução dos impasses da República do Café com Leite eram uma preocupação perceptível no meio social: "A Constituição republicana de 1891 recebeu uma única revisão, aquela promulgada em 1926. Veio ela porém com bastante atraso, não preenchendo as finalidades previstas nem impedindo que a Primeira República (1891-1930) se desmoronasse, por efeito da desmoralização oligárquica dos poderes".

(34) Segundo registram Bonavides e Amaral (2002b:25), a exemplo do que pudemos noticiar acerca do caso do tenentismo, a reforma constitucional de 1926 não contou com maciça ou efetiva participação popular. A rigor, os reclames reformistas encontravam especial ressonância na "voz política" da classe média, "cuja articulação dava densidade ao movimento, ao mesmo tempo em que lograva conduzir aquelas correntes de opinião mais aptas a fazer ou desfazer a estabilidade dos sistemas políticos para a grande investida de que resultou a queda da Primeira República". As ansiosas expectativas reformistas começaram a tomar corpo em nichos específicos da sociedade brasileira a partir da década de 1920. Porém, a edição da referida emenda, em 1926, não conseguiu apaziguar os ânimos. Essa "reforma" trazia como carros-chefe, seis aspectos principais: i) a regulação das hipóteses de reconhecimento de intervenção federal nos Estados da Federação de modo a coibir os abusos que vinham sendo sistematicamente praticados pela União nessa matéria; ii) a limitação de poderes do Congresso Nacional; iii) a possibilidade de veto parcial no processo legislativo; iv) a restrição da competência da Justiça Federal; v) a extensão, expressa, das garantias da magistratura já asseguradas aos juízes federais (vitaliciedade, inamovibilidade e irredutibilidade de vencimentos), à Justiça dos Estados-Membros; e vi) a redução da invocação do *writ* constitucional do *habeas corpus* aos casos específicos que afetassem constrangimento ilegal da liberdade de ir e vir. Bonavides e Amaral (2002a:97-98) narram a insatisfação dos segmentos sociais até então mobilizados em prol da causa constitucional-reformista no contexto das transformações sociais que se verificavam na época: "Quando se fez afinal a reforma de 1926, ela se mostrou tardia e inócua, já não podendo salvar a Constituição e a República Velha, solapadas em seus fundamentos. (...). A onda de protestos de opinião, após o fracasso de 1926, só fez se avolumar o país de norte a sul. A consciência da mudança abria os debates e ocupava as tribunas. A crise da lavoura cafeeira, às vésperas da eleição presidencial, precipitava o desenlace da questão política. A inquietude sindical repercutia. O clamor cívico partia dos órgãos de imprensa e alimentava a efervescência dos quartéis". Para algumas considerações acerca da reforma constitucional de 1926, *cf.* Herkenhoff (2004:80).

(35) Segundo registra Carvalho (2004:102): "Após a constitucionalização do país, a luta política recrudesceu. Formaram-se dois grandes movimentos políticos, um à esquerda, outro à direita. O primeiro chamou-se Aliança Nacional Libertadora (ANL) e era liderado por Luís Carlos Prestes, sob a orientação da Terceira Internacional. O outro foi a Ação Integralista Brasileira (AIB), de orientação fascista, dirigido por Plínio Salgado. Embora a inspiração externa estivesse presente em ambos os movimentos, eles apresentavam a originalidade, para o Brasil, de terem alcance nacional e serem organizações de massa. Não eram partidos de estados-maiores, como os do Império, nem partidos estaduais, como os da Primeira República".

posição privilegiada de determinados atores nesses acontecimentos, onde estava o povo política e formalmente constituído em sua inteireza?[36]

Para meditarmos sobre essa pergunta, tomamos emprestadas as palavras de *Carvalho* (2004:83) a respeito da ausência de protagonismo do nosso povo no processo constitucional de tematização das liberdades e da igualdade, até o marco da denominada "Revolução de 1930".[37] Essa percepção leva-nos, à primeira vista, a uma definição de povo por meio da negação de sua participação no campo político. Tal "solução" apenas pode assumir sentido para a nossa análise se refletirmos sobre fatores que tenham contribuído, de alguma forma, para a mudança da postura dos atores sociais a partir de 1930.

O questionamento acima formulado nos leva a assumir como postulado a pré-compreensão de que a expressão do "popular" na comunidade jurídico-política brasileira foi, e é, ressignificada de modo incessante. A cada momento singular de sua história, o "povo brasileiro" constitui a si próprio na condição de uma livre e democrática associação de jurisconsortes.[38]

Em termos da odisseia titularizada por uma noção plural de povo brasileiro (sempre aberta à participação de novos atores), a mobilização política de 1930 — queiramos denominá-la de revolucionária ou não — marcou seu espaço.[39] Esse evento caracterizou-se por uma experiência peculiar na qual, talvez, pela primeira vez, o civismo político e jurídico era colocado, com todas as limitações observáveis no período, como um tema de

---

(36) A esse respeito, Carvalho (1987:66-90) avalia as origens liberais da ausência da participação política popular no Rio de Janeiro do início do período republicano com base nas experiências da aparente apatia dos "cidadãos inativos" e dos elevados índices de abstenção eleitoral com relação aos "cidadãos ativos". Para tanto, o autor (1987:66-68) parte das afirmações de dois observadores contemporâneos ao período da transição dos oitocentos para os novecentos: Louis Couty (biólogo francês que residiu no Brasil por alguns anos) e Raul Pompéia (cronista do *Jornal do Commercio*). Para esses indivíduos, em síntese, o Rio de Janeiro não tinha povo. O "povo fluminense" era uma ausência. A esse respeito, Carvalho (1987:90) afirma em tom provocativo: "Em termos do sistema político-formal, Couty e Raul Pompéia tinham razão: o Rio não tinha povo. O povo do Rio, quando participava politicamente, o fazia fora dos canais oficiais, através de greves políticas, de arruaças, de quebra-quebras. Ou mesmo através de movimentos de natureza quase revolucionária, como a Revolta da Vacina. Mas na maior parte do tempo dedicava suas energias participativas e sua capacidade de organização a outras atividades. Do governo queria principalmente que o deixasse em paz".

(37) De acordo com Carvalho (2004:83): "até 1930 não havia povo organizado político nem sentimento nacional consolidado. A participação política nacional, inclusive nos grandes acontecimentos, era limitada a pequenos grupos. A grande maioria do povo tinha com o governo uma relação de distância, de suspeita, quando não de aberto antagonismo. Quando o povo agia politicamente, em geral o fazia como reação ao que considerava arbítrio das autoridades. Era uma cidadania em negativo se se pode dizer assim. O povo não tinha lugar no sistema político, seja no Império, seja na República. O Brasil era ainda para ele uma realidade abstrata. Aos grandes acontecimentos políticos nacionais, ele assistia, não como bestializado, mas como curioso, desconfiado, temeroso, talvez um tanto divertido".

(38) Para maiores aprofundamentos acerca da noção constitucional da categoria poder constituinte do povo, *cf.* Müller (2003 e 2004a).

(39) Segundo adverte Carvalho (2004:89): "Em 3 de outubro de 1930, o presidente da República, Washington Luís, foi deposto por um movimento armado dirigido por civis e militares de três estados da federação, Minas Gerais, Rio Grande do Sul e Paraíba. Terminava assim a Primeira República. O episódio ficou conhecido como a Revolução de 30, embora tenha havido, e ainda haja muita discussão sobre se seria adequado usar a palavra revolução para o que aconteceu. Certamente não se tratou de revolução, se compararmos o episódio com o que se passou na França em 1789, na Rússia em 1917, ou mesmo no México em 1910. Mas foi sem dúvida o acontecimento mais marcante da história política do Brasil desde a independência".

relevância pública. Esse marco notabiliza-se pelo surgimento e sedimentação de processos políticos e jurídicos nos quais podemos inferir a presença de cidadãos e de movimentos sociais que começaram a se organizar.[40]

O comparecimento de sindicatos, partidos políticos e da classe média às ruas, ou, ainda, as ações políticas dos "tenentes" nos quartéis, por exemplo, também podem ser analisados independentemente da motivação social, econômica ou corporativa que os tenha especificamente influenciado sob o ponto de vista dos integrantes dessas coletividades.[41] Para efeitos da reflexão proposta pela ótica discursiva da Constituição, essa experiência nos oferece sinais de que esses atores reivindicaram, por meio de práticas performativamente cidadãs, uma nova forma de atuação do Estado de Direito.

Sob o enfoque da dicotomia público-privado, tratava-se de sujeitos que deixavam — mesmo que por um curto instante — seus afazeres estritamente particulares para exercitarem uma dimensão da cidadania que estava além do direito de participação política pelo voto. Há sinais de que a vida pública começava a se entrelaçar de modo mais intenso com a vida privada desses cidadãos.

A partir do marco sócio-histórico de 1930, podemos perceber uma série de fragmentos que apontaram, ainda que de forma vacilante, para uma sensível transformação nas expectativas normativas das relações dos administrados-administradores, entre si e quanto ao Estado. Embora a comunidade brasileira não tenha assumido as rédeas do país, a estrutura burocrático-administrativa do Estado Brasileiro começava a aparentar novas feições. Ao final dessa experiência do aparato estatal de matriz liberal, já era possível contabilizar alguns dos excessos de um mundo político infestado por modos privados de dominação jurídica.[42]

O formalismo de leis gerais e abstratas igualmente direcionadas a todos os brasileiros não mais era suficiente como modelo hegemônico de autocompreensão dos atores sociais. O constitucionalismo social aflorava como alternativa de materialização dos direitos de liberdade e de igualdade, os quais precisavam ser adaptados em conformidade com as desigualdades sociais e materiais que o paradigma anterior — o liberal — não conseguira

---

(40) Bonavides e Amaral (2002a:99) também enfatizam o ano de 1930 como uma importante referência para a formatação de uma nova autocompreensão do Estado e das possibilidades de exercício cívico da cidadania: "Foi 30 sem dúvida ano de emoções patrióticas, de esperanças cívicas, de confiança no futuro. O Estado liberal na versão clássica — durante mais de um século a ideia-força de nossas instituições — chegava ao fim depois de ter atravessado dois regimes, um Império e uma República. O país acordava então para as mudanças do século. A ditadura do Governo Provisório, em algumas matérias políticas e sociais, entrava com a mesma força, o mesmo ímpeto, a mesma energia dos Republicanos de 89, quando instauraram a Primeira República e cuidaram de varrer, em vinte e quatro horas, por decreto-lei, todas as instituições básicas do Império. Era a aurora do Estado social".

(41) A esse respeito, Carvalho (2004:91) salienta que: "O caráter corporativo inicial do movimento foi aos poucos dando lugar a reivindicações que tinham por alvo combater o domínio exclusivo das oligarquias sobre a política. O movimento ganhou a simpatia de outros grupos insatisfeitos, sobretudo os setores médios das grandes cidades. O tenentismo não tinha características propriamente democráticas, mas foi uma poderosa força de oposição. Todo o período presidencial de 1922 a 1926 se passou em estado de sítio, em consequência da luta tenentista. Embora derrotados em 1922, 1924 e 1927, muitos 'tenentes' continuaram a luta na clandestinidade ou no exílio. Quando as circunstâncias se tornaram favoráveis em 1930, eles reapareceram e forneceram a liderança militar necessária para derrubar o governo".

(42) Para maiores aprofundamentos, cf. Araújo Pinto (2003:36-39).

tematizar com eficiência. No momento em que as ondas do rádio ainda se propagavam, devagar e às vezes, eis algumas das vozes que reverberavam em prol de uma cidadania que ainda buscava sua vez.

As peculiaridades desse aprendizado constitucional não podem ser menosprezadas, nem tampouco ingenuamente transportadas para os dias de hoje. As experiências históricas até aqui retratadas nos oferecem subsídios para o estudo dos serviços de radiodifusão comunitária no contexto daquilo que, contemporaneamente, tem sido definido como "coronelismo eletrônico". Para estabelecermos paralelos históricos entre o coronelismo da Primeira República e a atuação dos "coronéis eletrônicos" dos tempos atuais, definimos como parâmetro cronológico de nossa observação, a título ilustrativo, o direito de voto.

Segundo *Carvalho* (2004:7), hoje, o "direito de voto nunca foi tão difundido". É incontestável o quadro de evolução da atuação política do povo brasileiro do início de nossa experiência republicana até os dias atuais. Nas eleições do final do século XIX, mais de 80% dos habitantes do país não detinham direito à participação política. No pleito eleitoral realizado em 2006, o processo de eleição envolveu cerca de 126 milhões de eleitores — isto é, aproximadamente, 70% da população brasileira.[43] Ao olharmos retrospectivamente para esses dados, questionamos: será que temos mais cidadãos? Será que, hoje, somos um povo mais democrático?

Conforme pontua *Robert Darnton* (2005:39), é muito difícil estabelecer paralelos que envolvam juízos seguros sobre o ideal de progresso ou de evolução. Entretanto, em tempos em que a imprensa brasileira noticia, de um lado, denúncias calamitosas de compra e venda de votos e favores políticos e, de outro, o aumento desmedido de uma massa famigerada de excluídos, somos tentados a perguntar: há algo em comum entre os cidadãos "bestializados" do Rio de Janeiro do final do século XIX e a Brasília dos "mensalões" e dos parlamentares "sanguessugas" do início deste século XXI?

A ânsia, de muitos, em responder afirmativamente a investigações desse tipo pode nos levar a conclusões reducionistas, pois toda tentativa de aproximação histórica corresponde a uma proposta de compreensão precária do presente. Ampliando nossa análise para além do direito de sufrágio[44], realizaremos algumas considerações, de ordem histórica e normativa, quanto à concepção de "coronelismo eletrônico" desenvolvida por alguns estudiosos das políticas públicas de comunicação social de massa.[45]

---

(43) Fonte: página oficial do Tribunal Superior Eleitoral (TSE), <www.tse.gov.br>.

(44) Carvalho (2004) argumenta os problemas de reduzir a questão da atuação política dos cidadãos ao mero exercício da cidadania por meio do direito formal de votar e ser votado. Para o autor (2004:66-67) esse tipo de concepção peca por pressupor: "como manifestação política adequada aquela que se dá dentro dos limites previstos no sistema legal, sobretudo o uso do direito de voto. (...). Parece-me, no entanto, que uma interpretação mais correta da vida política de países como o Brasil exige levar em conta outras modalidades de participação, menos formalizadas, externas aos mecanismos legais de representação. É preciso também verificar em que medida, mesmo na ausência de um povo político organizado, existiria um sentimento, ainda que difuso de identidade nacional. Esse sentimento, como já foi observado, acompanha quase sempre a expansão da cidadania, embora não se confunda com ela. Ele é uma espécie de complemento, às vezes mesmo uma compensação, da cidadania vista como exercício de direitos".

(45) Para um interessante levantamento dos limites e problemas do emprego do termo "coronelismo eletrônico", indicamos a já mencionada obra de Ramos (2000:55-65). Cristiano Lopes Aguiar (2005a:43-47), por sua vez, aplica a categoria lançada por Stadnick para retratar o já mencionado quadro de apadrinhamento político no modelo brasileiro de autorização de rádios comunitárias.

Esse termo é atribuído à obra de *Stadnick* (1991) e corresponde a uma tentativa de teorização acerca das práticas políticas e administrativas que norteiam as concessões de rádio e televisão ocorridas durante a década de 1990 no Brasil.[46] A autora sustenta que a atuação dos parlamentares influencia a "aceleração" dos procedimentos que normalmente seriam atravancados pela burocracia do Minicom.

Para *Stadnick*, o fenômeno do "coronelismo eletrônico" seria uma espécie de decorrência do coronelismo nos termos em que desenvolvido pela clássica obra de *Leal* (1997). Assim, seja por meio da inserção de uma ótica privatizante das políticas públicas de radiodifusão em geral, seja em razão das consideráveis repercussões da atuação parlamentar para o trâmite desses casos, a autora caracteriza esses membros do Poder Legislativo na condição de verdadeiros "coronéis" da era eletrônica. Essa nova forma de exercício autoritário de poder corresponderia, portanto, a uma espécie de dominação dos meios de comunicação social de massa.

Murilo César Ramos (2000:57), por sua vez, adota abordagem mais ampla e afirma que a noção de "coronelismo eletrônico" pode ser entendida como:

> o compadrio, a patronagem, o clientelismo, o patrimonialismo — em geral associados a uma estrutura social e política arcaica, rural, antimoderna — ganharam no Brasil do final do século XX a companhia dos mais sofisticados meios de extensão do poder da fala até então inventados pelo homem: o rádio e a televisão.

Não negamos, em princípio, que esse novo "coronelismo" ainda interfere, a seu modo, no exercício de direitos políticos dos cidadãos brasileiros de hoje — a exemplo do que recentemente ocorreu no pleito eleitoral de 2006 para o cargo de governador do Estado do Maranhão.[47] Sob o ponto de vista da conformação característica do Estado Liberal Brasileiro, posicionamo-nos de acordo com as considerações historiográficas de Carvalho (1997) quanto à necessidade de identificação dos limites sociais e históricos do "coronelismo".[48]

---

(46) A afirmação de Moreira (2006:61) — já transcrita no corpo do texto —, nos sugere que já era possível encontrarmos alguns vestígios da experiência do "coronelismo eletrônico" em períodos anteriores. Conforme nos demonstra a experiência da Rádio Clube de Pernambuco (1922), a iniciativa de implantação da emissora foi pautada pela participação decisiva de "coronéis" e de políticos logo no início das atividades de radiodifusão no Brasil.

(47) Aqui, apenas para fins ilustrativos, reportamo-nos ao teor de reportagem intitulada "TV de filho de Sarney retira entrevista de opositor do ar", datada de 17 de outubro de 2006. Nas últimas eleições de 2006, o segundo turno para o cargo majoritário de Governador do Estado estava sendo disputado entre o candidato do Partido Democrático Trabalhista (PDT), Jackson Lago, e a candidata do Partido da Frente Liberal (PFL), Roseana Sarney (filha do Senador da República José Sarney e irmã de Fernando Sarney — um dos proprietários da *TV Mirante Santa Inês*). Segundo informou a agência de notícias do *Portal Terra*: "A *TV Mirante Santa Inês* saiu do ar no Maranhão durante a entrevista do candidato de oposição ao governo do Estado Jackson Lago (PDT), segundo informação da *Folha do Amapá*. A emissora pertence ao deputado estadual reeleito Joaquim Haickel (PMDB) e a Fernando Sarney, filho do senador José Sarney. Os telespectadores perderam o sinal no início da entrevista e só o tiveram de volta no fim da participação de Lago no telejornal da *Mirante*. Ainda segundo a *Folha do Amapá*, o senador Sarney teria dito, em reunião com assessores, que daria o governo do Maranhão à sua filha (a candidata Roseana Sarney) mesmo gastando seu último tostão. O senador teria usado como exemplo a sua vitória no Amapá. 'Fui lá e resolvi os problemas porque tenho poder e, quando quero, eu faço acontecer'." O aspecto curioso desse processo eleitoral é o de que, apesar dessas interferências, ao final, o candidato Jackson Lago sagrou-se o vencedor do pleito eleitoral.

(48) Ao analisar os usos historiográficos dessa expressão, Carvalho (1997:2) data historicamente o coronelismo e afirma que: "Nessa concepção, o coronelismo é, então, um sistema político nacional, baseado em barganhas

Para estabelecermos paralelos entre passado e presente, não podemos aplicar a categoria, histórica e socialmente localizada, do coronelismo da Primeira República para compreendermos as deficiências contemporâneas do controle social dos serviços de radiodifusão comunitária. Segundo *Carvalho* (1997:4):

> Os autores que veem coronelismo no meio urbano e em fases recentes da história do país estão falando simplesmente de clientelismo. As relações clientelísticas, nesse caso, dispensam a presença do coronel, pois ela se dá entre o governo, ou políticos, e setores pobres da população. Deputados trocam votos por empregos e serviços públicos que conseguem graças à sua capacidade de influir sobre o Poder Executivo. Nesse sentido, é possível mesmo dizer que o clientelismo se ampliou com o fim do coronelismo e que ele aumenta com o decréscimo do mandonismo. À medida que os chefes políticos locais perdem a capacidade de controlar os votos da população, eles deixam de ser parceiros interessantes para o governo, que passa a tratar com os eleitores, transferindo para estes a relação clientelística.

Queiramos seguir, ou não, a sugestão terminológica de Stadnick, ao tentarmos "forçar" os limites da noção sócio-histórica de coronelismo, assumimos o risco de transportá-la para ambientes e locais que jamais lhe foram coetâneos. Segundo alerta *Carvalho* (1997:4), é prudente que nos atenhamos ao fato de que "O conceito [coronelismo] atinge, nesses casos, uma amplitude e uma frouxidão que lhe tiram o valor heurístico". O emprego da expressão "coronelismo eletrônico", por sua vez, não pode desconsiderar as complexidades jurídicas e políticas de uma sociedade midiática como a brasileira.[49] Assim, sob o ponto de vista histórico-social, talvez fosse mais "adequado" denominarmos esse fenômeno contemporâneo como "clientelismo eletrônico".

No âmbito da radiodifusão comunitária, a cidadania brasileira ainda se encontra pressionada por práticas políticas e jurídicas ilegítimas. Ademais, é necessário reconhecermos os efeitos danosos decorrentes da atuação dos "novos donos do poder eletrônico".[50]

---

entre o governo e os coronéis. O governo estadual garante, para baixo, o poder do coronel sobre seus dependentes e seus rivais, sobretudo cedendo-lhe o controle dos cargos públicos, desde o delegado de polícia até a professora primária. O coronel hipoteca seu apoio ao governo, sobretudo na forma de votos. Para cima, os governadores dão seu apoio ao presidente da República em troca do reconhecimento deste de seu domínio no estado. O coronelismo é fase de processo mais longo de relacionamento entre os fazendeiros e o governo. O coronelismo não existiu antes dessa fase e não existe depois dela. Ele morreu simbolicamente quando se deu a prisão dos grandes coronéis baianos, em 1930. Foi definitivamente enterrado em 1937, em seguida à implantação do Estado Novo e à derrubada de Flores da Cunha, o último dos grandes caudilhos gaúchos".

(49) A esse respeito, Ramos (2000:57) ressalta aspectos desse complexo fenômeno: "Como poucos outros países, de seu porte e importância, potencial, política, econômica e cultural, em todo o mundo, o Brasil desenvolveu um retrógrado sistema de comunicação com destaque especial para a televisão por sua inegável centralidade nas sociedades contemporâneas. Sociedades que, na academia, costumamos chamar de *mediáticas*, para ilustrar o fato, incontestável, de que, nelas, a nossa relação com os fatos e os processos do, assim chamado, mundo real, se dá primordialmente através dos meios de comunicação — imprensa, rádio e televisão".

(50) As expressões utilizadas entre aspas nesse período fazem alusão ao título de reportagem publicada na *Carta Capital* n. 13, de 1995, p. 15-59. De acordo com Ramos (2000:57), essa edição "traz em sua capa chamada para ampla matéria jornalística, intitulada *Os Novos Donos do Poder — a oligarquia à brasileira e a reforma impossível*, destacando nessa matéria, como um dos traços determinantes do atual poder oligárquico nacional, a posse de estações de rádio e de televisão, muito adequado, aliás, de *poder eletrônico*. Assim, debaixo de uma nova, e elegante, roupagem, a revista chama a atenção para aquilo que uma jovem pesquisadora gaúcha, alguns anos atrás, qualificou de *coronelismo eletrônico*".

Para hoje compreendermos o fenômeno do chamado "coronelismo eletrônico", devemos levar a sério o processo de aprendizado decorrente da crise do Estado Liberal Brasileiro. Assim, apesar de as experiências de exclusão, desigualdade e autoritarismo persistirem desde o surgimento do rádio, há uma dimensão cidadã de conquistas que não pode ser negligenciada pela interpretação constitucional contemporânea. Numa tentativa de resgate desse legado, permanecemos com a preocupação de lidar com a conformação dos direitos à comunicação e à informação, seja pelo ponto de vista normativo, seja pelas perspectivas históricas incidentes em nossa sociedade.

Ao articularmos essas duas abordagens, chegamos ao cômputo geral de que, para uma análise adequada do tema, o público não pode ser pré-compreendido como indefinidamente apropriado pelo privado. Uma reprodução acrítica dessa percepção para a atualidade poderia nos levar à errônea conclusão de que apenas seria possível abordar o fenômeno do "coronelismo eletrônico" sob as vestes privatizantes de um Estado e de serviços públicos patrimonializados.[51]

Nesse horizonte, surgiriam cidadãos que, se não bestializados, se eternizariam na condição de clientes do paternalismo dos coronéis de ontem e, pretensamente, dos de hoje. Essa perspectiva, conforme afirmamos desde o início deste trabalho, não é interessante, porque, sob a ótica dos administrados-administradores, os atores sociais devem ser considerados, ao menos normativamente, como sujeitos de direito, agentes autônomos para acionar medidas de controle ao exercício ilegítimo de poder.

Criticamos, por fim, a naturalização do entendimento de que não existam saídas jurídicas e políticas para o controle do "clientelismo eletrônico" na radiodifusão comunitária brasileira. Os itinerários democráticos da cidadania apresentados até aqui nos levam a compreender que, no momento da aparição do rádio, era possível identificar algumas experiências de contestação. Assim, apesar da hegemonia do coronelismo, é possível compreendermos que iniciativas de construção da cidadania, "de baixo para cima", também faziam parte de nossa identidade constitucional.[52]

---

(51) Acerca da conformação das práticas patrimonialistas no contexto dos serviços públicos, desejamos fazer um breve esclarecimento. Aguillar (1999), na já mencionada obra *Controle Social dos Serviços Públicos*, sistematiza o estudo histórico do período que se estende desde o Brasil Colônia até o final do Primeiro Império ou Primeiro Reinado (1500-1840), como época da "regulação patrimonialista". Para o autor, tratar-se-ia de uma etapa na qual a matriz da atividade econômica consistiu na preservação do patrimônio do poder monárquico (inicialmente português e, posteriormente, brasileiro). Com o emprego do termo "patrimonializados" não nos afiliamos a esse tipo de compreensão que busca uniformizar um sem número de experiências sob o viés de uniformidades históricas e teorizações sociais. Basta-nos a constatação de indícios de que, conforme nos sugerem as obras de Faoro (1976 e 1977) e Holanda (1995), a discussão de metas públicas de definição das liberdades em geral era, não raro, limitada pela atuação de atores movidos por interesses privados, particulares e corporativos.

(52) Nesse ponto, referimo-nos diretamente aos inúmeros exemplos de movimentos sociais mencionados no corpo do texto com relação ao cenário político nacional ocorridos durante a década de 1920 e os primeiros anos após a Revolução de 1930. Essa exemplificação de eventos históricos, entretanto, não pode ser apontada como representativa das primeiras experiências de contestação política ocorridas no país. Apenas para que citemos casos de alguns acontecimentos que se sucederam no período de transição para o período da Primeira República, citamos, por exemplo, a Revolta da Vacina (1904) e a Revolta do Vintém de (1880). A deflagração desses movimentos, porém, dava-se de modo violento e, em certa medida, desorganizado. Segundo Carvalho (2004:74), nos incidentes que envolveram a Revolta da Vacina: "A ira da população dirigiu-se principalmente contra os serviços públicos, a polícia, as autoridades sanitárias, o ministro da Justiça. O governo decretou estado de sítio

Em vez de nos aferrarmos aos determinismos de uma explicação historicista, argumentamos que a tradição do "coronelismo", apesar de excludente, pode ser, a todo momento, revisitada criticamente pelos cidadãos e movimentos sociais contemporâneos. Conforme pretendemos descrever no próximo item, o surgimento das primeiras rádios comunitárias nos oferece vestígios de que é possível articular algumas dimensões de construção democrática da cidadania também como correspondentes à vivência do constitucionalismo brasileiro.

b) O início da regulamentação legislativa do rádio e o surgimento da estadania

A apenas 4 dias do aniversário dos 41 anos republicanos, foi editado o Decreto n. 19.938, de 11 de novembro 1930. A instauração do governo provisório de Getúlio Vargas apontava para um sensível desgaste da "República dos Coronéis", pelo menos no campo formal do regime político do país.

Quase nove anos após a "descoberta" da radiodifusão pelo Estado Brasileiro, editou-se o Decreto n. 20.047, de 27 de maio de 1931. Ainda nos primeiros anos do governo provisório, o referido diploma delineou, de modo quase definitivo, alguns dos contornos que se mantiveram até mesmo após da CFB/1988.[53]

O Decreto n. 20.047/1931 estabeleceu: i) as competências da Comissão Técnica de Rádio (CTR) como ente federal responsável pela certificação da exploração da atividade; e ii) a criação de uma "rede nacional de radiodifusão", a qual deveria atender aos parâmetros educacionais fixados pelo Ministério da Educação quanto à programação a ser veiculada. Além disso, a fiscalização da operação das rádios consistia em matéria delegada ao Ministério da Viação e Obras Públicas.

Não é difícil percebermos, por conseguinte, as influências sociais que permeavam essas *inovações* legislativas.[54] Surgiam tendências culturais que aproximavam, em muito, a noção de "interesse nacional" da de "interesse público". Ademais, a utilização do rádio para fins de educação era atividade que deveria ser titularizada pela União.

---

e chamou tropas de outros estados para controlar a situação. O saldo final da luta foram 30 mortos, 110 feridos e 945 presos, dos quais 461 foram deportados para o norte do país". Podemos dizer que a vivência de experiências sociais dotadas de organização política mais elaborada, por conseguinte, corresponde à marca distintiva do período de aparição do rádio.

(53) Amaral (1995:467).

(54) Com relação ao apontado ineditismo dessa legislação brasileira no início da década de 1930, é importante ressalvarmos que o Decreto n. 3.296, de 10 de julho de 1917, foi o primeiro a mencionar e disciplinar, em linhas gerais, o uso das comunicações à distância (isto é, daqueles meios de comunicação operados sem a utilização de fios ou cabos metálicos). O referido decreto foi editado durante o Governo de Venceslau Brás (1914-1918) e estabeleceu competência exclusiva do Governo federal para regular os "*serviços radiotelegraphico e radiotelephonico no território brasileiro*". A fiscalização da exploração das estações "radiotelegraphicas", entretanto, submetia-se a duas instâncias distintas. No caso de estações civis em geral, tal atribuição foi endereçada ao Ministério da Viação e Obras Públicas. O Ministério da Guerra e da Marinha era o órgão competente para os casos de operações que envolvessem questões de "defesa nacional". Em nossa opinião, ainda persiste a importância da inovação legislativa inaugurada pelo Decreto n. 20.047/1931 e, posteriormente, densificada pelo Decreto n. 21.111/1932, porque esses foram os primeiros documentos legislativos que se destinaram especificamente aos serviços de "radiocomunicação" (expressão que, à época, designava o que hoje entendemos como atividades de telecomunicações em sentido amplo, as quais, por conseguinte, abarcam os serviços de radiodifusão em geral).

O art. 21 do Decreto n. 20.047/1931, por exemplo, previa uma ordem hierarquizada de precedência para a distribuição das frequências do espectro radioelétrico. Em primeiro lugar, a defesa nacional e os serviços executados pelo governo federal tinham preferência. Somente após definidos os canais (des)ocupados pelo Estado Brasileiro, é que se abria espaço para a utilização do espectro por terceiros. De modo geral, esse serviço foi gradualmente positivado como típico serviço público, sob os critérios subjetivo (atividade de titularidade do Estado Brasileiro), formal (adoção do regime de direito público esboçado no modelo de concessões e permissões a particulares) e material (importância da radiodifusão como atividade de "interesse público" a ser desenvolvida a serviço da nação). Essa conformação legislativa corresponde a um exemplo do modo pelo qual estatismo e nacionalismo começavam a se manifestar. Conforme relata *Amaral* (1995:468):

> Adotava assim, o Brasil, o *trusteeship model* norte-americano (introduzido nos EUA pelo *Radio Act* de 1927): o espectro eletromagnético é bem público, natural e limitado, e os radiodifusores atuam como fiduciários do público pelo privilégio de usar, mediante autorização governamental, o meio por onde circulam as ondas de rádio.

No dia 1º de março de 1932, o chefe do Executivo Federal editou o Decreto n. 21.111 como ato regulamentador do Decreto n. 20.047/1931. Em detalhados 109 artigos, o novo decreto traçou regramento de aspectos que transitavam desde as condições formais para a possibilidade de exploração das rádios até a delimitação dos conteúdos que deveriam ser veiculados. Estava lançada a pedra fundamental de alguns dos instrumentos institucionais a partir dos quais a censura seria gradualmente implantada, poucos anos depois.[55] Nesse contexto, destacamos os efeitos antidemocráticos do paulatino fortalecimento de órgãos de controle e censura dos conteúdos veiculados nos meios de comunicação de massa que se espraiavam desde o início da regulamentação do rádio.[56]

Com a edição desses dois decretos, consolidou-se o modelo jurídico das concessões e das permissões como atos administrativos de competência do presidente da República para delegar aos particulares a exploração de rádios.[57] O procedimento de tramitação dos requerimentos, porém, era mais complexo. Dependia de parecer favorável da Comissão

---

(55) Para um minudente estudo acerca das sucessivas criações e aperfeiçoamentos, por decreto, de órgãos de controle técnico e político da radiodifusão nos anos anteriores à instituição do Estado-Novo, assim como no período da ditadura civil no Governo Vargas, *cf.* Othon Jambeiro (2002/2003).

(56) Com relação a esse paulatino processo de esvaziamento dos direitos à comunicação e à informação, Jambeiro (2002) conclui que: "Na verdade, a partir da Revolução de 30, até sua queda em 1945, Getúlio aperfeiçoou, cada dia mais órgãos de controle da informação. No campo da Radiodifusão, este controle perpassava desde a definição do caráter do serviço, passando pela concessão, a fiscalização, o financiamento e cancelamento das licenças. Além disso, a criação do Departamento de Propaganda e Difusão Cultural iniciou uma importante transformação nas funções dos órgãos reguladores, qual seja a de que deixaram de ter uma função exclusivamente técnica, assumindo um caráter político que incluía a censura, a contra-informação, o suborno e a perseguição. O D.I.P., a partir de 1939, vai representar o aperfeiçoamento máximo do controle da informação em todo o território nacional".

(57) Apenas para que fiquemos com um exemplo desse modelo — que perdurou por anos — citamos o Decreto n. 3.137, de 08 de outubro de 1938, o qual concedeu "permissão à Sociedade Anônima Rádio Mineira, ex-Sociedade Rádio Mineira Limitada, para estabelecer uma estação radiodifusora" (disponível na página oficial da Presidência da República: <https://www.planalto.gov.br/ccivil_03/decreto/Antigos/D3137.htm>).

Técnica de Rádio (CTR) e do atendimento a requisitos legais e administrativos de operação e funcionamento então vigentes.[58]

Esses marcos legislativos delineiam o início da intervenção do Estado Brasileiro na atividade de exploração do rádio. O serviço de radiodifusão desenvolveu-se, por conseguinte, como atividade de "interesse nacional", "finalidade educacional" e de competência exclusiva da União. O berço legislativo da radiodifusão no Brasil acenava, portanto, para um modelo nacionalista exclusivamente centralizado em pessoa jurídica de direito público interno.

No contexto político em que se inseriam essas regulamentações, a ideia de submissão, ainda que temporária, a Getúlio Vargas não mais era passivamente suportada pelos brasileiros sem uma interlocução política mínima. A partir da deflagração da Revolução Constitucionalista de 1932, os administrados-administradores passaram a vocalizar, cada vez mais, demandas por outros meios de manifestarem suas opiniões.[59] É certo que o movimento fracassou sob o ponto de vista bélico. A conquista política auferida, porém, fortaleceu-se a partir do argumento de que a administração ditatorial de Vargas não possuía respaldo nos procedimentos eleitorais e, sobretudo, no próprio texto constitucional.

Consideradas as mobilizações paramilitares de insatisfação que ocorreram no bojo dessa mobilização popular, é possível percebermos que os atores sociais também lançavam mão de outras alternativas para exercerem a cidadania. Nesse episódio, afastados do uso exclusivo da força das armas ou da violência dos homens, alguns administrados-administradores invocaram o poder das palavras para acionar, no espaço público, a argumentação de que era inconstitucional o modo pelo qual o governo provisório se instaurara. Essa atitude representou uma típica forma cívica de contestação da atuação dos representantes políticos do Estado Brasileiro.[60]

---

(58) Além do parecer da CTR, de um modo geral, a "permissão" dependia da condição básica de que o permissionário se habilitasse técnica e administrativamente quanto aos requisitos legais exigidos pelos seguintes diplomas: Decreto n. 20.047/1931; Regulamento aprovado pelo Decreto n. 21.111/1932; e, posteriormente, Decreto n. 24.655, de 11 de julho de 1934. Até a edição da Lei n. 4.117/1962 (CBT), esses documentos legislativos sofreram inúmeras alterações específicas. Entretanto, não podemos afirmar que tais mudanças interferiram no modelo geral que havia sido delineado a partir dos Decretos de ns. 20.047/1931 e 21.111/1932. Assim, apesar da transitoriedade da vigência de cada uma das regras instituídas pelos decretos e regulamentos que se sucediam, permanecia a tendência geral de intervenção estatal em diversos níveis e com diversas intensidades. Nesse ponto, a regulamentação conferida pelo Poder Executivo Brasileiro partia, desde elementos de constituição da pessoa jurídica de direito privado prestadora do serviço, até as formas de controle quanto ao conteúdo mínimo da programação a ser veiculada.

(59) Carvalho (2004:100) traça a repercussão política e o conjunto de interesses oligárquicos e corporativos envolvidos nessa mobilização popular, com as seguintes afirmações: "A revolta paulista, chamada Revolução Constitucionalista, durou três meses e foi a mais importante guerra civil brasileira do século XX. Os paulistas pediam o fim do governo ditatorial e a convocação de eleições para escolher uma assembleia constituinte. Sua causa era aparentemente intacável: a restauração da legalidade, do governo constitucional. Mas seu espírito era conservador: buscava-se parar o carro das reformas, deter o tenentismo, restabelecer o controle do governo federal pelos estados. Aos paulistas aliaram-se outros descontentes inclusive oficiais superiores das forças armadas, insatisfeitos com a inversão hierárquica causada pelos 'tenentes'. Outros estados, como o Rio Grande do Sul e Minas Gerais, hesitaram sobre a posição a tomar. Decidiram-se, finalmente, pelo apoio ao governo federal, talvez por receio de que uma vitória paulista resultasse em poder excessivo para São Paulo. Bastava que um dos dois grandes estados apoiasse os paulistas para que a vitória da revolta se tornasse uma possibilidade concreta".

(60) Nesse ponto, realçamos as seguintes palavras de Carvalho (2004:100-101): "Apesar de seu conteúdo conservador, a revolta paulista foi uma impressionante demonstração de entusiasmo cívico. Bloqueado por terra e mar, o estado contou apenas com as próprias forças para a luta. Houve mobilização geral. Milhares de voluntários se

Após a contenção do movimento, pelas armas, o governo provisório optou por nomear um grupo de notáveis que ficaria responsável por elaborar o anteprojeto da nova Constituição. As discussões se desenvolveram, entretanto, longe do povo e livres da crítica da Imprensa, a qual permaneceu sob o crivo da censura durante todo o período da Assembleia Constituinte (1933-1934).[61] A portas fechadas, os renomados integrantes da Comissão do Itamaraty desempenharam, nesse período, o papel de identificar os principais anseios aos quais o "povo brasileiro" deveria ter acesso.[62]

A partir da Revolução Constitucionalista (1932), não menosprezamos os reflexos do exercício da autonomia (pública e privada) de inúmeros atores sociais (tais como: militares, industriais, empresários, trabalhadores, integrantes da classe média, representantes das oligarquias, sindicatos e partidos políticos). A esfera pública foi povoada por novos agentes e se estruturou por meio de uma rede de comunicação mais complexa. É possível identificarmos, aqui, os primeiros sinais de uma maior organização da sociedade e dos movimentos sociais em torno de incipientes experiências de controle normativo e social do Estado.

Como fatores relacionados a esses processos de mobilização social, denotamos a conquista e a consolidação de novos direitos civis, políticos e sociais que aguardavam nos bastidores até a edição da Constituição Republicana do Brasil, de 16 de julho de 1934 (CRB/1934). Dentre outras prerrogativas, entraram em cena: a instituição de uma justiça eleitoral profissionalizada (arts. 82 e ss.); as garantias do voto secreto

---

    apresentaram para lutar; as indústrias se adaptaram ao esforço de guerra produzindo armamentos, fardas, alimentos; mulheres ofereciam suas joias para custear o esforço bélico. (...). Em um país com tão pouca participação popular a guerra paulista foi uma exceção. Não favorecia a identidade brasileira, mas revelou e reforçou um forte sentimento de identidade paulista".

(61) Segundo registra Carvalho (2004:102): "A constituinte [de 1933] confirmou Getúlio Vargas na presidência e elaborou uma constituição inspirada na de Weimar, em que pela primeira vez constava um capítulo sobre a ordem econômica e social. Fora esse capítulo, era uma constituição ortodoxamente liberal, logo atacada pelo governo como destoante das correntes políticas dominantes no Brasil e no mundo. Segundo essa crítica, o liberalismo estava em crise, em vias de desaparecer. Os novos tempos pediam governos fortes como os da Itália, da Alemanha, da União Soviética, ou mesmo do *New Deal* norte-americano. Os reformistas autoritários viam no liberalismo uma simples estratégia para evitar as mudanças e preservar o domínio oligárquico".

(62) Herkenhoff (2004:84-85) registra o processo de promulgação da CRB/1934: "Antecedendo os trabalhos da Constituinte, um projeto de Constituição foi elaborado por uma Comissão que veio a ficar conhecida como Comissão do Itamaraty. Recebeu esse nome porque se reunia no Palácio do Itamaraty. A Comissão do Itamaraty foi nomeada pelo Governo Provisório. Dela faziam parte figuras destacadas do mundo político e jurídico do país como Afrânio Melo Franco, Carlos Maximiliano, José Américo de Almeida, Temístocles Cavalcante e João Mangabeira. (...). O anteprojeto constitucional foi bastante discutido no interior da Assembleia Constituinte. Foi criada uma Comissão Constitucional. Nomearam-se relatores parciais que se encarregaram de estudar os diversos capítulos do anteprojeto elaborado pela Comissão do Itamaraty. Foi escolhida uma Comissão de Revisão, para dar acabamento ao texto, antes que fosse votado pela Assembleia Constituinte. A participação popular foi, entretanto, bastante reduzida. Um dos motivos dessa carência de participação foi a censura à imprensa. Esta vigorou durante do o período de funcionamento da Constituinte. Apesar dessa censura extremamente deplorável, a Constituição de 34 restabeleceu as franquias liberais, suprimidas pelo período autoritário que se seguiu à Revolução de 30. As franquias foram mesmo ampliadas". Para maiores aprofundamentos acerca da Constituinte de 1933, *cf.* Bonavides e Amaral (2002b:27).

também extensível às mulheres brasileiras (art. 52, 1º)[63]; e uma ampla proteção social dos trabalhadores e de direitos culturais (respectivamente arts. 115 e ss.; e arts. 148 e ss.).[64]

No campo específico das "radiocomunicações" (até então restrito quase unicamente aos serviços de telefonia, telegrafia, radiotelefonia e radiodifusão), o texto constitucional de 1934 foi bastante sintético. O constituinte limitou-se a: i) instituir a competência privativa da União Federal para "explorar ou dar em concessão os serviços de telégrafos, radiocomunicação e navegação aérea" (art. 5º, II); e ii) estabelecer restrições às sociedades anônimas e aos estrangeiros quanto à possibilidade de serem proprietários de "empresas jornalísticas políticas ou noticiosas" (art. 31).

As conquistas decorrentes da nova postura cívica dos administrados-administradores também se manifestavam, gradualmente, nessa nova ordem constitucional de liberdades inaugurada pela CRB/1934. Conforme realça *Amaral* (1995:470), a criação da Federação Paulista das Sociedades de Rádio é um caso exemplificativo de que era necessário estabelecer limites a essa tendência de intervenção do Estado Brasileiro no âmbito das concessões dos serviços de rádio:

> Em 7 de setembro de 1934, a União, por intermédio do Decreto n. 24.655, completando os dois anteriores, estabeleceu sua própria competência para tornar sem efeito as licenças daquelas concessionárias que descumprissem as cláusulas e condições das outorgas. A resposta empresarial não se fez de rogada, e imediatamente foi criada a Federação Paulista das Sociedades de Rádio, com o explícito objetivo de promover a revisão daqueles dois primeiros decretos e a redução do controle já exercido pelo Estado — ressalte-se estarmos no período constitucional-democrático do primeiro período Vargas — sobre as atividades da radiodifusão.

Apesar das indefinições que povoaram o cenário político interno no período de 1930 a 1934, surgia, de modo mais minudente, uma regulamentação estatal e específica

---

(63) Carvalho (2004:101) destaca o papel das inovações decorrentes desses direitos civis e políticos: "Para reduzir as fraudes, foi introduzido o voto secreto e criada uma justiça eleitoral. O voto secreto protegia o eleitor das pressões dos caciques políticos; a justiça eleitoral colocava nas mãos de juízes profissionais a fiscalização do alistamento, da votação, da apuração dos votos e o reconhecimento dos eleitos. O voto secreto e a justiça eleitoral foram conquistas democráticas. Houve também avanços na cidadania política. Pela primeira vez, as mulheres ganharam o direito ao voto".

(64) No quadro das franquias liberais e políticas, Herkenhoff (2004:85-86) indica que: "A Constituição de 34: determinou que a lei não prejudicaria o direito adquirido, o ato jurídico perfeito e a coisa julgada; explicitou o princípio da igualdade perante a lei, estatuindo que não haveria privilégios, nem distinções, por motivo de nascimento, sexo, raça, profissão própria ou dos pais, riqueza, classe social, crença religiosa ou ideias políticas; permitiu a aquisição de personalidade jurídica, pelas associações religiosas e introduziu a assistência religiosa facultativa nos estabelecimentos oficiais; instituiu a obrigatoriedade de comunicação imediata de qualquer prisão ou detenção ao juiz competente para que a relaxasse, se ilegal e promovesse a responsabilidade da autoridade coatora; manteve o *habeas corpus*, para a proteção da liberdade pessoal e instituiu o mandado de segurança, para defesa de direito, certo e incontestável, ameaçado ou violado por ato manifestamente inconstitucional ou ilegal de qualquer autoridade; vedou a pena de caráter perpétuo; proibiu a prisão por dívidas, multas ou custas; impediu a extradição de estrangeiro por crime político ou de opinião e, em qualquer caso, a de brasileiros; criou a assistência judiciária para os necessitados; determinou às autoridades a expedição de certidões requeridas, para a defesa de direitos individuais ou para o esclarecimento dos cidadãos a respeito dos negócios públicos; isentou de imposto o escritor, o jornalista e o professor; atribuiu a todo cidadão legitimidade para pleitear a declaração de nulidade ou anulação dos atos lesivos ao patrimônio da União, dos Estados ou dos municípios".

para aquilo que o texto legal definia como "serviços de radiocomunicação". Em resumo, desde esse momento inicial da disciplina legislativa pelo Estado Brasileiro, eram visíveis os sinais de fortalecimento da atuação social do aparato administrativo. Aos poucos, se desenhava a primeira experiência estatal brasileira de matriz social, a qual representava, em uma expressão, o "Estado-Novo" (1937-1945).

A regulamentação do rádio ocorrida durante o período do governo provisório de Vargas manteve-se incólume, pelo menos até a edição da Lei n. 4.117/1962, o Código Brasileiro de Telecomunicações (CBT). Em contrapartida, as prerrogativas previstas pela CRB/1934 esgueiraram-se até a outorga da Constituição Republicana do Brasil de 1937, também conhecida como a "Polaca" (CRB/1937).[65] Assim, diferentemente dessas permanências no cenário da radiodifusão, as vitórias positivadas da cidadania e da democracia foram efêmeras e, de certa forma, um tanto quanto contidas para indicarem uma transformação social globalmente percebida por todos os administrados-administradores.

Num momento de conturbadas articulações políticas que se desdobraram nos anos seguintes, eram consideráveis as contradições jurídicas e políticas que os textos das Constituições de 1934 e 1937 guardavam entre si.[66] No caso da exploração das rádios, a novidade não poderia ser resumida ao emprego, pela CRB/1937, do termo "radiodifusão". Ao mesmo tempo em que o texto garantia a liberdade de expressão, previa a "censura prévia da imprensa, do teatro, do cinematógrafo, da radiodifusão, facultando à autoridade competente proibir a circulação, difusão ou representação". A intensificação da limitação constitucional de direitos civis representou uma nova fase para a vivência da cidadania por meio do rádio.

Utilizando-nos uma vez mais da compreensão do direito e da democracia a partir da sucessão dos modelos normativos de Estado[67], as inúmeras formulações dessa mudança social do direito edificaram-se em torno da construção de uma identidade e do aperfeiçoamento paradigmático.[68] O paradigma do Estado Social, Estado Providência ou Estado do

---

(65) Para maiores aprofundamentos acerca dos inúmeros ensaios de participação política havidos nesse período, *cf.* Carvalho (2004:97-110). Com relação ao tema específico da participação dos movimentos sociais, Carvalho (2004:97) sintetiza: "Entre 1930 e 1937, o Brasil viveu uma fase de grande agitação política. Anteriormente, só a Regência, um século antes, e os anos iniciais da República tinham vivido situação parecida. Mas o período de 30 superou os anteriores pela amplitude e pelo grau de organização dos movimentos políticos. Quanto à amplitude, a mobilização atingiu vários estados da federação, além da capital da República; envolveu vários grupos sociais: operários, classe média, militares, oligarquias, industriais. Quanto à organização, multiplicaram-se os sindicatos e outras associações de classe; surgiram vários partidos políticos; e pela primeira vez foram criados movimentos políticos de massa de âmbito nacional".
(66) A esse respeito, para descrições das diferenças textuais e ideológicas ocorridas, *cf.* Bonavides (2002:331-336) e Herkenhoff (2004:83-89).
(67) Habermas (1997b:124-125).
(68) Nesse particular, Habermas (1997b:125 – *realces no original*) assevera a modificação ocorrida e a forma de sua assimilação pela jurisprudência da Alemanha: "Essa *mudança social do direito* foi entendida inicialmente, como um processo, durante o qual, uma nova compreensão instrumental do direito, referida a ideias de justiça do Estado social vinha sobrepor-se ao modelo do direito liberal e, no final, substituí-lo. A jurisprudência alemã interpretou esse processo, que parecia dissolver a unidade clássica e a estruturação sistemática da ordem jurídica racional, tida como a única possível, como uma *crise do direito*". No âmbito teórico-dogmático, Carvalho Netto (2001:20) aponta a obra de Hans Kelsen como referência clássica a um modelo que buscou teorizar a respeito do Paradigma do Estado Social. Essa percepção pode ser reforçada a partir da própria conceituação do

Bem-Estar Social (*Welfare State*)[69] trazia como tônica do processo democrático a ideia de concessões políticas materiais por meio de leis pretensamente asseguradoras, de fato e de direito, dessas prerrogativas.

Se, anteriormente, a realização dos direitos civis, políticos e sociais estava relegada ao âmago privado da distribuição de riquezas pelos coronéis e oligarquias da República, a partir de então, o Estado Social Brasileiro passava a assumir o papel de sujeito exclusivamente responsável pela organização da sociedade. O modelo normativo de matriz social era vivenciado pelos cidadãos brasileiros, contudo, sob os auspícios de que o privado continuaria a equivaler ao campo dos egoísmos[70], e o público deveria coincidir, cada vez mais, com o estatal.[71]

A emergência paradigmática do Estado de matriz social promoveu uma releitura em diversos níveis jurídicos das instituições políticas e sociais.[72] Tal compreensão do público e do privado também era, aos poucos, vivenciada nos serviços públicos.

---

jurídico na obra do autor. Kelsen (2002:71) afirma: "Se o direito, porém — considerado de modo puramente positivista —, não é senão um ordenamento coercitivo exterior, só será concebido como uma técnica social específica de organização normativa da sociedade pelo Estado". A partir dessa definição de direito destacamos o aspecto do normativismo-estatista kelseniano. Para o autor o único Direito possível seria o estatal, isto é, o que decorrente de sua produção normativa. A partir dessa premissa, Kelsen sustenta que o conhecimento jurídico, nos termos da "Ciência (Pura) do Direito" por ele formulada, somente seria possível a partir das disposições normativas que caracterizam a organização social pelo Estado. Nesse contexto, para o pensamento kelseniano, todo o direito tenderia a se resumir à dimensão pública do Estado.

(69) Segundo esclarece Araújo Pinto (2003:39), a terminologia "Estado Providência" é oriunda da experiência francesa. Na experiência anglo-germânica (Estados Unidos da América, Inglaterra e Alemanha), é comum o emprego do termo Estado do Bem-Estar Social (*Welfare State*). Neste estudo, portanto, o emprego da expressão "Paradigma do Estado Social" relaciona-se a essas tradições históricas territorialmente situadas. O objetivo não é o de generalizarmos considerações no sentido de uniformizar todas essas experiências. Ao revés, buscamos traçar, de maneira breve, alguns aspectos comuns da forma de atuação do aparato estatal nesse contexto paradigmático do constitucionalismo do século XX.

(70) Carvalho Netto (2001:20).

(71) De acordo com Carvalho Netto (2001:17), na experiência paradigmática do Estado Social: "O público continua a ser, portanto, reduzido ao estatal, e o privado, ao egoísmo, e apenas o voto, somente que agora universalizado, continuaria a unir essas duas dimensões vistas como antitéticas". Araújo Pinto (2003), ao se referir aos desdobramentos históricos dessa questão, realça o entrelaçamento entre a vida pública e o Estado a tal ponto que, com o passar do tempo, foi o privado que passou a ser apontado com descrédito (já que, muitas vezes, era ligado ao egoísmo) em relação ao meio burocrático-estatal. Para Araújo Pinto (2003:40): "É possível antever, nessa perspectiva, a modificação que será notada na relação entre *público* e *privado*. Haverá, no paradigma do Estado Social, a hipertrofia do público, que passa a ser identificado ao Estado. Na verdade, o público esgota-se no Estado, um aparato administrativo-técnico dotado de inúmeras atribuições e com extensas ramificações em vários setores da sociedade. Ganha enorme força, nesse contexto, a tradicional concepção de cidadania como pertinência ao Estado. O sistema político procura qualificar-se como centro da sociedade. Invertendo-se a polaridade verificada na práxis do Estado Liberal, a dimensão privada será vista com desconfiança no Estado Social, identificada com o egoísmo, com a própria negativa do exercício da vida pública (repita-se: aqui inteiramente associada ao Estado)" — (realces no original).

(72) Carvalho Netto (2001:16) aborda esse processo de redefinição das liberdades jurídicas e políticas sob a lente do constitucionalismo social emergente, nos seguintes termos: "É o constitucionalismo social, que redefine os direitos fundamentais 'liberdade e igualdade', materializando-os, e ao fazê-lo, amplia a tábua de direitos. Assim é que, na verdade, não temos uma mera edição de uma segunda geração de Direitos, que seriam sociais, coletivos, mas temos uma mudança de paradigma que redefine o conceito de liberdade e igualdade. É óbvio que não se pode mais entender a liberdade como ausência de leis e igualdade como a igualdade meramente formal. A ideia de liberdade agora se assenta numa igualdade tendencialmente material, através do reconhecimento na lei das

Algumas das origens dessas influências já poderiam ser apontadas na defesa apresentada por *Ruy Barbosa* (1911), na obra *Privilégios Executivos*. Em busca do reconhecimento mínimo de determinadas atividades que não poderiam, nem deveriam, ser prestadas exclusivamente ao alvedrio dos particulares, o autor (1911:4) assinala que:

> como a força [elétrica], os esgotos, a água, o gás iluminante se hão de conduzir forçosamente, por meio de canalizações, que ocupem o subsolo das ruas, como as transvias ocupam a superfície, e os fios do telégrafo ou do telefone o espaço aéreo, e essa faculdade se não pode entregar à exploração individual, nenhum desses cometimentos cabe na esfera do comércio e da indústria protegidos e assegurados aos indivíduos pela garantia constitucional da nossa declaração de direitos.

Essas considerações de *Ruy Barbosa* (1911) podem ser interpretadas no sentido de que as concessões para o uso do domínio público não mais ofereciam garantias para a exploração dessas atividades econômicas, que, assim como a radiodifusão, começavam a assumir relevância constitucional. A partir da conformação geral proporcionada pelo Código de Águas (Decreto n. 24.643, de 10 de julho de 1934), a prestação de tais atividades assumiu um perfil normativo mais bem definido.

Não bastasse a edição de leis destinadas a especificar os direitos e deveres decorrentes dos contratos de concessão, o modelo normativo de prestação de serviços públicos no contexto do Estado Social Brasileiro direcionava-se vertiginosamente para sua estatização.[73] Em síntese, era o novo Estado que deveria promover exclusivamente o bem-estar geral da população.

Esse aparato prestador de benesses deu lastro para o surgimento de outra derivação para essa mesma matriz social: o Estado dos Serviços Públicos. Sob a influência do debate havido na tradição francesa de construção dos *services publics* e na experiência estadunidense das *public utilities*, a definição jurídica do instituto dos serviços públicos assumiu papel central para o Direito Administrativo. Cada vez mais, a fixação do papel do aparato estatal passava a ser determinante para a concepção de serviço público que deveria preponderar, bem como para o regime jurídico que lhe seria aplicável.[74]

---

diferenças materiais entre as pessoas e sempre a proteção do lado mais fraco das várias relações. É precisamente com essa mudança básica que os Direitos sociais coletivos se importam; é com ela que vamos ter a ideia de liberdade como a exigência de leis que reconheçam materialmente as diferenças".

(73) Johnson (1996:47) também assume o ano de 1930 como uma importante referência para o assunto da regulação jurídica dos serviços públicos: "Antes de 1930, ainda que dirigido pela prática, há normas (em geral de caráter contratual) que regem as relações entre Governo e concessionárias. Depois daquele ano, apesar do esforço de consolidação de um regime de concessões (do qual o Código de Águas é a expressão máxima), na prática essas normas vão sendo progressivamente colocadas em desuso por causa da estatização dos serviços de utilidade pública".

(74) A tradição francesa corresponde originariamente aos embates havidos entre a Escola Francesa do Serviço Público (ou "Escola de Bordeaux") e a "Escola de Toulouse". Sem a intenção de nos aprofundarmos nas ideias específicas desenvolvidas por cada uma das Escolas, arrolamos como os principais representantes da Escola de Bordeaux: León Dugüit (1923), Gastón Jèze (1914) e Louis Rolland (1947). Dugüit (1923) propugnava por uma noção ampla de serviço público, a qual seria caracterizada pela incidência do "interesse público". A amplitude do conceito aplicada por Düguit gerou o inconveniente teórico de que, a rigor, toda atividade estatal poderia ser definida como incluída dentre alguma das modalidades de serviços públicos. Esse foi o principal elemento da crítica formulada por Jèze (1914), que entendia que "serviço público" seria somente aquele que, por meio de lei, estivesse submetido ao regime de direito público (noção estrita de serviço público). Louis Rolland (1947), por

No contexto de surgimento dessas pretensões de regulação da infraestrutura das rádios pertencentes a particulares, durante o Estado-Novo, esse viés de intervenção estatal se intensificou na radiodifusão. Em 1940, por exemplo, a Rádio Nacional — emissora de maior audiência à época — foi encampada. Essa situação concreta sinalizou que o Estado Brasileiro, a pretexto de realizar os interesses públicos da nação, poderia chegar, inclusive, a assumir o controle dos meios de produção de atores particulares.[75]

---

seu turno, buscou sistematizar a obra de seus antecessores por meio da distinção técnica entre serviço público *lato sensu* (formulação de Dugüit) e serviços públicos *stricto sensu* (contribuição de Jèze). Para Rolland (1947) a função precípua do serviço público seria o dever e responsabilidade governamental de realização do "bem comum". Para tanto, o autor (1947:19-20) sustentava que a Administração deveria lançar mão do poder de império *(puissance publique)* em observância aos seguintes princípios dos serviços públicos — os quais ficaram conhecidos na doutrina administrativista como "Leis ou Regras de Rolland": continuidade material da prestação; igualdade de acesso; e a mutabilidade social-tecnológica às demandas sociais. A Escola de Toulouse, por fim, tornou-se notável a partir do pensamento de Maurice Hauriou (1933). Conforme diagnostica Alexandre Aragão (2007:90) os integrantes da Escola de Bordeaux propunham: "a noção de serviço público como o instituto nuclear do Direito Administrativo e do próprio Direito Público, no sentido de que o Direito Administrativo seria o Direito dos serviços públicos. Ao revés, o pensamento de Maurice Hauriou, apesar das variações sofridas ao longo do tempo, centra o Direito Administrativo, não sobre as prestações aos particulares, mas sobre o poder de império sobre eles exercido pelo Estado. Ainda quando presta serviços à coletividade, o Estado estaria empregando para tanto o seu *jus imperii*." Voltando-nos à experiência estadunidense das *public utilities*, podemos dizer que essa vivência constitucional deflagrou-se a partir da discussão do caso *Munn versus Illinois*, ocorrido em 1877. Nesse caso, a Suprema Corte Estadunidense julgou constitucional lei do Estado de *Illinois* que impunha restrição quanto aos preços e condições de comercialização de grãos. Como elementos básicos da distinção entre a formulação dos "serviços públicos" europeus e latino-americanos, de um lado, e as *public utilities* estadunidenses, Aragão (2007:105) afirma que: "aqueles são, em sua abordagem tradicional, atividades titularizadas pelo Estado, eventualmente delegadas a particulares, mantendo-se a titularidade e o controle/regulação estatal, enquanto essas são atividades da iniciativa privada, sobre as quais o Estado, exogenamente, impõe normas de regulação, limitando a entrada no mercado, estabelecendo padrões para a competição entre os agentes nele atuantes e fixando requisitos mínimos de qualidade e preço dos serviços para os consumidores". Com relação às especificidades da influência dessas duas vertentes no debate conceitual acerca da noção técnico-jurídica de serviço público, nossa análise deliberadamente se desvia do levantamento detalhado das concepções de cada um dos autores por três motivos principais. Em primeiro lugar, entendemos que ambas as experiências já foram amplamente discutidas e detalhadas por diversas análises exaustivas. Nesse sentido, embora as repercussões desse debate ainda hoje permaneçam em aberto na discussão europeia dos serviços de interesse econômico geral e serviços universais, indicamos a recente obra de Aragão (2007:75-117) para um interessante levantamento dessas tradições. Em segundo lugar, frisamos que, a partir do momento em que se discute a legitimidade da adesão ou não do Estado Brasileiro às imposições internacionais do neoliberalismo e da globalização econômica, o resgate desse debate nos é útil apenas quanto à percepção de que nem o Mercado, nem o aparato estatal mostraram-se competentes para a distribuição da riqueza social. Por fim, conforme sugerimos ainda no *Capítulo I*, a discussão acerca do regime aplicável (direito público ou direito privado) perde sua centralidade e torna-se cada vez mais inócua a partir do momento em que surgem outras dimensões de legitimação constitucional (autonomia público-privada; e esfera público-privada).

(75) Jambeiro (2003:142) sintetiza o período do Estado-Novo no Brasil, com os seguintes dizeres: "O período do Estado Novo constitui-se no grande momento da consolidação do rádio no Brasil. Ele tinha sido regulado, nos anos 1931-1934, para atuar nos padrões comerciais estabelecidos nos Estados Unidos e recebeu enorme impulso das agências de publicidade americanas que para cá vieram nos anos 30. Em consequência tornou-se um aliado dependente do sistema industrial e comercial da economia, uma ligação entre a produção e o consumo de bens. A ditadura de Vargas criou um ambiente socioeconômico favorável ao crescimento do rádio, inclusive porque o novo veículo de massa servia aos propósitos de propaganda do regime e controle da população. Além disso, a economia teve intenso crescimento, notadamente o setor industrial, intensivamente concentrado no centro-sul do país, graças a investimentos de infra-estrutura feitos pelo governo central. Com a rápida industrialização do centro sul brasileiro, o mercado para bens de consumo expandiu-se gradualmente para outras partes do país, levando consigo novas emissoras de rádio. A programação destas passou a voltar-se para programas de auditório,

Apesar de ter se tornado empresa estatal, a Rádio Nacional continuou a seguir o modelo comercial de radialismo. Essa postura intervencionista não garantia uma efetiva regulação da atividade porque os investimentos publicitários custeados por particulares ainda eram preponderantes para a definição das formas e conteúdos a serem veiculados. Em vez de a atuação estatal fomentar programas educacionais, a programação permanecia tomada quase que exclusivamente por programas comerciais de lazer e entretenimento.[76]

No caso brasileiro, essa mudança teve repercussões normativas e históricas mais definidas a partir daquilo que *Carvalho* (2004:107) denomina como "nacionalismo econômico do Estado Novo".[77] *Marilena Chauí* (2001:20) sustenta que o "nacionalismo da Era Vargas" contou com a nova comunicação de massa (o rádio e o cinema) para

> transformar símbolos nacionais em parte da vida cotidiana de qualquer indivíduo e, com isso, romper as divisões entre a esfera privada e local e a esfera pública e nacional. A primeira expressão dessa mudança aparece nos esportes, transformados em espetáculos de massa nos quais já não competem equipes e sim se enfrentam e se combatem nações (como se viu nos Jogos Olímpicos de 1936, no aparecimento do *Tour de France* e da Copa do Mundo). Passou-se a ensinar às crianças que a lealdade ao time é a lealdade à nação. Passeatas embandeiradas, ginástica coletiva em grandes estádios, programas estatais pelo rádio, uniformes políticos com cores distintivas, grandes comícios marcam esse período como época do "nacionalismo militante".

Essa idealização sociológica da nação ou do povo brasileiro acontecia como um todo, não somente em termos teóricos, mas, sobretudo, nas práticas sociais e políticas que começavam a se reproduzir.[78] Como exemplos dessa crescente interferência nacional-estatal na radiodifusão, multiplicaram-se programas que buscaram construir uma dimensão de visibilidade política das ações estatais e dos governantes.[79]

---

radionovelas e humorismo, sempre com patrocínio de produtos industriais. Tudo isto se tornou possível com o apoio do governo ditatorial de Vargas que (...) criou, inclusive, uma emissora estatal — a Rádio Nacional."

(76) Jambeiro (2003:141).

(77) Carvalho (2004:107) relata essa crescente tendência do Estado Brasileiro de matriz social: "O nacionalismo econômico do Estado Novo só fez crescer com o passar do tempo. Seus cavalos de batalha foram a siderurgia e o petróleo. No primeiro caso, uma luta de muitos anos opunha os nacionalistas, que queriam usar os vastos recursos minerais do país para criar um parque siderúrgico nacional, e os liberais, que prefeririam exportar o minério. Vargas negociou com os Estados Unidos a entrada do Brasil na guerra em troca de apoio para construir uma grande siderúrgica estatal. A siderúrgica de Volta Redonda tornou-se um dos símbolos do nacionalismo brasileiro. No caso do petróleo, a luta foi contra as companhias estrangeiras, contrárias a uma política de restrição a sua ação no país. O governo ditatorial criou um Conselho Nacional do Petróleo primeiro passo para o estabelecimento do monopólio estatal da exploração e refino do petróleo, que só foi possível quando Vargas voltou ao poder, na década de 50".

(78) No decorrer das décadas de 1930 a 1970 no Brasil, as ideias fervilhavam em torno dos atributos positivos e negativos de uma pretensa brasilidade. Chauí (2001:21-26) propõe interessante sistematização na qual as obras de Afonso Celso, Gilberto Freyre e Cassiano Ricardo são arroladas como simpáticas e favoráveis ao caráter do brasileiro. Sílvio Romero, Manoel Bonfim e Paulo Prado, por seu turno, são apontados pela autora como pensadores sociais que buscavam, a todo custo, explicar por que o Brasil não conseguiria dar certo. De ambos os lados, choviam tentativas de explicações psicológicas e culturais do brasileiro as quais chegavam a variar de acordo com a raça. No contexto das relações raciais e étnicas, em vez das preocupações se voltarem para a identificação e reconhecimento das múltiplas diferenças compartilhadas no país, a lente nacionalista apenas conseguia enxergar a ideia de que, no Brasil, teríamos uma democracia racial.

(79) Para uma interessante discussão acerca do rádio como meio de comunicação de massa e instrumento de visibilidade política dos governantes, *cf.* Sandra Fátima Batista de Deus (2005).

Inicialmente, esse tipo de programação foi explorado em prol de interesses pessoais e eleitoreiros de determinados agentes políticos[80], mas, com o passar do tempo, programas de divulgação da atuação estatal, tais como *A Hora do Brasil*, foram utilizados pelo Estado-Novo como forma de legitimação do governo.[81] Getúlio Vargas, o Presidente da República, surgia como personificação carismática da democracia brasileira — segundo *Francisco Campos* (2001:193), tratava-se do "Chefe da Nação e do Estado", que entoava, quase semanalmente, o vocativo "Trabalhadores do Brasil!".[82]

Nesse contexto, fortaleceu-se a ideia de que competiria ao Estado promover compensação dos déficits econômicos da sociedade brasileira.[83] Essa mudança, no campo da economia, passou a envolver a flexibilização do postulado do livre mercado. Até então,

---

(80) Como um dos exemplos desses usos, Carvalho (2004:105) aponta o caso de Pedro Ernesto, prefeito do Rio de Janeiro, o qual é apontado como o "primeiro político brasileiro a utilizar com eficácia o rádio em suas campanhas". Embora ainda persistam alguns tons de personalismo político em determinados tipos de programa (inclusive no âmbito da radiodifusão comunitária), é cada vez mais crescente a multiplicação de canais de rádio e de televisão que buscam informar o cidadão acerca dos atos oficiais do Estado Brasileiro. Exemplos do radialismo contemporâneo quanto aos potenciais da publicidade institucional é a Voz do Brasil e demais programas que têm sido recentemente veiculados por meio da criação da Rádio Senado, Rádio Câmara dos Deputados e da Rádio Justiça. Conforme apresentamos no *Capítulo I*, a instrumentalização das transmissões de rádios comunitárias em prol de interesses personalistas e eleitoreiros é uma prática que, ainda hoje, manifesta-se em diversas municipalidades brasileiras. Para maiores detalhes quanto à recorrência dessas práticas antidemocráticas e que remontam, de certa forma, a essas primeiras experiências de uso "politiqueiro" das rádios, *cf.* estudo coordenado por Morelo (2006:109-133), a partir de dados colhidos no radialismo comunitário da cidade de Belo Horizonte, Estado de Minas Gerais (MG). Outro estudo instigante é o desenvolvido por Nunes (2004:59-74). Nesse último artigo, a autora realiza um levantamento de usos instrumentais e cidadãos das rádios comunitárias nas cidades de Fortaleza, Sobral e Juazeiro, todas do Estado do Ceará (CE).

(81) Segundo ressalta Carvalho (2004:125), em *A Hora do Brasil*: "Eram citadas as leis trabalhistas e previdenciárias, e outros programas, como os de construção de casas populares e de oferta de alimentação barata. O regime era apresentado como identificado com o povo e, como tal, democrático. Vargas era exaltado como o grande estadista que se tinha aproximado do povo, que lutava pelo povo, que se identificava com o povo. Era o grande benfeitor, o 'pai dos pobres'."

(82) Segundo discurso de Francisco Campos (2001:193), proferido em 10 de maio de 1938, "na nova ordem de coisas do Brasil", elementos característicos seriam "(...) que o nosso Estado é hoje um Estado Nacional. Existe, efetivamente, um governo, um poder, uma autoridade nacional. O Chefe é o Chefe da Nação. Mas não é o Chefe da Nação apenas no sentido jurídico e simbólico. É o Chefe popular da Nação. A sua autoridade não é apenas a autoridade legal ou regulamentar do antigo Chefe de Estado. A sua autoridade se exerce pela sua influência, pelo seu prestígio e sua responsabilidade de chefe. Somente um Estado de Chefe pode ser um Estado Nacional: unificar o Estado é unificar a Nação. Foi o que se deu no Brasil. A inflação de prestígios locais ou regionais, ou de prestígios nascidos sob a influência de combinações, sucedeu, com a deflação política operada no País com o advento do Estado Novo, a instauração de uma autoridade nacional: um só Governo, um único Chefe, um só Exército. A Nação readquiriu a consciência de si mesma; do caos das divisões e dos partidos passou para a ordem da unidade, que foi sempre a da sua vocação".

(83) Araújo Pinto (2003) chama a atenção para o funcionamento do aparato estatal sob a forma do modelo normativo de matriz social. O Paradigma do Estado-Providência funcionava por meio de estruturas circulares nas quais caberia ao aparato burocrático a atividade de compensar desigualdades por meio de concessões de benefícios e direitos. Para esse autor (2003:40): "A tônica do Estado Social é a ideia de *compensação* devida a uma grande camada de indivíduos diante da concentração de riqueza e poder em alguns setores da sociedade. E pertencerá ao Estado a tarefa de prover essas compensações. Disso decorre o enorme crescimento dos órgãos e competências do Estado, que assume funções técnicas de aprimoramento da compensação e inclusão de setores da sociedade numa determinada rede de proteção. Naturalmente, quem propiciará essa rede é o próprio Estado. Novas demandas de compensação e inclusão não cessam de surgir, assim como novas organizações com funções técnicas cada vez mais especializadas no interior do Estado. É uma estrutura circular" — (realces no original).

esse princípio desenvolvia-se em meio à ampliação das possibilidades de acumulação de capital e aos limites impostos pela ordem econômica, que começava a apresentar maiores sinais de estagnação.[84] A partir do Estado Social, a mitigação do livre comércio passou a conviver com políticas macroeconômicas também movidas pelas preocupações de redução da desigualdade socioeconômica.[85]

Em linhas gerais, o período de 1930 a 1945 foi marcado pela sucessão de órgãos de controle do direito à comunicação e à informação. Nessa etapa, por meio de inúmeros decretos, aperfeiçoaram-se os instrumentos estatais de controle da mídia. Daí a criação de diversos órgãos, todos vinculados ao Poder Executivo, como: o Departamento Oficial de Propaganda (DOP), criado ainda em 1931, durante o governo provisório, o Departamento de Propaganda e Difusão Cultural (DPDC), o Departamento de Correios e Telégrafos (DCT) e a Comissão Técnica de Rádio, todos criados em 1934, na fase "democrática" do primeiro mandato do Governo Vargas; e o Departamento de Imprensa e Propaganda (DIP), instituído em 1939, em pleno período da ditadura civil do Estado-Novo.[86]

---

(84) Como exemplificação desse processo de estagnação no setor de energia elétrica, cf. Aguillar (1999:201). Para uma instigante análise sociológica das repercussões regulatórias e emancipatórias das fases, avanços e solavancos do capitalismo durante o Século XX, indicamos a leitura de Santos (2002:139-163).

(85) Nesse ponto, a teoria econômica formulada pelo economista britânico John Maynard Keynes é apontada como referência influente no panorama teórico de discussão de medidas de políticas macroeconômicas mais adequadas no processo de redefinição dos modelos econômicos implementados em boa parte dos Estados-Nação do Ocidente durante o Século XX. Um exemplo dessa contribuição pode ser percebido a partir do contexto político de discussão da propositura do *New Deal* pelo presidente estadunidense Franklin Delano Roosevelt. As tensões das mudanças políticas do modelo econômico já poderiam ser observadas no próprio embate eleitoral entre republicanos (os quais apoiavam a candidatura de Herbert Hoover) e democratas (que incentivavam Roosevelt). José Arbex Júnior (1993:25-30) aponta alguns elementos que são ilustrativos dessa tensão a partir da gradual mudança de mentalidade quanto à assunção da legitimidade de uma regulação jurídica e estatal do modo de produção capitalista nos Estados Unidos da América. Nelson Bacic Olic (1993:14), por sua vez, retrata a concepção de uma economia planificada (isto é controlada pelo Estado) nos países do Leste Europeu de orientação político-ideológica socialista. Em síntese, a afirmação contida no corpo do texto tem por objetivo indicar elementos de consolidação de novas tendências de uma regulação político-econômica também realizada com uma participação mais presente do Estado. Sob essa perspectiva que se desenhava, o Estado passou a assumir, junto com os atores do Mercado, um papel de distribuição dos bens e administração da escassez econômica. Para tanto, o aparato administrativo deveria lançar mão de instrumentos de intervenção política na economia interna e externa. No Brasil, algumas dessas influências podem ser percebidas por meio das exemplificações de intervenção estatal na economia por meio da criação das denominadas empresas estatais (empresas públicas e sociedades de economia mista), as quais, posteriormente, passaram a se proliferar na estrutura administrativa do Estado Brasileiro de matriz social. Para maiores aprofundamentos acerca do *New Deal* no contexto da emergência dos EUA como potência mundial econômica e política, cf. Arbex Júnior (1993:19-30). Com relação a um interessante levantamento da influência do pensamento de Keynes na história da economia política no que concerne aos limites teóricos da noção de pleno emprego, cf. Mauro Boianovsky (2005:73-98). No horizonte da ciência política, indicamos instigante coletânea organizada por P. Hall (1989) na qual se reúnem artigos que investigam a questão da influência exercida por ideias econômicas, com especial enfoque para o caso do keynesianismo e das possibilidades de se estabelecer, ou não, correlações diretas entre a obra econômica de Keynes e a implementação de políticas públicas macroeconômicas em uma série de Estado Nacionais. Por fim, para uma referência clássica ao constitucionalismo estadunidense após o *New Deal*, mencionamos os estudos desenvolvidos por Cass R. Sunstein (2004).

(86) Apesar da existência da criação de órgão técnico vinculado ao Ministério da Educação e Saúde Pública desde a edição do Decreto-lei n. 21.240, de 04 de março de 1932, somente em 27 de dezembro de 1939, o Decreto-lei n. 1.915, criou o Departamento de Imprensa e Propaganda (DIP). O DIP foi um órgão criado para promover o controle da radiodifusão durante o período do Estado-Novo. Nos termos das alíneas *"i"*, *"n"*, *"o"* e *"p"* do art. 2º desse Decreto-lei, o DIP constituía-se, respectivamente, como "serviço de informação" e de "propaganda interna e no exterior", com o objetivo de favorecer a construção de uma "imagem nacional" em consonância com "os

No campo institucional, juristas brasileiros como *Bilac Pinto*[87] e *Alfredo Valadão*[88] lançaram as bases de um modelo de intervenção econômica inspirado no nacionalismo. Esse desenvolvimento dogmático inaugurou um processo de estatização, ou estatismo das políticas públicas destinadas às (tele)comunicações e do modo de prestação dos serviços públicos no Brasil — o qual se intensificou nos períodos do segundo mandato de Getúlio Vargas (1951-1954) e durante o governo militar (1964-1984).[89] Segundo

---

interesses do Governo". Segundo Jambeiro (2003:130), o DIP "Cuidava também da imagem de Vargas junto ao povo, como defensor dos interesses nacionais, tentando torná-lo popular, preocupado com as necessidades da população e realizador de suas 'reivindicações'. Em outras palavras, era o culto à personalidade, tão próprio dos regimes autoritários. Na base da estratégia, em termos de ação política, desenvolvia-se sistematicamente o que veio a ser chamado posteriormente de populismo, uma simulação de defesa dos interesses populares, a partir do conceito de população como conjunto homogêneo, isento de luta de classes".

(87) Com relação ao cenário de concentração econômica na prestação de serviços públicos, Bilac Pinto (2002:54) afirmava que "Em setores dos mais importantes dos serviços de utilidade pública, como o da eletricidade, do gás e do telefone, as empresas que dominam os maiores mercados do país são mantidas pelo capital estrangeiro, provavelmente pelo sistema de piramidação". Considerado esse cenário, esse autor (2002:87) argumentava que: "O Estado que não tiver o controle real dos serviços de utilidade pública será sempre impotente em face dos *managements* das *holding companies*, pois que o seu poder estará permanentemente dividido com estas formidáveis potências econômicas".

(88) Ricardo Toledo Silva (2002) ressalta a importância do pensamento de Alfredo Valadão na implementação legislativa do Código de Águas. Para Silva (2002:55): "O Código de Águas (Decreto n. 24.643/1934), cuja base doutrinária foi detalhadamente comentada por Alfredo Valadão, em sua Exposição de Motivos, procurou aproveitar o melhor e mais atual da cultura reguladora americana da época, incorporando princípios de democratização de acesso e de intervencionismo estatal típicos do *new deal* de Roosevelt. A sociedade brasileira passava então por mudanças profundas e a definição de domínio público sobre os bens e serviços que se afiguravam essenciais ao fortalecimento da nova economia urbana se alinhava com os princípios liberais das recentes revoluções de 1930 e 1932. No Código de Águas, pela primeira vez se estabeleciam normas de conduta sobre o conteúdo dos serviços e sua função social, assim como se estabeleciam limites à apropriação de lucros por parte dos concessionários".

(89) Faoro (1977:717) indica que esse processo crescente de intervenção estatal na economia pode ser representado a partir da "ruptura do dogma liberal" em diversos setores da produção agrícola e industrial que, paulatinamente, se organizavam desde o início da década de 1930. Ainda segundo esse autor (1977:716): "Comissões e autarquias envolvem todas as áreas significativas da economia, para a defesa da agricultura e da indústria extrativa. O Departamento Nacional do Café (1933), extinto em 1946, renasceria com o nome de Instituto Brasileiro do Café — IBC, em 1952, submetendo os produtores a uma quota de sacrifício, depois ao chamado confisco cambial, em benefício da própria lavoura e da economia global. O açúcar, para o favorecimento da homogeneidade dos preços no mercado interno, submete-se à Comissão de Defesa da Produção do Açúcar (1931), transformada, em 1933, no Instituto do Açúcar e do Álcool — IAA. O pinho, o mate, o sal e a borracha cedem a controles oficiais, com novos mecanismos burocráticos. A regulamentação do câmbio está presente, por intermédio do Banco do Brasil (1931) e mais tarde com a supervisão do Ministério da Fazenda, por meio de agência própria. A legislação, modificada e modernizada, segue o mesmo curso, com o estatuto das sociedades anônimas, burocratizando, não raro, todas as atividades particulares". Quanto ao período que se seguiu ao segundo mandato do Governo Vargas (1951-1954), além das campanhas de criação da Petrobrás (a qual desenvolveremos, oportunamente, em outra nota de pé de página), Aguillar (1999:201) retrata o estopim da estatização do setor elétrico brasileiro: "O retorno de Vargas ao Governo, em 1951, fez reacenderem o intervencionismo econômico e o esforço da industrialização do país. É de se notar que as inversões estatais em energia elétrica apenas nesse período é que despontam. A incapacidade das concessionárias privadas de ampliar adequadamente o suprimento de energia elétrica levou à paulatina estatização do setor, que culminou com a proposta da criação da Eletrobrás, simultaneamente *holding* e órgão de financiamento das empresas estaduais de energia elétrica que se multiplicam a partir dos anos cinquenta". Com relação ao governo militar durante os anos de 1964 a 1984, Aragão (2007:70) assevera que: "Com o regime militar implantado no País em 1964 por vinte anos, o modelo estatizante foi mantido e ampliado, tanto na área dos serviços públicos, como das atividades econômicas em geral, muitas vezes através da participação societária do Banco Nacional de Desenvolvimento Econômico — BNDE". Apesar do caso peculiar dos serviços de prestação de energia elétrica, segundo registram Aranha de Oliveira (2005:69-74)

Raymundo Faoro (1977:717), o perfil de atuação do aparelho estatal foi modificada como medida de "readaptação", num "movimento acelerador da economia".

Entre os anos 1950 e 1970, a partir de campanhas governamentais e publicitárias (como: a da criação da Petrobrás; a da fundação de Brasília como a nova capital federal; e a da elevação da seleção brasileira à condição de ícone da identidade da nação), não é preciso muito esforço para ilustrarmos a afirmação de que a invenção do "brasileiro" também contou com a participação da imagem construída pelos meios de comunicação de massa, em especial, o rádio e a televisão. Nessas mesclagens entre estatal, econômico e nacional, o público e o privado passaram a se envolver em uma simbiose cujos vestígios e influências podem ser esboçados ainda hoje. Essa proliferação de campanhas institucionais e publicitárias apoiou a atuação administrativa do Estado Brasileiro e o fortalecimento da imagem econômica de determinados atores do Mercado.[90]

---

e Ethevaldo Siqueira (1993:14-17), no caso dos serviços de telecomunicação em geral (em especial, nos de telefonia), esse processo de estatização sofreu um período de "estagnação" durante os anos de 1946 a 1962 e somente voltou a sofrer maiores intervenções e investimentos estatais em infraestrutura no período que antecedeu a implantação do Regime Militar e os primeiros anos de sua consolidação (1962 a 1967). Ainda quanto às telecomunicações, a partir de 1962, conforme desenvolveremos a seguir, é interessante percebermos a tentativa de criação de órgão colegiado, o Conselho Nacional de Telecomunicações (Contel). Nos termos do CBT (Lei n. 4.117/1962, Capítulo IV, arts. 14 a 29) e de sua regulamentação (Decreto n. 52.026/1963, art. 64), o Contel acumulava competências de formulador de políticas públicas e, de certa forma, de "regulação" setorial e técnicas de fiscalização das concessões, permissões e autorizações e aplicação de multas (CBT, art. 59 a 68). Para um interessante estudo acerca da origem institucional das agências reguladoras no Brasil, cf. Gierck Guimarães Medeiros (2005:29-79). Nesse artigo, esse autor (2005:29-60) busca relacionar alguns dos elementos de definição jurídica das atuais agências reguladoras com a experiência dos "conselhos" a partir dos anos 1930 no Brasil. Nesse ponto, a pertinência com a reflexão que ora desenvolvemos diz respeito ao fato de que Medeiros (2005:60-77) propõe um estudo sobre a estabilidade dos dirigentes das agências contemporâneas a partir da caracterização das garantias de membros integrantes do Conselho Nacional do Café, Departamento Nacional do Café e do Instituto do Açúcar e do Álcool — entes relacionados a alguns dos ramos da atividade agrícola referidos logo no início desta nota de pé de página.

(90) Aqui, destacamos como marco a campanha do "O Petróleo é Nosso!" e da criação da empresa estatal Petrobras. A discussão acerca da autonomia de uma matriz energética para o país mobilizou diversos setores da sociedade durante o segundo mandato de Vargas na década de 1950. Conforme realça Carvalho (2004:129): "A batalha do monopólio estatal do petróleo durou de 1951, quando o projeto foi enviado ao Congresso, até 1953, quando a lei foi assinada. (...). A Petrobras tornou-se símbolo do nacionalismo, do anti-imperialismo. A campanha por sua criação reuniu militares nacionalistas, estudantes universitários, líderes sindicais. Houve debates violentos, manifestações públicas e comícios, em que o principal vilão eram as companhias estrangeiras de petróleo. Nenhum outro tema tinha até então a opinião pública. No calor da luta, o próprio Vargas foi levado a tomar posição mais radical do que aquela que inicialmente propusera. A lei finalmente aprovada dava à Petrobras o monopólio de toda a prospecção, extração e refino do petróleo, ficando aberta ao capital privado, inclusive estrangeiro, apenas a distribuição". Nos dias de hoje, podemos citar como exemplo meramente ilustrativo dessas complexas conexões entre estatal, nacional e econômico uma campanha publicitária realizada pela Aracruz Celulose do Brasil na Copa do Mundo de Futebol de Campo de 2006. O chavão da propaganda veiculada era: "O Brasil fazendo um bonito papel no mundo inteiro". Um aspecto interessante para enriquecermos essa exemplificação consiste no fato de que, atualmente, a Aracruz é uma das líderes de mercado na produção nacional de papel e, ademais, é uma das empresas que possui diversas demandas judiciais em que se discutem questões de concentração agrária e de danos ao meio ambiente. A campanha utilizou como "garotos-propaganda" inúmeros esportistas brasileiros de renomado sucesso internacional (tais como: Bernardinho, Daiane dos Santos, Popó, Robert Scheidt e Pelé) e até mesmo o primeiro astronauta brasileiro, Marcos Pontes (recém-chegado de um lançamento espacial financiado pelo Estado Brasileiro). O propósito comercial dessa campanha era o de identificar a imagem da referida empresa com o sentimento cívico de nacionalidade que, como não é difícil perceber, tende a fervilhar em tempos de copas do mundo. Longe de enveredarmos pelas inúmeras questões ambientais relacionadas às atividades de empresas desse mesmo setor (como, por exemplo, a dos desertos

Esse tipo de veiculação de informações e sentidos na esfera pública costuma ser destinada ao reforço de um sentimento latente de "brasilidade" na opinião pública. A evolução do modelo de integração nacional favoreceu atores específicos do Mercado que, pela intensificação da concentração econômica, continuaram a favorecer a patrimonialização das "políticas públicas" para o setor de radiodifusão. Esse processo desenvolveu-se numa lógica que invertia os parâmetros de concessão para a operação de atividade de radiodifusão, a qual, por definição técnico-jurídica do "instituto do serviço público", deveria ser prestada sob um regime de "direito público".[91]

O processo legislativo de tramitação do CBT — que durou cerca de 10 (dez) anos — buscou sistematizar a legislação até então existente, mas relativizou os *standards* do *trusteeship model* em prol dos interesses, cada vez mais influentes, dos radiodifusores.[92] Apesar dessa ressalva, a nova legislação integrou telefonia, telegrafia, rádio e televisão como meios de comunicação que representavam o modelo de serviços públicos de telecomunicações no Brasil.

A partir de 1963, surgiu novo ator nesse cenário: o empresariado da radiodifusão brasileira. Com a criação da Associação Brasileira de Emissoras de Rádio e Televisão (Abert), o poder dos radiodifusores não se fazia sentir somente por meio dos *lobbies* desenvolvidos em torno da aprovação legislativa do CBT. A influência política das concessionárias e permissionárias de rádio e TV se alastrou com considerável intensidade durante os anos que se seguiram até 1988.[93]

---

verdes — vastas plantações de eucaliptos que dificultam a preservação da biodiversidade), interessa-nos tão somente o fato de que o recurso ao "nacional" não raro é acionado na esfera pública como um tema de sensibilização da sociedade civil em prol de determinados objetivos de natureza econômica, administrativa e até mesmo política.

(91) Nesse particular, há uma diferença substancial dos serviços de radiodifusão com relação às atividades de telefonia. No setor da exploração dos telefones, o Estado Brasileiro assumiu papel hegemônico, configurando-se quase que exclusivamente como único prestador do serviço por meio das empresas estatais integrantes do Sistema Telebrás. A esse respeito, Justen Filho (2003) sustenta a tese de que não é possível falarmos em "concessão em sentido próprio" para essas áreas em que o poder concedente e as concessionárias correspondiam a pessoas jurídicas de direito público. Para o autor (2003), a noção estrita de concessão está vinculada à ideia de que a prestação de serviços públicos é delegada a particulares (e não diretamente exercida pelo Estado). Justen Filho (2003:52) ressalta ainda que essa prática administrativa foi amplamente utilizada quanto à forma de gestão de diversos serviços públicos da década de 1930 até o final dos anos 1980.

(92) Amaral (1995:472-473) apresenta algumas das contribuições e dos impasses envolvidos no processo legislativo de renovação da regulamentação das telecomunicações: "O sistema regulatório, fundado nos dois decretos do início dos anos 30 submeteu-se, até sua derrogação em 1962, passados trinta anos, por um processo constante de emendas, modificações, adições e supressões decorrentes da proliferação de decretos, decretos-leis, portarias e leis, constituindo, ao final, uma malha quase incompulsável e efetivamente ineficaz. Já em 1946, o Primeiro Congresso Brasileiro de Radiodifusão, realizado no Rio de Janeiro, em seu documento final, encaminhado ao Presidente da República (Dutra), propõe formalmente a criação de um código brasileiro de telecomunicações. Não houve reação governamental e até 1952 várias propostas e anteprojetos são apresentados em vão. Finalmente, em 1952, o Congresso Nacional toma conhecimento do projeto do Senado Marcondes Ferraz e, em 1962, ao cabo de nove anos de debates, alterações, na Câmara dos Deputados e no Senado Federal, o projeto é aprovado e posteriormente convertido na Lei n. 4.117, de 1962, introduzindo o Código Brasileiro de Telecomunicações. Com seus 129 artigos, consagrava o *truteeship model*, adotado em 1934, e reproduzia ainda a técnica norte--americana do *Communications Act* regulamentando a um só tempo tanto as comunicações por fio (telefone e telégrafo), quanto a radiodifusão, nela compreendidos todos os serviços que utilizam o espectro eletromagnético, dentre eles destacando-se o rádio (transmissão de sons) e a televisão (transmissão de sons e imagens)".

(93) De acordo com Amaral (1995:473): "O código também atendia aos interesses privatistas e comerciais que o então Presidente João Goulart tentou enfrentar mediante a aposição de veto a 52 artigos. Um forte *lobby* de composição vária mobilizou o Congresso, que derrubou um a um os vetos presidenciais, mantendo íntegra a

A pretexto de proporcionar aos cidadãos brasileiros uma programação radiofônica e televisiva alinhada aos interesses dos dirigentes do governo militar (1964-1984), os programas veiculados apresentaram-se à população como experiências homogeneizantes de "integração nacional". Em síntese, a radiodifusão brasileira continuou a se desenvolver com o Estado na condição de titular da administração do espectro eletromagnético, e dotado de poderes para conceder o uso desse bem público a alguns particulares. Todavia, o espaço de discussão das políticas públicas destinadas ao rádio passou a ser privatizado pelos tecnocratas do governo federal e pelos novos "fiéis depositários" do "interesse nacional".

A respeito da radicalização desse aspecto que ainda recentemente se manifesta, aludimos aos efeitos de exclusão e autoritarismo que chegaram, inclusive, a buscar guarida jurídica para a censura indiscriminada, o exílio e a perseguição política de cidadãos durante o governo militar. No período da Ditadura, tornaram-se inúmeros os casos em que o estímulo estatal ou do Mercado contribuíam para a divulgação de manifestações culturais nacionalistas, tal como a que destacamos na epígrafe deste capítulo. Aqui, observamos influências nacionalistas que podem proporcionar as condições básicas para o desenvolvimento de ufanismos autoritários levados às últimas consequências.

Esse tipo de atuação política largamente utilizada no Estado Social Brasileiro pode ser interpretada como tentativa de legitimação de práticas administrativas que chegaram a ultrapassar as raias da integridade física de inúmeros cidadãos brasileiros, sob contestáveis pretextos de "segurança" ou "integração nacional".[94] Ao som de músicas amplamente difundidas pelo rádio e pela televisão — as quais se tornaram popularmente conhecidas como "marchinhas" — construíram-se alguns dos pilares e condições que, durante o período do governo militar, influenciaram a marcha da regulação (jurídica, política, social, cultural e econômica) das políticas públicas de radiodifusão no Brasil.

Ancorado no sentimento de emancipação social e política de uma nação brasileira cada vez mais autoidentificada, o modelo normativo do Estado Social apostou na centralização jurídica de poderes como forma de legitimar sua intervenção na economia e na sociedade civil. O *corpus* administrativo do Estado Brasileiro instituiu-se como uma espécie de "supersujeito". Em outras palavras, ele seria "o" único responsável pela concretização dos direitos civis, políticos e, principalmente, sociais dos cidadãos.[95]

---

    versão congressual. Com o *lobby* vitorioso surge a Associação Brasileira de Emissoras de Rádio e de Televisão (Abert), entidade de classe que reúne os interesses empresariais do setor, e que viria a desempenhar papel crucial na história da comunicação de massa no país, principalmente a partir de 1963, primeiro como instrumento difusor das teses que consagrariam o golpe de 1964 e, posteriormente, na sustentação do regime militar".

(94) Para maiores desdobramentos acerca de alguns dos resquícios do Verde Amarelismo por ocasião da celebração oficial dos 500 anos da "descoberta" do território brasileiro pelos portugueses no contemporâneo Brasil do início do Século XXI, *cf.* Chauí (2001).

(95) Nesse ponto, torna-se interessante retomar as próprias influências que o constitucionalismo brasileiro sofreu desde a edição da CRB/1934 das tendências "sociais" da Constituição Alemã de Weimar (1919). As conexões entre esses movimentos constitucionalistas e as formulações da Teoria da Constituição engendradas em torno do constructo da identidade nacional podem ser inferidas a partir da interlocução ocorrida ainda no final da década de 1920 entre autores clássicos, tais como: Hans Kelsen, Hugo Preuss, Gerhard Anschütz, Richard Thoma, Heinrich Triepel, Erich Kaufmann, Rudolf Smend, Herman Heller e Carl Schmitt. Uma das temáticas centrais desse debate era a de como o "povo alemão" poderia se reconhecer em torno de um projeto constitucional

Tais compensações jurídicas e políticas seriam promovidas pelo complexo de órgãos e competências centralizados no Estado, o qual passava a ser interpretado na condição de exclusivo — ou, pelo menos, hegemônico — ator legítimo, para intervir nas dimensões públicas e privadas da cidadania sempre que entendesse necessário ao atendimento das demandas da sociedade civil. A comunidade jurídico-política passava, a partir de então, a ser massificada e homogeneizada ao redor do coletivo "nação" — o "povo brasileiro".

Como resultante desse processo de "agigantamento estatal", observamos um duplo fenômeno. De uma parte, a crescente intensidade e quantidade de atividades prestadas pelo Estado Provedor demandavam mais e mais recursos — ou seja, a construção de um aparato administrativo quase totalmente consumido pela prestação de serviços públicos. De outra parte, a paulatina burocratização e "estatização" política da vida social, a qual, em última instância, acabou por comprometer a própria legitimidade do modelo.

Em síntese, o Estado seria o espaço de "realização" das liberdades positivas da cidadania, a partir de uma ótica clientelista. Segundo *Carvalho* (2004:60), podemos descrever esse fenômeno como tentativa de "aliança com o Estado, por meio do contato direto com os poderes públicos". Para aludirmos a uma feliz expressão utilizada por esse autor (1987/2004), essa relação de clientela com o Estado pode ser melhor nomeada como "estadania".

Trata-se da edificação de uma noção de cidadania reduzida à dimensão de liberdade e igualdade proporcionada pelo Estado. O exercício cívico da autonomia dos cidadãos realizava-se a partir de uma relação de pertinência ao estatal, notadamente, para aqueles que estivessem em contato direto com sua máquina corporativa e institucional.[96]

---

comum de representação da "comunidade nacional" — um assunto sensivelmente modificado a partir da Constituição de Weimar, com a implantação, no campo político, do Nacional Socialismo, de 1933 até o período Pós-Segunda Guerra (1945). Para interessantes considerações acerca dessas discussões, não somente no âmbito teórico, mas também das tensões jurisprudenciais envolvidas na realização da Carta Constitucional Alemã em comparação com a experiência estadunidense, *cf.* Arthur J. Jacobson & Bernhard Schlink (2002). Apenas para que fiquemos com o ilustrativo exemplo da obra de Schmitt, segundo sustenta Chantal Mouffe (1998), a visão schmittiana concebe o princípio da democracia em permanente tensão (para não dizermos oposição mesmo) com a ideia do liberalismo político. A autora (1998:91-107) sustenta que, para Schmitt, o democrático corresponderia tão-somente ao ideal de identidade entre governantes e governados. Isto é, de acordo com Mouffe (1998:105-107), a legitimidade schmittiana do processo político não demanda a estruturação de um sistema representativo de bases liberais no qual a diferença, o respeito às minorias e às diferenças individuais de opinião também devem ser levadas em consideração. Se, de um lado, não é possível afirmarmos a premissa que as ideias schimittianas influenciaram diretamente o constitucionalismo brasileiro, de outro, tais formulações podem corresponder a um parâmetro válido para analisarmos as bases de legitimação de atuação do Estado Brasileiro de matriz social após a chamada "Revolução de 1930". Uma situação bastante exemplificativa dessas tendências teóricas podem ser encenadas a partir do já aludido processo constituinte de 1933. Igualmente distanciada das massas populares e da atividade da Imprensa, a Comissão do Itamaraty corporificava o ideal de que, na elaboração do anteprojeto da CRB/1934, a representação do "povo brasileiro" poderia se efetivar independentemente da vontade dos administrados-administradores.

(96) Para os fins de identificação de algumas referências históricas para a estadania, rendemo-nos à seguinte exemplificação de Carvalho (1987:65) acerca do papel assumido pelos militares e operários e da troca clientelista de benefícios que podiam ser verificados a partir dos registros documentais desse período: "A reação, pragmática antes que ideológica, a esta situação por parte dos que se viam excluídos do sistema foi o que chamamos de estadania, ou seja, a participação não através da organização dos interesses, mas a partir da máquina governamental, ou em contato direto com ela. Foi o caso específico dos militares e do funcionalismo em geral e de importantes setores da classe operária. Esta era na verdade uma estratégia generalizada. O exame dos arquivos

É exatamente essa relação de excessiva dependência que servirá de norte para que, no próximo item, desenvolvamos uma proposta de compreensão das deficiências institucionais do Sistema Brasileiro de Telecomunicações.[97]

c) Deficiências de um modelo estatizante, nacionalista e patrimonialista das (tele)comunicações

A caracterização desse perfil de uma cidadania dependente do Estado apresenta repercussões quanto ao desenho institucional do papel desempenhado pela participação dos cidadãos nas políticas públicas de radiodifusão. Para compreendermos a contribuição dos administrados-administradores na atividade de controle normativo e social dessas políticas, é necessário que, primeiramente, apresentemos uma proposta de sistematização

---

políticos da época com responsabilidades executivas revela que a grande maioria dos documentos diz respeito a solicitações de benefícios. O arquivo de Rui Barbosa é exemplar: durante seu período como ministro da Fazenda, talvez mais da metade da correspondência que recebia se referia a pedido de favores e empregos. Os pedidos vinham de todos os lados e muitos eram transmitidos por seus próprios colegas de ministério, com Benjamin Constant, Campos Sales, Francisco Glicério. Não faltavam mesmo pedidos de Floriano e Deodoro e até de Dona Maria, mulher de Deodoro. O único diretor de repartição que se rebelou contra esta prática insistindo em colocar o mérito acima do empenho, foi tido como insano pelo secretário de gabinete de Rui Barbosa".

(97) Esclarecemos que há múltiplas possibilidades de organização temporal de etapas e acontecimentos relevantes com relação a cada um dos serviços públicos de telecomunicação que se desenvolveram durante esse período histórico. Entretanto, para os fins da análise que pretendemos desenvolver no próximo item, interessam-nos os aspectos comuns de configuração de meios e alternativas ao controle normativo e social das políticas públicas de (tele)comunicações. Esse é um fator importante para a nossa análise porque desejamos situar o estudo do modelo do SRC num contexto de tendências gerais que o Sistema Brasileiro de Telecomunicações proporcionou em termos de elementos infraestruturais e institucionais de regulação. Como exemplos de referências bibliográficas que se incumbiram dessa tarefa, destacamos, para o caso específico da radiodifusão de sons e imagens, ou seja, para a TV, a tentativa de "Revisão do Direito Brasileiro" realizada por Amaral (1995:465-486). Amaral (1995:465-481) propõe uma sistematização do período em: "primeiro momento democrático (das origens a 1937)"; "primeiro período ditatorial"; "regime de 1946"; "segundo período autoritário" e "regime de 1988". No âmbito das telecomunicações em geral, repisamos a importante referência à já mencionada obra de Aranha de Oliveira (2005). Apenas para que tenhamos uma noção da complexidade que esse tipo de tarefa pode assumir, Aranha de Oliveira (2005:69-103) incorpora e amplia a divisão cronológica proposta por Siqueira (1993:14-17) com as seguintes afirmações: "A partir da década de 1940, as telecomunicações podem ser vistas em cinco *etapas* divisadas por Ethevaldo Siqueira: *estagnação* (1946-1962); inversões estatais (1962-1967); expansão, melhoramento e integração do sistema (1967-1975); turbulência (1975-1985); embates da desestatização (1985 até meados da década de 1990). A estas, pode-se acrescentar a etapa de reformas normativo-operacionais (1995-2001), em que a regulação do setor passa a comportar normatização centralizada em colegiado especializado — a Anatel". A abordagem de Aranha de Oliveira (2005:69-103) busca retratar ainda todo esse percurso a partir das perspectivas contemporâneas de contestação do modelo ocorrida com base nos "novos horizontes" que surgiram para a telefonia e serviços de telecomunicação, durante os anos de 2003 e 2004, a partir dos sentidos legislativos e constitucionais implementados desde a edição da LGT. Por fim, citamos a já apresentada sistematização proposta por Aguillar (1999) e, desde já, reiteramos as ressalvas apresentadas na nota de pé de página n. 10 do cap. 2 com relação às dificuldades de compreensão global dos serviços públicos do Brasil Colônia até os dias atuais. Quanto às demais abordagens de equacionamento cronológico, optamos por não as utilizar integralmente pelo simples fato de que o tema da radiodifusão brasileira (em especial, para o caso do rádio e das rádios comunitárias) demanda algumas peculiaridades que não podem ser totalmente identificadas com as singularidades da telefonia ou da televisão. Em vez de, injustamente, nos colocarmos em frontal oposição aos modelos propostos por Amaral (1995) e por Aranha de Oliveira (2005), pretendemos utilizá-los como importante referência paralela para, sempre que possível, buscarmos apontar relações gerais entre os aspectos infraestruturais, institucionais e regulatórios da radiodifusão e da telefonia no SBTel.

do modelo de (tele)comunicações, do início da regulamentação estatal do rádio até os dias de hoje.

Com o fortalecimento de tendências (inclusive pelo emprego de violência física) de que o Estado assumisse a função de ente exclusivo da fiscalização da programação oferecida pelos radiodifusores, tornou-se complicado apontar quem seria o titular da responsabilidade para supervisionar o fiscal. Como variante desse processo, o modo pelo qual a Administração Pública tentava controlar as políticas públicas de rádio e televisão passou a preponderar quanto ao reconhecimento formal e material do direito de comunicar e de ser comunicado. Para que os atores da cidadania brasileira pudessem informar aos demais integrantes da sociedade, era necessário, antes de tudo, que o Estado, por intermédio do Poder Executivo, outorgasse formalmente uma concessão "pública" para a exploração de serviços públicos de telecomunicações.

Essa primeira etapa não pode ser interpretada como o atendimento meramente formal dos requisitos legais estabelecidos no CBT. Desde a década de 1930, o Mercado era marcado pela concentração de capitais e pela centralização de serviços em determinados grupos midiáticos. Além disso, tais grupos econômicos ainda contavam com apoio institucional do governo militar. Com esses dados, podemos inferir que o acesso ao bem público do espectro de radiofrequências era, definitivamente, desigual.[98]

Ainda que superado esse obstáculo, o pretenso concessionário de serviços públicos de telecomunicações deveria se manter alinhado às diretrizes de uma programação dirigida aos interesses da nação. Assim, além das barreiras legais formais, durante o período da ditadura militar (1964-1984), eram consideráveis as limitações materiais aos direitos à comunicação, à informação e à liberdade de expressão, de opiniões e de pensamentos.

Paradoxalmente, a matriz social do Estado Brasileiro, que havia sido arquitetada para materializar direitos, começou a permitir restrições que chegavam, inclusive, a inviabilizar o exercício concreto de franquias constitucionais. O aparato administrativo acostumou-se a conter as liberdades de comunicação em vez de promovê-las. Num momento em que estatal e econômico passaram a se opor à construção democrática e legítima da cidadania, percebemos por que a frase "Contra a pátria não há direitos" era recebida com tanta naturalidade.[99]

---

(98) No que se refere ao processo de concentração econômica e de sua relação com o modelo jurídico de concessões de serviços de radiodifusão, Jambeiro (2002) enfatiza que o já referido Decreto n. 24.655/1934 foi uma espécie de "divisor de águas". Segundo o autor, nos arts. 3º e 4º, tal decreto "faz novas exigências técnicas, além das que tinham sido estabelecidas no Decreto n. 21.111, de 1932, entre elas: apresentação de lista e orçamento do material a ser empregado; planta das instalações; comprovação de depósito, na tesouraria do Correio, de importância equivalente a 50% do valor das instalações; energia mínima na antena de acordo com parâmetros que o próprio Decreto fixa; estágio estabilizador de frequência; percentagem de modulação de 85 a 100%; frequência máxima de modulação; tolerância máxima de frequência; onda pura e isenta de emissão que não seja essencial ao seu tipo; monitor de presença de frequência e de frequenciamento aferido pelo Correio; presença permanente de técnico habilitado. Estes novos requisitos limitaram mais ainda o número de pessoas que poderiam disputar e manter concessões, dada a necessidade de recursos financeiros significativos. A consequência foi a concentração, na mão de poucos concessionários, de diversas emissoras, como passou a ser o caso de Assis Chateaubriand, a partir de 1938".

(99) Gaspari (2002b:17).

Em síntese, os cidadãos passaram a ter ambas as dimensões de sua autonomia sensivelmente torturadas e reduzidas a objeto de uma atuação autoritária do Estado Brasileiro. Se não poderia ser lançado como típico aparato prestacional, em oposição ao modelo liberal absenteísta, o paradigma social do Estado Brasileiro promoveu uma profunda (re)leitura distorcida da ideia de Estado-Polícia.[100]

Nesse modelo, os administrados-administradores não possuíam condições para escolherem, individualmente, o tipo de programação que poderiam ouvir e/ou assistir, de acordo com suas preferências pessoais (autonomia privada). O povo brasileiro, por sua vez, na condição de massa-objeto dos meios de comunicação, não detinha os requisitos básicos de sua soberania, para dizer aquilo que era, ou não, correspondente à sua identidade cultural, jurídica e política (autonomia pública).

Na faceta da autonomia privada, os indivíduos se viram reduzidos à condição análoga à de "clientes do Estado". Nas situações passivas de ouvintes, telespectadores e consumidores, os administrados-administradores tornaram-se, de certo modo, vítimas de um Mercado massificado.[101] Quanto à autonomia pública, a cidadania foi restringida à dimensão de pertinência com a proteção ou tutela que o Estado poderia promover em defesa dos interesses nacionais da sociedade brasileira.

Este era o cenário que servia de pano de fundo para a legitimação da ideia de que o Estado Social Brasileiro seria o titular exercente de "tutela" do povo e dos cidadãos

---

(100) Reportando-nos à frase constante da epígrafe deste *Capítulo 2*, Gaspari (2002b:17) noticia um contexto que nos gera inegável perturbação em razão do escancaramento do regime de restrição de liberdades: "Os oficiais-generais que ordenaram, estimularam e defenderam a tortura levaram as Forças Armadas brasileiras ao maior desastre de sua história. A tortura tornou-se matéria de ensino e prática rotineira dentro da máquina militar de repressão política da ditadura por conta de uma antiga associação de dois conceitos. O primeiro, genérico, relaciona-se com a concepção absolutista de segurança da sociedade. Vindo da Roma Antiga ('A segurança pública é a lei suprema'), ele desemboca nos porões: 'Contra a pátria não há direitos', informava uma placa pendurada no saguão dos elevadores da polícia paulista'. Sua lógica é elementar o país esta acima de tudo, portanto tudo vale contra aqueles que o ameaçam. O segundo conceito associa-se à funcionalidade do suplício. A retórica dos vencedores sugere uma equação simples: havendo terrorista, os militares entram em cena, o pau canta, os presos falam, e o terrorismo acaba. Como se vangloriou o general Emilio Garrastazu Médici, mais de dez anos depois de ter deixado o poder: 'Era uma guerra, depois da qual foi possível devolver a paz ao Brasil. Eu acabei com o terrorismo neste país. Se não aceitássemos a guerra, se não agíssemos drasticamente, até hoje teríamos terrorismo'. A ação policial da ditadura foi rotineiramente defendida como resposta adequada e necessária à ameaça terrorista".

(101) No âmbito do direito do consumidor, apenas para que fiquemos com um exemplo dessas categorias, percebemos alguns dos efeitos da materialização das formas puras do direito civil. Tratava-se de partes contratuais hipossuficientes que, diante da ausência de outras opções quanto à forma de fruição desses serviços, no máximo, poderiam *aderir* ou serem incluídos num modelo civil-contratual sob o *status* jurídico de consumidor. Os contratos de adesão são um curioso exemplo que nos demonstra uma ênfase normativa de materialização de direitos. Longe de menosprezarmos os avanços e a conquista que esse tipo de inclusão pode permitir, apenas não podemos registrar nossa opinião no sentido de que, por meio de ficções jurídicas como essa, os consumidores passam a ser normativamente vistos tão somente como "cidadãos do livre Mercado regulado pela legislação estatal". Frisamos, sujeitos "livres para consumir" e que, pelo direito, deveriam se tornar igualmente protegidos na condição contratual massificada de "consumidores". Dessa conexão entre estadania e consumerismo, conforme procuraremos especificar adiante, já antecipamos os riscos de redução do papel do cidadão usuário efetivo ou potencial de serviços públicos a um cliente-consumidor dos serviços públicos a serem prestados pelo Estado ou a uma vítima-consumidora das atividades desenvolvidas pelo Mercado, mas "tuteladas" pela Administração Pública.

brasileiros. Por meio da interminável sucessão e aperfeiçoamento de órgãos de repressão, controle e censura, tornou-se assente que as liberdades constitucionais do direito à comunicação e à informação somente poderiam ser vivenciadas com as chancelas formais e materiais do aparato estatal.

Pelo rádio e pelas primeiras transmissões "ao vivo" da televisão no país, brasileiros e brasileiras entusiasmaram-se com o "Milagre Econômico" e prestigiaram os grandes feitos da seleção de futebol na conquista do tricampeonato em 1970. No campo democrático da cidadania, entretanto, os administrados-administradores ainda precisavam conhecer outros gramados.

A deflagração da crise econômica do Estado Brasileiro ocorreu a partir do ano de 1973. Dentre outras variáveis econômicas, a elevação do preço dos barris de petróleo deu margem a sinais de novo esgotamento. Mas os "santos" da intervenção "divina" do Estado Brasileiro de matriz social não mais operavam milagres.[102] Nesse período de desaceleração da economia internacional, observamos, inicialmente, que as receitas públicas estavam demasiado comprometidas com o custeio das prestações sociais asseguradas aos particulares. Ademais, os próprios mecanismos de participação democrática e implementação da cidadania estavam esvaziados, em função da centralidade estatal técnico-burocrática para a regulação da vida social.

Curiosamente, no mesmo terceiro ano da década de 1970, surgiu a televisão em cores. Nessa época, cerca de 6,2 milhões televisores proporcionaram a miraculosa universalização dos serviços de radiodifusão no Brasil.[103] Esse caso é exemplificativo porque o preço social da integração nacional custava caro, tanto no sentido econômico quanto no jurídico-político.

No âmbito comercial e financeiro, a rede nacional foi integrada por meio de consideráveis investimentos estatais para a formação de uma infraestrutura de radiodifusão de portes faraônicos. O custo dessa injeção de capitais se deu por conta de muitos impostos, subsídios ao empresariado do rádio e da TV e, sobretudo, da apatia cívica de grande parte da população.

No âmbito do livre exercício constitucional de franquias democráticas, o considerável período de permanências autoritárias e de ausências da cidadania também contribuiu para o enfraquecimento dos processos públicos de construção do civismo e da defesa de direitos fundamentais. O aprendizado decorrente dessa experiência é o de que cidadania e transparência democrática não poderiam ser espontaneamente adquiridas. Trata-se de fenômenos cuja construção individual e coletiva depende de esforço e engajamento contínuo por maior emancipação das liberdades constitucionalmente asseguradas.

---

(102) Segundo registra Gaspari (2002b:474), no período dos meses de outubro a dezembro de 1973, "Em dois aumentos sucessivos, os países exportadores de petróleo elevam o preço do barril de US$ 3,01 para US$ 11,56". Apesar desse aumento de quase 400%, as conquistas do "Milagre Econômico" foram bastante efêmeras, estendendo-se de 1968 a 1973. A rigor, a partir de 1974, as elevadas taxas de crescimento (14%) jamais voltaram a se repetir. Segundo assevera o mesmo autor (2002b:474), o ano de 1973 terminou "com um crescimento de 14%. Isso nunca tinha acontecido, nem voltaria a acontecer, pelo menos nos trinta anos seguintes".
(103) Gaspari (2002b:473).

Nesse contexto, além dos aspectos fiscais e financeiros da crise do Estado Social, os principais déficits desse modelo de atuação estatal também decorrem de uma compreensão minimalista da cidadania e da democracia. As práticas cidadãs passaram a ser caracterizadas por essa espécie de clientelismo ensejador da necessidade de participação efetiva dos particulares na deliberação da sociedade política, em geral, limitada unicamente ao voto nas eleições diretas.

Os processos democráticos, por seu turno, foram seriamente comprometidos em função da hiperpolitização da Administração Pública, a qual passou a ser vista como sujeito discursivamente competente para promover o debate, a reflexão e a implementação das políticas públicas.[104] *Grosso modo*, esse panorama de novas práticas sociais de imposição do poder e do direito na "democracia brasileira" nos leva a lançar condições para uma compreensão de que a construção da cidadania estava quase totalmente atrelada às possibilidades políticas e econômicas de materialização "estatocêntrica". A vivência constitucional de liberdades e igualdade somente se daria por meio do instrumental burocrático do Estado Brasileiro.[105]

Essa premissa contribui para que tracemos um quadro de tendências estatizantes, nacionalistas e patrimonialistas das políticas públicas da radiodifusão no país. Com base no balanço histórico e normativo realizado até aqui, é possível visualizarmos, de um lado, tendências de valorização do público (que passou a ser reconhecido enquanto espaço político-discursivo de implementação e concretização de interesses burocráticos e corporativos). De outro, observamos redimensionamentos restritivos do privado (o qual teve de se adaptar às consequências de uma intervenção desmedida do aparato estatal).

Até aqui, tentamos identificar, no contexto social de regulamentação das atividades de radiodifusão, limites e possibilidades de controle normativo e social concretamente compartilhados pelos cidadãos brasileiros. Nesse processo, sinalizamos para uma espécie de colonização das tendências emancipatórias pelas regulatórias no Sistema Brasileiro de Telecomunicações.

De imediato, explicitaremos alguns dos potenciais que as noções "estatizante", "nacionalista" e "patrimonialista" podem nos trazer. De acordo com o que antecipamos ainda no *Capítulo I*, partimos da inspiração teórica de que os princípios dos pilares da regulação e as racionalidades componentes do pilar da emancipação nos oferecem parâmetros para a identificação de riscos e alternativas para processos de colonização da vida social.[106]

Nesse sentido, a delimitação dessas noções, antes mesmo de constituir questão de técnica ou purismo conceitual, consiste em etapa relevante para que identifiquemos práticas de imposição ilegítima do poder e do direito. Sustentamos, preliminarmente, a

---

(104) Araújo Pinto (2003:23).

(105) Para um interessante levantamento histórico e documental dos arquivos administrativos da Ditadura Militar Brasileira durante esse período de intensa mobilização política, é interessante mencionar as seguintes obras de Elio Gaspari: *A Ditadura Envergonhada* (2002a), *A Ditadura Escancarada* (2002b); *A Ditadura Derrotada* (2003); e *A Ditadura Encurralada* (2004).

(106) Aqui, reportamo-nos inteiramente às considerações já realizadas no *Capítulo I* acerca da apropriação teórica que nossa proposta de ótica discursiva do administrado-administrador busca realizar a partir da obra de Santos (2002) – *cf.* notas de rodapé ns. 90 e 91.

importância do estudo dessas influências de colonização porque, se essas leituras estatizantes, nacionalistas e patrimonialistas das políticas públicas de radiodifusão não forem consideradas, podem nos levar à naturalização de inúmeros casos de exclusão e confinamento de atores sociais.

Propomos alternativas políticas e jurídicas a um projeto coletivo de direitos da comunicação social que, até aqui, tem sido retratado como predominantemente construído pelo Estado, pela nação e pelo Mercado. Rechaçamos, por conseguinte, leituras formalistas que reduzem o estudo da questão ao papel a ser desempenhado pelo aparato burocrático-administrativo do Estado Brasileiro. Além disso, evitamos perspectivas essencialistas de uma identidade cultural comum, forjada, a todo momento, por imperativos de "segurança" e "integração nacional". Por último, negamos a ideia de que o controle normativo e social da atividade deva ser exclusivamente realizada pelos interesses econômicos, pessoais ou particularistas de atores do Mercado.

Nesse contexto, enquadramos esse modelo de telecomunicações como estatizante, não apenas porque entendamos que as políticas de radiodifusão tenham sido totalmente implementadas pelas atividades de um Estado prestacional típico. Sob a ótica dos administrados-administradores, assinalamos que, para além dessa tendência específica, o viés estatista demanda revisitação da ideia de que serviços públicos de telecomunicações seriam somente aqueles desenvolvidos sob o regime de direito público.

A partir de casos de intervenção direta e indireta do Estado Brasileiro nas rádios, devemos considerar a complexidade de fatores e possibilidades de controle normativo e social das políticas públicas destinadas ao setor. Nesse contexto, o espaço constitucional de legitimação democrática e cidadã da exploração dessas atividades deve ser ampliado para além do mero ato administrativo-estatal de concessão, ou não, de determinado serviço a atores do Mercado.

A experiência das concessões foi marcada por situações de apropriação do espaço público de definição das opções legislativas e administrativas que deveriam ser assumidas pelo povo brasileiro. Ainda quando diretamente entregue ao Estado, a exploração de atividades de radiodifusão não gerava a garantia de que a concessão, por si só, proporcionaria um serviço de rádio diferenciado. Isto é, esse modo jurídico de exploração não necessariamente tornou a programação mais variada, nem a destinou para os fins legislativos de democratização do acesso à educação.[107]

Apesar da ênfase estatizante na noção brasileira de serviço público, a radiodifusão não era exclusivamente prestada pelo aparato estatal. Por esse motivo, o controle das atividades de rádio não poderia ser inteiramente identificado com a Administração Pública. Em outro nível, a regulação dos serviços era promovida para além do espaço proporcionado e tutelado pela atuação estatal. Nas situações em que o Estado abandonou suas funções precípuas de fiscalização e planejamento, a definição das políticas públicas do setor foi apropriada por atores particulares.

---

(107) Nesse ponto, referimo-nos diretamente a casos, como por exemplo, o da encampação da Rádio Nacional em 1940.

O rótulo nacionalista pode ser atribuído a esse modelo de telecomunicações. O nacionalismo constituiu-se, antes de tudo, como tendência cultural concretamente compartilhada no meio social, sob a égide do Estado Social Brasileiro. Todavia, essa percepção histórico-social não pode ser normativamente naturalizada. Em outros termos, não é porque seja possível encontrar realces nacionalistas nas políticas públicas de radiodifusão[108] que devamos concluir que, na prática, o nacionalismo tenha correspondido à característica primordial de definição dessas políticas. Para além dos textos que buscavam positivar uma espécie de ode à brasilidade, a rigor, a pretensa rede nacional de rádio e televisão estava (e ainda está) repleta de influências internacionais.[109]

O nacionalismo desse modelo nos sugere que as políticas públicas de rádio e televisão eram performativamente implementadas em nome dos brasileiros e brasileiras. Preocupamo-nos, aqui, com influências autoritárias e antidemocráticas decorrentes da utilização de argumentos institucionais de segurança e integração da nação como formas de massificação da participação popular e de indiferença a padrões culturais locais e regionais que poderiam (e podem) ser promovidos pelo Sistema Brasileiro de Telecomunicações (CF, art. 221, III).[110]

O patrimonialismo do sistema, por sua vez, é mais amplo que a consideração de que os serviços de rádio e televisão foram (ou continuem a ser) prestados por atores particulares, privados. Denominamos essa vivência constitucional de patrimonialista por dois motivos. Em primeiro lugar, o espaço público de definição das políticas coletivamente vinculantes foi (e é) constantemente apropriado nas relações de apoio e alinhamento político entre Estado e Mercado.[111] Ademais, o modelo permaneceu aberto a trocas de

---

(108) Apenas para que retomemos uma exemplificação ilustrativa dessa situação, citamos o caso da disciplina jurídica vigente até a edição da EC n. 8/1995. Nos termos da redação constitucional anterior, o controle acionário de empresas de radiodifusão deveria ser integral ou majoritariamente integrado por cidadãos brasileiros.

(109) Segundo afirma Eula Dantas Taveira Cabral (2005): "Nos anos 20 do século passado, os programas radiofônicos eram informativos ou musicais. Já em 1932, com o *jingle* 'seu padeiro não esqueça, tenha sempre na lembrança: o melhor pão é o da Padaria Bragança', do compositor e cartunista Antonio Nássar, deu-se um novo passo na história radiofônica. Neste ano, com o Decreto-lei n. 21.111, foi autorizada, oficialmente, a veiculação de anúncios, facilitando, em 1941, aos norte-americanos, com o Birô Interamericano, o lançamento de seus produtos no país. Com a televisão ocorre o mesmo. No Brasil não havia tecnologia desenvolvida. Tudo era importado. Até mesmo a maior parte da programação vinha de outros países. Ou seja, desde seus primórdios, o Brasil foi bastante dependente. Recebia aparelhos, programas, muitas vezes artistas e diretores".

(110) Segundo dispõe o inciso III do art. 221 da CFB/1988: "A produção e a programação das emissoras de rádio e televisão atenderão aos seguintes princípios: (...) III – regionalização da produção cultural, artística e jornalística, conforme percentuais estabelecidos em lei".

(111) Aqui, realçamos o exemplo da influência do empresariado radiodifusor para a aprovação do CBT em 1962 e, por conseguinte, o papel institucional de imposição de poder político e econômico realizado pela Abert quanto aos processos de intensificação da concentração da rede de prestação de serviços de rádio e televisão; e de apoio político à implantação e permanência do governo militar. Nesse particular, Ramos (2000:174) argumenta que: "A indústria da radiodifusão brasileira, congregada desde os embates congressuais para aprovação da Lei n. 4.117/62 em torno da Associação Brasileira de Rádio e Televisão (ABERT), sempre se pautou por uma grande influência sobre o meio parlamentar, sobre o Poder Executivo e sobre a sociedade. Escudada sob seu poder formador de opinião e liderada, inicialmente, pelos Diários e Emissoras Associados [fundado por Assis Chateaubriand], até os anos 60, e, a partir dos anos 70, pelas Organizações Globo [fundadas por Roberto Marinho], a ABERT é um grupo de pressão sempre presente nas mais estratégicas decisões nacionais. Particularmente aquelas que lhe dizem respeito, direta, ou indiretamente]".

favores pessoais nas quais benesses econômicas ou apoios infraestruturais eram negociados em função de coberturas jornalísticas omissas e, até mesmo, favoráveis.[112]

---

(112) Nesse particular, apenas para fins de ilustração, abordaremos duas situações pitorescas nas quais contatos pessoais entre grandes empresários do sistema radiodifusor e agentes políticos do Estado Brasileiro nos auxiliam a levantar consideráveis suspeitas quanto à (im)parcialidade do modelo administrativo de adoção de políticas públicas ou com relação a (in)idoneidade do processo legislativo de fundamentação de determinados atos normativos. O primeiro caso é retratado por Fernando Moraes (1994:36), em sugestiva biografia intitulada *Chatô — O Rei do Brasil*. Trata-se de evento ocorrido no início da década de 1940, por conta de ação judicial que Assis Chateaubriand movia em face de Cora Acuña para fins de reconhecimento da guarda de Teresa Acuña, filha de "Chatô" com Cora. Na verdade, ao momento do nascimento de Teresa, Chateaubriand ainda era casado com a sua primeira esposa, Maria Henriqueta. Em diversos veículos dos Diários e Emissoras Associados, "Chatô" impulsionou uma intensa campanha de difamação moral contra Cora. O problema jurídico consistia no fato de que, nos termos do Código Civil de 1917, não era possível o reconhecimento legal de filho ou filha "havido pelo cônjuge fora do casamento". Após alguns contatos diretos e indiretos com Getúlio Vargas, curiosamente, foi editado o Decreto-lei n. 4.737, de 24 de setembro de 1942, que previu a possibilidade de reconhecimento de filhos mesmo após o desquite. Não assumimos o compromisso de atribuir diretamente à intervenção de Chatô pois, afinal, havia uma série de fatores sociais que poderiam ter influenciado essa mudança legislativa. O fato que gera espanto é que essa medida legislativa ainda não beneficiava Chateaubriand. O art. 16 da Lei n. 3.200, de 1941 preconizava que o exercício do pátrio poder competiria ao cônjuge que "primeiro reconheceu o filho". Poucos meses depois, a pendenga judicial era resolvida a favor do empresário, Vargas assinou o Decreto-lei n. 5.213, de 21 de janeiro de 1943, o qual passou a estabelecer expressamente que: "o filho natural, enquanto menor, ficará sob o poder do progenitor que o reconheceu e, se ambos o reconheceram, sob o do pai, salvo se o juiz entender doutro modo, no interesse do menor". Após mais de meio século de extinção da monarquia, o "Rei da Radiodifusão Brasileira" surgia triunfante. Segundo relata Moraes (1994:410), em pouco tempo, o ato normativo da lavra do Presidente da República passou a ser conhecido popularmente como "Lei Teresoca". Dentre uma série de outros casos da astúcia de Chatô muito bem especificados por Moraes (1994:410-464), esse incidente encerra nosso primeiro exemplo de entrelaçamento de interesses pessoais, econômicos, governamentais e estatais. A partir de exemplificações como essa, não é difícil reconhecermos as "interferências" às quais as políticas públicas de radiodifusão poderiam estar submetidas em razão das relações pessoais entre Assis Chateaubriand, empreendedor da Rede Tupi de rádio e televisão, e o Presidente da República, Getúlio Vargas. O segundo episódio interessante diz respeito a alguns indícios de apoio institucional e financeiro do governo militar em troca de coberturas um tanto quanto questionáveis. As suspeitas indiciárias podem ser esboçadas a partir de carta, pessoalmente subscrita por Roberto Marinho e encaminhada ao então Presidente João Figueiredo em 14 de agosto de 1980. A respeito desse documento Gaspari (2002b:217-218) contextualiza que em 1969, "a TV Globo estava amarrada a uma dívida de 3,75 milhões de dólares com o grupo americano *Time-Life*. Marinho sairia dela tomando um empréstimo ao National City Bank, cuja engenharia financeira o obrigaria a empenhar bens pessoais, inclusive sua mansão do Cosme Velho. Vira falhar uma busca de amparo num consórcio de empresário. Mais tarde [na carta referida], lembraria: 'Se fracassasse, teria de recomeçar minha vida da estaca zero'. Com maneiras gentis e um senso de lealdade fora do comum na política brasileira, era um adversário feroz pela astúcia, um aliado insuperável pelo sentido de oportunidade. A ditadura transformava-se em milagre e a televisão em cores seu ícone. Em 1969, a Rede Globo era formada por três emissoras (Rio de Janeiro, São Paulo e Belo Horizonte). Em 1973, seriam onze. Quando o *The New York Times* atacou a censura brasileira com um editorial intitulado 'As notícias encarceradas na América Latina', citando as prisões de jornalistas e pedindo que o governo americano pressionasse Brasília, *O Globo* respondeu em 72 horas: 'A campanha de imprensa nos EUA destina-se a criar problemas diplomáticos com Washington, mas essa pressão não afeta os brasileiras na sua decisão de resolver os seus problemas domésticos sem pedir as bênçãos do *The New York Times* ou do *Le Monde*, que abençoaram Fidel Castro, Guevara e outros paladinos dos 'direitos humanos'". Apenas para fins final, esclarecemos que as reportagens referidas são datadas de 04 (*The New York Times*) e 07 de janeiro de 1969 (*O Globo*). Limitamo-nos a indicar outros três curiosos episódios minuciosamente detalhados por Ramos (2000:20): a deflagração do movimento operário no ABC paulista (1978); o processo eleitoral de 1982 e as tentativas de "manipulação televisiva" do resultado das apurações para o cargo de Governador no Estado do Rio de Janeiro; e as eleições diretas para Presidente da República em 1984. Em todos esses casos, Ramos (2000:20-27) aponta dados e elementos segundo os quais a cobertura realizada pela Rede Globo de Televisão teria sido consideravelmente deturpada. Por fim, longe de nos arriscarmos em desferir acusações ou de assumirmos o compromisso de cabalmente comprová-las, deixamos o tema em

Aos radiodifusores alinhados, além do apoio econômico do Estado quanto aos investimentos em infraestrutura, prevaleceu a tendência de que o controle normativo e social se limitasse ao requisito formal de atendimento ao regime de direito público. Às propostas de radiodifusão de ideias e conteúdos não alinhados restava o controle estatal institucional e materialmente estabelecido pelos cada vez mais poderosos órgãos de repressão.

Com base em todas essas contradições, somos levados a considerações mais conclusivas acerca de cada uma das noções que especificamos acima. Em resumo, o estatismo nos revela serviços públicos de telecomunicações submetidos à tutela estatal, mas cujas políticas públicas de definição estavam para além do potencial regulador do ator-Estado, ou do Princípio do Estado. O nacionalismo, por seu turno, aponta para pretensões de integração e de segurança nacional que, uma vez colocados a serviço do aparato burocrático da Administração e dos interesses patrimonialistas dos atores do Mercado, acabaram por contribuir para: i) a internacionalização das formas e conteúdos da radiodifusão pátria; e ii) a construção de uma leitura étnico-nacionalista da comunidade jurídico-política.[113] Por fim, o patrimonialismo não somente indica uma certa preponderância do Princípio do Mercado. A tendência patrimonialista nos sugere que a definição daquilo que os brasileiros entendiam como estatal e nacional era, a todo momento, apropriado por perspectivas particularistas e egoísticas de determinados atores sociais dotados de posição social hegemônica no Estado e/ou no Mercado.

Num cômputo geral, ao direcionarmos nossas críticas ao estatismo, ao nacionalismo e ao patrimonialismo, não deduzimos que o Estado, o Mercado e a nação não possam promover experiências emancipatórias. Pelo contrário, diante das permanências contemporâneas

---

aberto para a reflexão do leitor. O objetivo do relato desses casos é o de destacarmos o fato de que há elementos que indicam para a existência de certos "canais privados" de comunicação entre o Governo e o setor radiodifusor. Além da influência que entidades como a Abert começaram a exercer a partir da década de 1970, chama a nossa atenção a inquietante plausibilidade de teses de que esses vínculos pessoais podem, sim, ter tido alguma contribuição decisiva para a definição institucional de políticas públicas destinadas aos serviços de radiodifusão. Ou seja, trata-se de exemplos que, se não nos garantem a certeza das imputações, pelo menos, nos levam a refletir que, de certo modo, a forma pela qual tais políticas eram (e são) tomadas necessita se imunizar contra os riscos patrimonialistas de "privatização do público". Essas são experiências que nos sugerem que era (e é) necessário buscar concepções normativas que nos auxiliem a tornar mais transparentes e mais públicos os procedimentos de tomada de decisão e de imposição de metas coletivamente vinculantes por meio do poder e do direito.

(113) Essa preocupação que desenvolvemos acerca dos riscos decorrentes de uma assunção irrefletida da noção etnológica de nação (item "ii" do corpo do texto) é aprofundada, por Habermas (2004b:154-155), nos seguintes termos: "Esse conceito etnológico de nação entra em concorrência com o conceito empregado historicamente, porque apaga as referências específicas à ordem do Estado democrático de direito, à historiografia política e à dinâmica da comunicação de massas, às quais a consciência nacional surgida na Europa do século XIX deve seu caráter reflexivo e particularmente artificial. Quando o 'nacional' surge, a partir do ponto de vista de um construtivismo *generalizado*, de modo semelhante ao que já se deu com o étnico, como 'comunidade criada' ou 'imaginada' (M. Weber), é possível conferir à 'invenção da nação-povo' (H. Shulze) um viés surpreendentemente afirmativo. Como cunho especial de uma forma universal de comunitarização, a imaginária primordialidade natural do nacional quase ganha novamente, até mesmo para o cientista, que parte de seu caráter de construção, algo de natural. Pois tão logo vemos no nacional apenas uma variante de um universal social, o retorno ao nacional não requer maiores explicações. Quando a presunção de normalidade reverte em favor do etnonacionalismo, nem mesmo faz sentido descrever os conflitos que hoje voltam a chamar atenção enquanto fenômenos regressivos de alienação, ou tentar torná-los compreensíveis, por exemplo, como compensações pela perda de um *status* internacional de potência ou como elaboração de uma relativa privação econômica".

de conluios, relações incestuosas e riscos de captura, nem a burocracia do Estado, nem o livre Mercado, nem tampouco o sentimento de nacionalidade podem ser seguramente apontados como únicos espaços institucionais disponíveis aos cidadãos e aos movimentos sociais.[114]

Sob a ótica dos administrados-administradores, a falência do Estado Social não é apenas uma questão de insuficiência de aportes econômicos. De igual modo, o aprendizado havido a partir dessa experiência constitucional aponta, sobretudo, para a carência de legitimidade de uma atuação paternalista e clientelista quanto aos serviços públicos de (tele)comunicações.

Podemos concluir que as crises econômicas e de legitimidade do modelo normativo do Estado Social Brasileiro comprometeram (e comprometem), sobremaneira, o exercício da cidadania. Num aparato administrativo disposto a normativamente gerar tudo, faltava capital e, sobretudo, inexistiam meios cívicos institucionalizados por meio dos quais os cidadãos pudessem enxergar sua cidadania para além do estatal. A única experiência de cidadania que o Estado Brasileiro de matriz social conheceu foi aquela que gerava mais estatização — mais estadania na vida pública e privada dos cidadãos brasileiros.

É exatamente por essa razão que compreendemos o atual momento de falência institucional e econômica do Estado como um processo histórico-social e normativo que também abrange a (re)leitura daquilo que entendemos por cidadania. Com base nesse parâmetro de crise da estadania, podemos conceber a ideia, ainda em edificação, de uma matriz democrática para a Administração Pública e para formas institucionais de regulação engendradas pelo Poder Público (não necessariamente estatal).

Nesse contexto, a atuação do aparato estatal não pode ser reduzida ao quadro de um Estado falido, sob o ponto de vista dos déficits comerciais. A construção de uma nova visão constitucional do público e do privado nos leva a (re)dimensionar a atuação estatal a partir da emergência de demandas por meios jurídicos e políticos mais legítimos e democráticos para o exercitar da cidadania.

Sob esse viés, o cidadão não pode ser totalmente equiparado a cliente do Estado, nem tampouco a potencial consumidor do Mercado. A cidadania é um processo que se

---

(114) A respeito das práticas sociais e administrativas de corrupção e de "conluios", Arnoldo Wald (2001:19) aponta para os riscos proporcionados pela "relação incestuosa" por meio da qual Poder Concedente e concessionário se confundem. Os "riscos de captura", por sua vez, correspondem a hipóteses na qual os interesses públicos de controle normativo e social de determinados serviços públicos são desviados em prol de interesses particulares de atores do mercado. Daí as possibilidades sempre presentes de que a atuação regulatória seja "capturada" por particulares. Tais problemas nos são importantes porque, a partir do momento em que, normativamente, o mesmo poder público-estatal estava incumbido de prestar serviços públicos e, simultaneamente, regulá-lo surgiam, na vivência histórico-social, inúmeros problemas de gestão administrativa e, sobretudo, de como garantir a ampla aplicação dos princípios constitucionais da Administração Pública (legalidade, impessoalidade, moralidade, publicidade e eficiência — CFB/1988, art. 37, *caput*). Assim, a partir dos exemplos que destacamos nas notas anteriores, a encampação da Rádio Nacional, por exemplo, demandaria a necessidade de abertura de um espaço de controle normativo e social dos cidadãos-ouvintes de modo a que a programação também passasse a atender conteúdos culturais alternativos. No caso dos *lobbies* pessoais de Assis Chateaubriand e de Roberto Marinho, ou ainda do fortalecimento da Abert na estrutura institucional-regulatória da radiodifusão, a hipótese de que se trataria de exemplificações de "captura" das políticas públicas de rádio e televisão não pode ser simplesmente descartada.

constrói para além das instâncias do econômico e do estatal. Os cidadãos são titulares e destinatários da totalidade das vivências públicas e privadas que a Constituição pode proporcionar.

Trata-se de uma pretensão legítima de reconhecimento jurídico e político de outras experiências possíveis para a ampliação das bases formais, materiais e procedimentais por meio das quais os cidadãos, os movimentos sociais e, em última instância, o povo brasileiro autodefine sua existência. A cidadania passa a ser entendida como incessante processo de construção de instâncias fraternalmente integradas por fluxos de comunicações destinados a validar cidadãos livres e iguais para participar do espaço público e para resguardar direitos fundamentais. Esse (re)pensar da cidadania envolve, portanto, um exercício no plural, realizado pelo "nós" que pode constituir alternativas democráticas para a interpretação da constituição e do papel social a ser desempenhado pelo Estado Democrático de Direito Brasileiro.[115] Mesmo num cenário tão inóspito como o da radiodifusão, havia (e ainda há) outros redutos para a construção democrática da cidadania, da liberdade, da igualdade e da fraternidade.

Com base nessas reflexões, cidadania passa a ser vista como o emergir de novas pretensões com relação a determinados direitos e/ou deveres, independentemente de contingências fáticas excludentes. O processo democrático do construir da cidadania passa a visualizar, num horizonte compartilhado de futuros constitucionais possíveis, o surgimento de liberdades, atividades, bens e serviços que não mais podem, ou jamais devam, ser integralmente negligenciados ou negociados pelos arbítrios político, econômico, social e religioso.

Essas dimensões irrenunciáveis da autonomia pública e privada, que podem ser acionadas, a todo momento, pelos cidadãos e movimentos sociais imputam a observância mínima de procedimentos jurídico-políticos de natureza discursiva. Esses processos públicos pressupõem, por princípio, a inegociabilidade de determinados níveis de liberdade, igualdade e fraternidade. A pauta ou agenda política dessas liberdades não pode se sujeitar exclusivamente a razões de governabilidade burocrática do Estado Brasileiro, ou, ainda, aos imperativos centesimais das subidas e descidas do mercado internacional e da balança comercial nacional.

Essas realidades, embora devam ser levadas a sério para uma análise do sistema jurídico, político e econômico oferecido por nossa Constituição, também devem dialogar com os atores (ausentes e/ou participantes) da cidadania e da democracia brasileira. Seja no âmbito local, no regional, no nacional ou no global, essas inúmeras categorias de direitos e deveres precisam ser consideradas como expectativas legítimas de inclusão generalizada, de tal modo que sua interpretação seja íntegra, por inteiro.

Nesse contexto, as atividades discursivas de fundamentação, aplicação e realização dessas imputações jurídicas devem ser submetidas não somente às políticas públicas (autonomia pública), mas também aos mecanismos de salvaguarda de direitos fundamentais eventualmente afetados por essas pautas coletivas de controle (autonomia privada). Direitos

---

(115) Para maiores reflexões sobre a noção de "poder constituinte do povo", cf. Müller (2003).

e deveres são conquistas mediadas pelos processos históricos de aprendizado constitucional, com base nas experiências (ir)realizadas da cidadania e da democracia. Trata-se, em última instância, de complexos processos públicos de reconhecimento jurídico-político que demandam meios de interpretação aptos a lidar com as dificuldades normativas de sua plena concretização, no presente e no futuro constitucional de determinada sociedade.

No próximo capítulo, insistiremos na tentativa de apontar elementos de carência de legitimidade no controle normativo (estatal e social) da regulação das atividades de radiodifusão comunitária no contexto dos serviços públicos de telecomunicações. É exatamente a partir dessa opção que buscaremos resgatar, na experiência da radiodifusão brasileira, outras (re)leituras que tenham contribuído para a imaginação constitucional de modelos jurídico-políticos inovadores quanto ao papel a ser desempenhado pela atuação administrativo-estatal.

Nesse processo, nos é interessante enfocar o surgimento dos serviços de alto-falante, das rádios comunitárias e dos movimentos sociais organizados como um momento que simbolizou, a seu modo, o surgimento de dimensões diferenciadas da cidadania, conforme o papel titularizado pelos cidadãos-ouvintes. Mesmo num cenário tão inóspito como o da radiodifusão, havia (e ainda há) outros redutos para a construção democrática da cidadania, da liberdade, da igualdade e da fraternidade.

No próximo capítulo, enfatizaremos a contribuição dos cidadãos e dos movimentos sociais para a contenção de tendências antidemocráticas e excludentes de cunho estatista, nacionalista e patrimonialista das políticas públicas destinadas ao caso específico do Serviço de Radiodifusão Comunitária (SRC). Pretendemos sustentar que a experiência proporcionada por essas iniciativas de interpretação emancipatória dos direitos à comunicação e à informação contribuíram (e contribuem) para uma proposta de construção coletiva da noção de "serviço público de telecomunicações".

Capítulo 3

UMA PROPOSTA DE (RE)DEFINIÇÃO DA NOÇÃO DE SERVIÇO PÚBLICO DE (TELE)COMUNICAÇÕES A PARTIR DO SRC

> "No serviço de auto-falante
> No morro do pau da bandeira
> Quem avisa é o Zé do Caroço
> Amanhã vai fazer alvoroço
> Alertando a favela inteira
> Ai, como eu queria que fosse mangueira
> Que existisse outro Zé do Caroço
> Pra dizer de uma vez pra esse moço
> Carnaval não é esse colosso
> Nossa escola é raiz é madeira
> Mas é morro do pau da bandeira
> De uma Vila Isabel verdadeira
> É o Zé do Caroço trabalha
> É o Zé do Caroço batalha
> E que malha o preço da feira
> E na hora que a televisão brasileira
> Destrói toda a gente com a sua novela
> É que o Zé bota a boca no mundo
> E faz um discurso profundo
> Ele quer ver o bem da favela
> Está nascendo um novo líder
> No morro do pau da bandeira
> Está nascendo um novo líder
> No morro do pau da bandeira."
> (Leci Brandão, *Zé do Caroço*)

a) A contribuição dos administrados-administradores nas políticas públicas de radiodifusão comunitária

A experiência histórica da radiodifusão brasileira, que data de quase 85 anos, nos oferece sinais, ainda que ruidosos, de que, com o rádio, a forma de comunicação entre os brasileiros começou a ter suas bases estruturais de funcionamento bastante modificadas. Conforme buscamos asseverar no capítulo anterior, a intervenção do Estado Social começou a ser vista, principalmente, após o marco de 1930, como requisito normativo de legitimação da exploração educativa e/ou econômica desse setor.

A regulamentação legislativa da radiodifusão, notadamente por meio dos já mencionados Decretos de ns. 20.047/1931 e 21.111/1932, trouxe mudanças decisivas para os rumos da implantação do radialismo brasileiro.

No quadro geral que apresentamos no *Capítulo II*, os sucessivos decretos e regulamentos que disciplinaram a radiodifusão imiscuíram-se em questões de fundamentação legislativa, implementação administrativa e aplicação judicial de direitos e deveres, não somente quanto à forma, mas, sobretudo, quanto ao conteúdo da programação a ser veiculada pelas rádios. Nesse sentido, arrolamos uma série de medidas de intervenção indireta da Administração Federal que, aos poucos, buscaram restringir as liberdades dos permissionários, concessionários e, por consequência, dos próprios cidadãos-ouvintes, tais como: censura à programação; formas de financiamento permitidas; limitação do número e da intensidade da participação de patrocinadores nacionais e internacionais; definição dos horários de programação e dos limites máximos que poderiam ser destinados a propagandas; formas obrigacionais de cumprimento desses contratos; fiscalização contábil e tributária das transações de capitais envolvidas na exploração da radiodifusão etc.

Essas pretensões estatais de regulamentação acabaram não assumindo propriamente os propósitos educativos para os quais também haviam sido criadas. Em vez disso, principalmente da metade da década de 1930 até os primeiros anos que se seguiram a 1950, o formato da programação radiofônica começou a assumir novas tendências. Segundo registra *Moreira* (2006:62): "Gradativamente, a ênfase educativo-cultural foi ultrapassada pelos novos recursos sonoros, com uma programação mais ágil e diversificada, bem próxima da versão comercial estrangeira, especificamente a americana".

Com a intensificação dos apelos comerciais, as rádios passaram a abrir mão do compromisso de gerar programação educacional. A divulgação de produtos por meio de reclames consistiu em nova e rentável fonte de receitas. Conforme afirma *Othon Jambeiro* (2003:140), de 1935 a 1942, "o rádio se consolidou como um veículo massivo e comercial". Nesse contexto, indagamos: qual o papel da cidadania nesse modelo econômico de radialismo?

Na terminologia do Código Comercial (Lei Imperial n. 556, de 25 de junho de 1850), o cidadão poderia ser visto como agente capaz de praticar, sob a forma do direito, os denominados "atos de comércio". Esses atos configuravam possibilidades de ação típicas de todo comerciante que, na busca da legítima pretensão jurídico-econômica de aumentar seus lucros e rendas, vislumbrava modos alternativos de divulgar a qualidade ou a necessidade de consumo de suas mercadorias por meio das rádios.

Percebemos, contudo, que, no Brasil desse período, nem todos os brasileiros ostentavam amplas condições econômicas para se afirmarem na condição jurídica de comerciante. Ainda havia muitos cidadãos (não comerciantes) excluídos desse processo.[1]

---

(1) Apesar de não haver definição legislativa expressa acerca do conceito jurídico dos "atos de comércio", o Código Comercial dispunha em seu art. 1º acerca das "qualidades necessárias para ser comerciante", com os seguintes dizeres: "Podem comerciar no Brasil: 1. Todas as pessoas que, na conformidade das leis deste Império, se acharem na livre administração de suas pessoas e bens, e não forem expressamente proibidas neste Código. 2. Os menores legitimamente emancipados. 3. Os filhos-famílias que tiverem mais de 18 (dezoito) anos de idade, com autorização dos pais, provada por escritura pública. O filho maior de 21 (vinte e um) anos, que for associado ao comércio do

O Código Civil Brasileiro de 1917, por sua vez, ofereceu proteção jurídica um pouco mais ampla. A cidadania passou a corresponder ao *status* do ator dotado de capacidade jurídica (de fato e de direito) para praticar atos ou negócios jurídicos do direito das obrigações e dos contratos. Como a própria experiência do modelo liberal nos sugere, a garantia formal dessa condição foi importante, mas insatisfatória para reservar, com êxito, um âmbito de proteção das liberdades e da autonomia (pública e privada) dos atores sociais.

Não negamos os avanços dessa conquista formal de direitos de sede mercantil/econômica. Todavia, de nada adiantava que determinado cidadão brasileiro ostentasse a condição jurídica da capacidade de fato ou de direito se, no ambiente social, não detivesse condições sociojurídicas ou econômicas para "livremente" se obrigar por meio de contratos. O problema, a nosso ver, reside no fato de que as possibilidades jurídicas (formais e materiais) proporcionadas por essa "cidadania econômica" buscaram identificar, equivocada e sucessivamente, a noção de cidadão de modo unívoco com as ideias de: comerciante; contratante-contratado; e, mais recentemente, consumidor.[2]

No setor da radiodifusão, o acúmulo primitivo de capitais por meio da divulgação de reclames e comerciais permitiu, logo no início da década de 1940, a instalação da primeira rede nacional de radiodifusão: as Emissoras Associadas.[3] Esse empreendimento apresentava como principal socioproprietário Assis Chateaubriand e serviu de infra-estrutura para que, posteriormente, fosse inaugurada a Rede Tupi de rádio e televisão.

---

pai, e o que com sua aprovação, provada por escrito, levantar algum estabelecimento comercial, será reputado emancipado e maior para todos os efeitos legais nas negociações mercantis. 4. As mulheres casadas maiores de 18 (dezoito) anos, com autorização de seus maridos para poderem comerciar em seu próprio nome, provada por escritura pública. As que se acharem separadas da coabitação dos maridos por sentença de divórcio perpétuo, não precisam da sua autorização.Os menores, os filhos-famílias e as mulheres casadas devem inscrever os títulos da sua habilitação civil, antes de principiarem a comerciar, no Registro do Comércio do respectivo distrito".

(2) Nesse ponto, embora não neguemos a importância que políticas públicas de defesa do consumidor podem proporcionar para a conquista da cidadania, apenas enfatizamos que a dimensão fraterna de liberdades e igualdades que pode ser invocada está além da situação material, passiva e consumerista de serviços públicos de radiodifusão. Uma fiscalização da questão da veiculação de "propagandas enganosas", por exemplo, por si só, não pode ser vista como garantia de realização plena dessas prerrogativas. Assim, se essa "fiscalização" for reduzida ao espaço de um Estado que, por meio da atuação exclusiva do Ministério Público, busque "tutelar" o discernimento intelectual e moral dos cidadãos (ouvintes e telespectadores), entendemos ser difícil constatar a permanência dos *déficits* de legitimidade dessa atuação institucional do Estado. Se, ao contrário, a ideia desse "fiscalizar" assuma como pressuposto que é necessário fortalecer os procedimentos de discussão pública e de participação generalizada da sociedade para o exercício desse controle, por exemplo, surgem outras possibilidades: i) para a inclusão de um sem número de atores sociais além do Estado (comunidades, cidadãos, ONG's, entidades religiosas etc.); e ii) para a formação de outras instâncias discursivas — que não apenas as ações judiciais promovidas Ministério Público — de controle normativo e social de eventuais abusos na publicidade de produtos e serviços nos meios de comunicação de massa.

(3) Jambeiro (2003) registra um evento ilustrativo esse momento que também ficou conhecido como a "Era do Ouro" do rádio brasileiro: "Em setembro de 1935, seu inventor, Guglielmo Marconi, foi trazido ao Brasil para inaugurar a primeira emissora 'Associada', a PRG-3, Rádio Tupi do Rio de Janeiro, também chamada de 'o Cacique do Ar'. Neste mesmo ano também havia sido inaugurada a estação de rádio mais potente da América Latina, a Rádio Farroupilha, de Porto Alegre. A marca de 'rádio mais potente do continente' foi rapidamente ultrapassada por Assis Chateaubriand quando, em 1937, lançou a Rádio Tupi de São Paulo, chamada de a 'Mais Poderosa', com um transmissor de 26 quilowatts, que alcançava todo o país, e até o exterior, através de ondas curtas. Este seria o marco inaugural na formação de uma rede nacional de rádios, jornais, revistas e mais tarde televisões: o Condomínio Diários e Emissoras Associados".

O surgimento da Rede Tupi foi fato duplamente simbólico. Em primeiro lugar, representou o início da concentração econômica do setor brasileiro de radiodifusão — uma conquista que só chegou a ser superada pela hegemonia da Rede Globo, durante o período do "Milagre Econômico".[4] Além disso, a utilização de nomes indígenas para apelidar a "Taba Associada" de rádios — como costumava denominar Chateaubriand — apenas reforçou o caráter de "integração nacional" que, a rigor, negava suas origens na programação veiculada. A cultura indígena constituía, na melhor das hipóteses, uma homenagem um tanto quanto indiferente ao cenário de dizimação étnico-cultural dos povos indígenas.[5]

A radicalização desse perfil econômico de radialismo e do quadro de concentração econômica possui alguns traços também comuns à experiência da telefonia e do telégrafo, ocorrida alguns anos antes, durante o período da Primeira República (1889-1930).[6] A condição básica para ser pleno titular jurídico da cidadania oferecida pelos reclames da radiodifusão nascente ou pelas mensagens e toques dos demais serviços de telecomunicações era a de que o "cidadão" possuísse excelentes condições econômicas. Esses fatores infra-estruturais nos levam a inferir elementos básicos que proporcionaram uma espécie de acumulação econômica primitiva na administração e fruição dessas atividades.

Até o surgimento da televisão em 1950, a radiodifusão brasileira caracterizou-se por dois modelos cívicos de formação da opinião e da vontade no interior de esferas

---

(4) De acordo com Gaspari (2002b:217), a partir de 1969, com o apoio estatal, construía-se aquele que "viria a ser o maior império de comunicações da história do Brasil: o Sistema Globo de Comunicações. Em 1969, seu proprietário, Roberto Marinho, ainda não era um dos homens mais ricos do mundo, com uma fortuna avaliada nos anos 90, em mais de 1 bilhão de dólares". Cabral (2005) aponta recentes estudos e pesquisas que têm se preocupado com a questão de que a política desenvolvida pelo governo militar para "integrar" o país favoreceu determinados grupos midiáticos (como, por exemplo, a Rede Globo). Desse modo, a partir de uma proposta homogeneizante de comunicação social favoreceu o potencial proporcionado por empresas e corporações midiáticas que possuíam aportes financeiros suficientes para se lançarem no Mercado nacional como empreiteiras desse projeto governamental. Para uma interessante análise da centralização das políticas públicas e da verticalização existente no mercado de radiodifusão brasileiro nos últimos 20 anos, em torno da Rede Globo de Televisão, tanto no serviço de televisão aberta quanto no de TV por Satélite, cf. Ramos (2000:55-65;95-110).

(5) Carvalho (2004:19-20).

(6) Na seara da telefonia, nos é interessante frisar a intensificação mais severa do tom elitista e comercial dos serviços telefônicos quando interpretados à luz das possibilidades de comunicação oferecidas pelo rádio. Além das linhas telefônicas e telegráficas apresentarem maior densidade nas áreas urbanas, tratava-se de um meio de comunicação que, desde sua implantação, já estava atrelado aos dados de concentração econômica num mercado relevante praticamente monopolizado. Segundo dados estatísticos registrados na página eletrônica oficial da Anatel: "Os telefones tiveram uma responsabilidade e tanto no progresso de São Paulo. Em Minas Gerais, a história é parecida. A primeira concessão foi obtida em 1882, para uma rede telefônica em Ouro Preto. Em 1891, foi concedida permissão para linhas ligando as cidades de Leopoldina, Cataguazes e São Paulo de Muriaé. A ligação entre Rio e Minas, por linha telefônica, aconteceu em 1895. E, em 19 de julho de 1913, o Decreto nº. 3.961 regulou as condições sob as quais o governo do Estado permitia as concessões do serviço telefônico, feitas desde o ano anterior, 1912. A partir dali, várias outras cidades estabeleceram suas redes. (...). Em 1929, várias cidades mineiras ainda possuíam redes telefônicas não integradas ao sistema CTB. Várias redes foram então reconstruídas e uma grande rede interurbana passou a integrar Minas à principal rede. O privilégio não era apenas de Minas, Rio e São Paulo. Na grande maioria das outras regiões do Brasil, a telefonia foi implantada entre 1882 e 1891. Em 1889, as estatísticas apontavam um total aproximado de 160 mil telefones em todo o País. 104 mil eram da CTB". Em complementação a esses dados estatísticos, Aranha de Oliveira (2005:68) registra que, logo no início da República, cerca de 65% dos serviços telefônicos eram diretamente prestados pela Companhia Telefônica Brasileira (CTB). A partir do ano de 1916, a *Rio de Janeiro and São Paulo Telephone Company* expandiu suas redes "por vários municípios dos Estados de Rio de Janeiro, de São Paulo e de Minas Gerais".

públicas que se tornaram mais complexas: o educacional-cultural e o econômico. Em simples palavras, cada uma dessas concepções sobre o papel que o rádio poderia desempenhar trazia, em si, uma visão embutida da cidadania.

Esses, todavia, eram apenas alguns dos caminhos que poderiam ser trilhados. Se retomarmos, uma vez mais, o modelo educativo de rádio e televisão que foi impulsionado a partir da atuação de Roquette-Pinto, verificaremos os acenos de outras alternativas para esse modelo hegemônico de comunicação. Trata-se da origem de experiências que, não raro, foram utilizadas por outros cidadãos brasileiros, de poucos anos depois, como alternativa às tendências estatizantes, nacionalistas e privatizantes da radiodifusão no país.

No Brasil do início da década de 1960, mais precisamente na região nordeste, surgiram as primeiras rádios comunitárias propriamente ditas: a Radiodifusora de Natal-RN e a Rádio Rural de Mossoró-CE. Marcada pela simplicidade tecnológica da difusão por meio de cornetas, alto-falantes e postes de igrejas locais, essa experiência embrionária de radiodifusão comunitária surgiu ligada aos Movimentos Eclesiais de Base (MEBs).

De acordo com *Cecília Maria Krohling Peruzzo* (1998), o uso desses meios rudimentares de radiodifusão trouxe grande contribuição para os administrados-administradores. A partir da articulação de noções de educação popular e de capacitação de indivíduos na condição de cidadãos, o rádio permitia o acesso dessas comunidades: a informações básicas sobre saúde e a meios de organização solidária de mutirões para a limpeza de ruas, construção e preservação de bens de fruição coletiva (tais como: praças, espaços de lazer etc.).

A origem da radiodifusão comunitária é decorrente da utilização de dois tipos básicos de tecnologia: i) os serviços de "alto-falantes, utilizados como *rádios do povo*" desde a década de 1960; e ii) a operação das "rádios livres" desde os primeiros anos da década de 1970.[7] Com a proliferação de iniciativas pelos Estados do Ceará (CE), Rio Grande do Norte (RN), Espírito Santo (ES), São Paulo (SP), Santa Catarina (SC), Minas Gerais (MG) e Rio de Janeiro (RJ), as rádios comunitárias constituíram-se como verdadeiros instrumentos de radicalização democrática da cidadania.[8]

A vivência compartilhada em torno da radiodifusão comunitária partiu de concepções plurais acerca de novas alternativas para a liberdade de expressão e para a igualdade de oportunidades de utilização dos meios de comunicação de massa, notadamente, o amplo acesso das comunidades ao rádio. Exatamente por trabalhar uma acepção mais abrangente da liberdade de expressão, os locutores e integrantes da organização das estações comunitárias de transmissão passaram a se autointitular como representantes comunitários da "radiodifusão livre", daí as derivações do uso social das denominações: "rádios-livres" e "rádios comunitárias".

Nesse cenário, rádio comunitária ou livre seria aquela que funcionasse, sem os fins lucrativos do Mercado, sem a concessão do Estado e que buscasse atender aos interesses da comunidade na qual se inseria.[9]

---

(7) Nunes (2004:61).
(8) Para interessantes levantamentos acerca dos desdobramentos dos serviços de alto-falantes e das rádios livres principalmente durante as décadas de 1970 a 1990, cf. Nunes (2004:61-65).
(9) Segundo Peruzzo (1998:257-258), as características básicas de uma rádio comunitária são: i) raio de cobertura restrito a localidades de menor extensão; ii) programas interativos comprometidos com a veiculação, resgate e

Com o fortalecimento da censura e de outras medidas de cunho autoritário, principalmente durante o período do governo militar (1964-1984), a ausência de título jurídico idôneo para a exploração dessas atividades passou a se configurar como argumento suficiente para o enquadramento dos cidadãos brasileiros envolvidos como responsáveis por "operações clandestinas". Esse cenário autoritário contribuiu, de certa forma, para a rotulação dessas atividades como piratas, ilegais e, até mesmo, criminosas.

Nesse particular, com o endurecimento das medidas restritivas de franquias constitucionais, foi editada a Lei n. 5.250, de 9 de fevereiro de 1967, para "regular a liberdade de manifestação do pensamento e de informação". Surgiram, assim, os crimes de imprensa como tipos que cominavam penas mais severas para todos aqueles administrados-administradores que, no exercício da liberdade de expressão através de meios de comunicação de massa, cometessem os crimes de calúnia, difamação e/ou injúria (Lei n. 5.250/1967, arts. 20, 21 e 22, respectivamente).[10]

No caso específico da radiodifusão, a redação originária do art. 70 da Lei n. 4.117/1962 correspondia a mero procedimento administrativo, de competência do Ministro da Justiça, para permitir a autotutela dos interesses públicos pela Administração. A disposição original tratava o problema da "violação" aos padrões de radiodifusão como um típico ilícito administrativo cuja sanção máxima aplicável seria o risco de suspensão das atividades da concessionária ou permissionária.[11]

No âmbito da estrutura institucional regulatória, o Decreto-lei n. 200, de 25 de fevereiro de 1967, criou o Ministério das Comunicações como órgão central de planejamento das políticas públicas aplicáveis ao setor. Até então, nos termos da redação originária do CBT, essa matéria era de competência do Conselho Nacional de Telecomunicações (Contel). Tratava-se de um órgão colegiado de composição plural que concentrava em si funções técnicas de fiscalização e atribuições estratégicas de fixação de políticas públicas para os setores de telecomunicações e de radiodifusão.[12] Esse Decreto-lei consolidou, certamente, um efetivo esvaziamento das funções desempenhadas pelo Contel.

Novamente por decreto — 3 dias após o Decreto-lei n. 200/1967 e 19 dias depois da Lei n. 5.250/1967 —, o Poder Executivo-Militar modificou, unilateralmente, a posssibilidade de aplicação de sanção administrativa. Por meio do Decreto-lei n. 236, de 28 de fevereiro de 1967, ilícito administrativo era transformado em ilícito penal. Ou seja, com a nova redação, a legislação de regência passou a conter a descrição de um tipo penal de tal modo que, ainda hoje, o CBT preconiza:

---

valorização de usos, costumes e tradições locais; iii) ausência de fins lucrativos; iv) abertura da programação à participação dos ouvintes; e v) gestão coletiva e popular de modo a proporcionar alternativas para a construção democrática da cidadania em torno de práticas sociais voltadas para a solução de problemas enfrentados por cada comunidade local.

(10) Esses tipos penais inseridos pela legislação específica de controle da Imprensa e dos meios de comunicação estabeleceram penas maiores para os crimes de calúnia, injúria e difamação já previstos no Código Penal — CP (Decreto-lei n. 2.848, de 07 de dezembro de 1940; respectivamente, arts. 138, 139 e 140).

(11) Em sua redação original, o CBT dispunha: "Art. 70. Se a notificação não fôr prontamente obedecida, o Ministro da Justiça suspenderá, provisòriamente, a concessionária ou permissionária. Parágrafo único. O Ministro da Justiça decidirá as representações que lhe forem oferecidas dentro de 15 (quinze) dias, improrrogáveis".

(12) Amaral (1994:473-474).

Art. 70 – Constitui crime punível com a pena de detenção de 1 (um) a 2 (dois) anos, aumentada da metade se houver dano a terceiro,a instalação ou utilização de telecomunicações sem a observância do disposto nesta Lei e nos regulamentos.[13]

A rigor, essas disposições acabaram por criminalizar a experiência nascente da radiodifusão comunitária no Brasil. Todo aquele que explorasse serviço de radiodifusão sem a chancela estatal deveria ser processado, condenado e apenado, nos termos do art. 70 da Lei n. 4.117/1962.

Ao contrário do que se poderia imaginar, a repressão criminal passou a servir de estímulo para manifestações que apresentaram, de certo modo, elementos de uma espécie de desobediência civil. Além de se situarem em franca oposição à consolidação do regime ditatorial, cidadãos e movimentos sociais simplesmente continuaram a colocar as rádios para funcionar "clandestinamente". Manifestando outra leitura possível para os limites do exercício legítimo da liberdade de expressão e de pensamento, administrados-administradores buscaram construir sua identidade e a legitimidade de suas ações por meio dos seguintes protestos: "Não somos piratas. Piratas são eles [os demais concessionários e permissionários da radiodifusão comercial] que estão atrás do ouro!".[14]

---

(13) Conforme já afirmamos ainda na *Introdução*, a matéria penal e a aplicável, em tese, à radiodifusão em geral nos termos do CBT continuam formalmente vigentes por força do disposto no inciso I do art. 215 da Lei Geral de Telecomunicações (LGT — Lei n. 9.472/1997). A LGT, por sua vez, especifica novos parâmetros específicos para o caso dos serviços de telecomunicações em sentido estrito (LGT, arts. 60 e ss.) e disciplina novas sanções administrativas (LGT, arts. 173 a 182) e penais (LGT, arts. 183 a 185). Dentre essas disposições, chamamos a atenção do leitor para o tipo penal descrito no art.183 da LGT: "Desenvolver clandestinamente atividades de telecomunicações". Nossa ênfase diz respeito ao fato de que, apesar do disposto no art. 215, I, da LGT, não raro as condutas de cidadãos brasileiros que operam as rádios comunitárias sem a autorização legal prevista na Lei n. 9.612/1998 tem sido enquadrada no art. 183 da LGT, o qual comina pena de "detenção de dois a quatro anos, aumentada da metade se houver dano a terceiro, multa de R$ 10.000,00 (dez mil reais)", sem prejuízo de: "tornar certa a obrigação de indenizar o dano causado pelo crime" (LGT, arts. 184, I); e de proporcionar a "perda, em favor da Agência, ressalvado o direito do lesado ou de terceiros de boa-fé, dos empregados na atividade clandestina, sem prejuízo de sua apreensão cautelar" (LGT, arts. 184, II). Ao final deste *Capítulo 3*, apresentaremos maiores argumentações quanto às inadequações e à ilegitimidade constitucional, a nosso ver, dessa prática persecutória do Estado Brasileiro.

(14) Em inspirador artigo intitulado "Quem é 'pirata'?", Arbex Júnior (2001:67-69) desenvolve um instigante esboço acerca das possibilidades de articulação de movimentos sociais a partir das rádios comunitárias, as quais, para esse autor (2001:67): "representam uma força política no País e um espaço para a formação da cidadania". Com esses argumentos, apenas pretendemos deixar em aberto que a invocação da liberdade de expressão como forma legítima de oposição às tentativas de controle estatal é uma experiência que carece de maiores aprofundamentos. Não nos debruçaremos, porém, sobre o levantamento e aplicação das referências teóricas e vivências práticas dessa tradição moderna de legítima emancipação social. Nesse sentido, limitar-nos-emos a referir os estudos clássicos de Henry David Thoureau (1969/1993). Para os fins deste estudo, apesar de reconhecermos a importância das experiências da desobediência civil para um estudo da cidadania cosmopolita nascente, deixamos aqui, deliberadamente, uma porta aberta para futuros estudos que busquem articular essa questão a partir de práticas sociais e políticas mais específicas da cidadania brasileira. Para um interessante e detalhado estudo sobre a questão da atuação das rádios livres (isto é, o funcionamento sem autorização do Estado) como legítima experiência constitucional de desobediência civil a partir de uma análise da liberdade de discurso (*free speech*) na jurisprudência da Suprema Corte Estadunidense, *cf.* Paulo Fernando Silveira (2001:9-68). Para uma investigação da evolução desse Tribunal Americano na apreciação de temas relacionados ao discurso, consciência e ao sexo no que concerne aos limites e possibilidades de realização de franquias da liberdade de expressão e de pensamento através dos meios de comunicação, *cf. Freedom's Law: The Moral Reading of the American Constitution*, de Dworkin (1996:163-260). Outra referência básica, a nosso ver, são as considerações desse mesmo autor, na obra *Uma Questão de Princípio* (2001:495-593) sobre a censura à pornografia, o sigilo da identidade da "fonte informante" e às limitações jurisprudenciais à liberdade de Imprensa a partir da interpretação da Primeira Emenda da Constituição dos EUA que tem sido historicamente realizada pela Suprema Corte desse país.

Com esteio numa autorreflexão da comunidade acerca de práticas culturais locais e do empoderamento de seus integrantes como legítimos atores da cidadania, a atividade da radiodifusão comunitária passou a apresentar preciosos episódios por meio dos quais os administrados-administradores propuseram nova forma de conduzir as políticas públicas do setor.[15] Além de buscarem outro formato para a veiculação de conteúdos que, com muita frequência, eram negligenciados pelo radialismo de cunho comercial, a operação das rádios comunitárias correspondeu a uma forma emancipatória de descentralização da importância estatal para a realização dos direitos à comunicação. Sob o ponto de vista da cidadania, outro aspecto importante foi a abertura da programação aos mais diversos níveis de participação dos ouvintes.

São inúmeros os exemplos de que essa nova forma de programação conquistou, gradualmente, o gosto das populações locais. Em alguns episódios, a atratividade dos conteúdos veiculados chegou a ser tamanha que, até mesmo nos grandes centros populacionais do país, essas rádios ocuparam consideráveis posições na disputa pela audiência e preferência dos ouvintes-programadores. Assim, apesar dos incontáveis casos de sucessivas aberturas, fechamentos e posteriores reaberturas das estações transmissoras da radiodifusão comunitária, essa forma de radialismo passou a contar com um retorno positivo dos administrados-administradores que, na condição de cidadãos, passaram a se organizar em movimentos sociais de reivindicação de políticas públicas mais democráticas desde a década de 1970.[16]

---

(15) Em função do recorte temático apresentado logo na *Introdução*, apesar de reconhecermos o inegável potencial democrático e emancipatório de cada uma dessas experiências constitucionais singulares, não temos por objetivo realizar exaustivo levantamento das minúcias e das conquistas proporcionadas pelas rádios comunitárias nesses Estados da Federação. Essa ressalva, porém, não nos impede de fazermos breves indicações acerca das principais rádios que serviram de inspiração para a intensificação do movimento nacional de radiodifusão comunitária. Nesse sentido, destaca-se a atuação pioneira da Rádio Paranóica, em 1970, na cidade de Vitória, capital do Estado de Espírito Santo (ES). Essa rádio-livre foi organizada por dois irmãos. Ao momento da criação da Paranóica, ambos seriam considerados pelo Direito Civil como menores incapazes — um possuía 15 e outro contava com 16 anos. Esses dois cidadãos brasileiros organizaram uma programação que, apesar de desvinculada de fins políticos e ideológicos de oposição ao Regime Militar, lançava uma proposta alternativa de radiodifusão por meio do seguinte chavão: "A única que não entra em cadeia com a Rádio Nacional". A experiência foi abruptamente encerrada em 1971. Com o processo de redemocratização, os irmãos puderam voltar a operar a rádio a partir de 1983 com a denominação "Rádio Sempre Livre". Sorocaba (SP), por sua vez, é apontada como outro polo da radiodifusão comunitária no país. Durante a década de 1970, a cidade paulista serviu de celeiro para a iniciativa de cerca de 50 emissoras comunitárias. Ainda no Estado de São Paulo, a Rádio Reversão é apontada como a primeira a obter autorização governamental para funcionar. Por fim, não podemos deixar de reiterar o protagonismo exercido pela Rádio Favela FM, de Belo Horizonte (MG) — emissora cuja experiência já foi retratada no *Capítulo I*. Atualmente, não há estimativas precisas acerca do número total de rádios comunitárias no país. Segundo Arbex Júnior (2001:67), haveria "cerca de 26.000 rádios livres ou comunitárias". De acordo com dados apresentados pela Associação Mundial de Rádios Comunitárias, Subseção Brasil (Amarc-Brasil) esse número giraria em torno de "12.000 rádios comunitárias" que funcionam sem autorização no território brasileiro.

(16) Com relação ao processo de organização coletiva das rádios comunitárias, o primeiro registro existente é o da Cooperativa de Rádio-Amantes de São Paulo (1985). Após esse marco, algumas mobilizações estaduais obtiveram certo êxito. Nesse particular, citamos a Associação de Rádios Livres de São Paulo (Arlesp) e a Associação de Rádios Livres do Rio de Janeiro (Ar Livre). Esse processo está relacionado a um amplo contexto de reivindicações que ficou conhecido como Movimento Nacional pela Democratização da Comunicação (MNDC). Como resultante desse processo, em 1995, surgiu o Fórum Nacional pela Democratização da Comunicação (FNDC), uma instância que desempenhou importante papel no processo legislativo de regulamentação do atual modelo de radiodifusão comunitária. Para maiores aprofundamentos acerca das inúmeras variantes dessas lutas sociais

A pauta de debates proposta por esses sujeitos coletivos de direito não se manteve inalterada nesses quase 40 anos de articulação política. O conjunto de experiências compartilhadas pelos cidadãos e movimentos sociais em prol do fortalecimento da radiodifusão comunitária deve ser aproximado dos demais processos jurídico-políticos por meio dos quais o povo brasileiro definia sua identidade constitucional.

A partir dessas verdadeiras lutas por reconhecimento de novas alternativas à comunicação e à informação, descreveremos, brevemente, a atuação desses movimentos sociais desde 1970 até primeiros anos do século XXI.

O início da radiodifusão comunitária brasileira foi marcado por experiências autoritárias de restrição aos direitos à comunicação e à livre expressão de ideias e pensamentos através dos meios de comunicação de massa. Daí a caracterização dessa primeira fase como um período de repressão às rádios comunitárias e de formação de resistências por diversos atores sociais.

Entendemos ser pertinente relacionar esse momento da radiodifusão comunitária aos processos de contestação política que se desenvolviam na sociedade brasileira. Aqui, ganham realce, por exemplo, a emergência de entidades corporativas de profissionais liberais (tais como a Ordem dos Advogados do Brasil — OAB — e a Associação Brasileira de Imprensa — ABI); e a intensificação da organização do movimento operário e do "novo" sindicalismo, principalmente na região metropolitana de São Paulo ("ABC paulista") durante o final da década de 1970.

---

pelo reconhecimento de alternativas ao modelo tradicional de comunicação social no país, destaca-se a publicação da coletânea intitulada: "*Vozes da Democracia: histórias da comunicação na redemocratização do Brasil*". No prefácio dessa obra (que recebeu o título "*Uma iniciativa fundamental*", Venício Artur de Lima (2005:16-19) diagnostica a necessidade do resgate institucional da memória dessas experiências emancipatórias que se espraiaram em diversas regiões do país. Ademais, Lima (2005:16-18) sinaliza a importância das contribuições desses movimentos sociais nos seguintes termos: "A maioria dos registros históricos sobre a democratização da comunicação, no entanto, desconsidera a discussão da década de 1970 sobre as políticas nacionais (democráticas) de comunicação, realizadas no âmbito acadêmico e também de entidades como a Abepec (Associação Brasileira de Ensino e Pesquisa da Comunicação, criada em 1972) e identificam o início do movimento da sociedade civil apenas a partir da constituição da Frente Nacional de Luta por Políticas Democráticas de Comunicação, que veio a ocorrer doze anos depois, em 1984. (...). São 28 textos, pesquisados e escritos por 32 repórteres, que contemplam uma impressionante diversidade, incluindo depoimentos, entrevistas e relatos de ações de resistência coletados em todas as regiões do País e — mais importante — a grande maioria deles desconhecidos porque até hoje restritos ao espaço local de sua incidência histórica. Aqui são encontrados, dentre outros, relatos que revelam as ações de democratização da comunicação construídas, por exemplo, na igreja católica através da UCBC (União Cristã Brasileira de Comunicação), do Cimi (Conselho Indigenista Missionário), do Cemi (Centro de Comunicação e Educação Popular), das CEBs (Comunidades Eclesiais de Base) e da Rádio 9 de Julho; no coletivo OBORÉ de São Paulo e nos Enecoms (Encontros Nacionais dos Estudantes de Comunicação). São descritas experiências como do *Coojornal* de Porto Alegre; e outras menos conhecidas como do *Grita Povo* da Zona Leste da cidade de São Paulo; do grupo 'Salamandra-Boi' da Vila Penteado, também de São Paulo; do jornal *Posição* do Espírito Santo; da *Rádio Papa Goiaba* do Rio de Janeiro; das experiências dos jornais *Diário da Manhã* e *Top News* de Goiânia; do *Fifó* de Vitória da Conquista; do *Jornal da Cidade* de Aracaju; da Coojornat de Natal; do Tesc (Teatro Experimental do SESC) de Manaus; do *Porantim*; do *Resistência* e do *Jornal Pessoal* de Belém e do *Varadouro* de Rio Branco no Acre. Toda a diversidade e riqueza desses depoimentos, entrevistas e relatos de ações de resistência mostram um lado quase oculto de nossa realidade histórica: atores anônimos enfrentando os tempos sombrios da ditadura militar e contribuindo no longo e inacabado processo de redemocratização do país. Ao mesmo tempo, esses atores marcaram posição na disputa em torno de políticas públicas democráticas de comunicação entre nós.

Após esse momento de turbulências institucionais quanto à imposição/assentimento do modelo estatizante, nacionalista e patrimonialista de regulação da radiodifusão em geral no Brasil, a década de 1980 surgiu com as esperanças de uma distensão longa e gradual da severidade do regime militar. Esse momento de redemocratização foi capitaneado pela iniciativa de campanhas cívicas, tais como: a luta pela anistia dos exilados políticos; a reivindicação de eleições diretas (ou, simplesmente, o pleito pelas "Diretas já!"); e, por fim, a convocação do processo de discussão dos novos princípios que deveriam nortear a Constituição do Brasil.

No caso específico das rádios-livres e dos serviços de alto-falantes, a década de 1980 pode ser apontada como momento de proliferação de inúmeras experiências de radiodifusão comunitária. Além desse processo de abertura de estações radiodifusoras "não autorizadas", esse mesmo período pode ser relacionado à formação do Movimento Nacional pela Democratização das Comunicações (MNDC).

Esse movimento teve considerável influência na definição dos atuais contornos institucionais de controle normativo e social das políticas públicas voltadas aos serviços públicos de (tele)comunicações. Destacamos que, durante o período da convocação da Assembleia Constituinte de 1987, a Frente Nacional por Políticas Democráticas de Comunicação se rearticulou e reuniu diversas entidades sob a liderança da Federação Nacional dos Jornalistas (FENAJ). Com a coleta das assinaturas de 32.379 cidadãos-eleitores foi incluída a Emenda Popular n. 091, intitulada "Democratização dos meios de comunicação", destinada a ser inserida no Capítulo V da CFB/1988. A emenda proposta dividiu-se em cinco questões centrais: do direito à comunicação; da natureza dos veículos de comunicação; do Conselho Nacional de Comunicação (CNC); da democratização e acesso aos veículos de comunicação; e dos serviços de radiodifusão.

Dentre esses assuntos, um que se destacou foi a instalação do CNC. Inicialmente, a ideia era de constituir um órgão deliberativo autônomo, composto por 15 membros, sendo 2 representantes de entidades empresariais do setor de comunicação social, 1 proveniente de instituição universitária e os 12 demais oriundos de entidades representativas de profissionais do setor e cidadãos da Sociedade Civil.

Alheio a essas articulações populares durante a Constituinte, o texto da CFB/1988, embora tenha alterado a denominação do órgão colegiado para Conselho de Comunicação Social (CCS), foi bem mais tímido quanto ao reconhecimento das demandas dos cidadãos e dos movimentos sociais. Na literalidade do disposto no art. 224 da redação originária da CFB/1988, o Conselho de Comunicação Social tornou-se órgão auxiliar e consultivo do Congresso Nacional, cuja instituição dependeria de legislação ordinária específica.

Por meio da Lei n. 8.389, de 30 de dezembro de 1991, essa reserva legal constitucional foi "suprida". O art. 2º definiu como atribuição do CCS a regulação de áreas intimamente relacionadas ao setor da radiodifusão.[17]

---

(17) No que concerne a aspectos ligados à radiodifusão, o art. 2º a Lei n. 8.389/1991 especifica dentre as competências do CCS: "a realização de estudos, pareceres, recomendações e outras solicitações que lhe forem encaminhadas pelo Congresso Nacional a respeito do Título VIII, Capítulo V, da Constituição Federal, em especial sobre: a) liberdade de manifestação do pensamento, da criação, da expressão e da informação; (...) d) produção e programação das

O CCS, todavia, apenas começou a funcionar em 25 de junho de 2002, com a posse de 13 membros titulares por mandato renovável de 2 anos (Lei n. 8.389/1991, art. 4º, § 4º). A criação legislativa e a tardia entrada em funcionamento desse ente ancilar do Poder Legislativo Federal, porém, não pôde (nem pode) ser compreendida como solução para o problema do controle das políticas públicas da comunicação social do país.

Preliminarmente, nossas suspeitas já poderiam se voltar para os motivos pelos quais a instituição desse espaço de deliberação — inicialmente projetado para abarcar maiores reivindicações de participação social latentes desde o período da Constituinte (1987) — somente saiu do papel quase 15 anos depois da promulgação da CFB/1988 e há mais de 10 anos da edição da Lei n. 8.389/1991.[18]

Em segundo lugar, apesar de a criação legal e o funcionamento formal do conselho corresponderem a etapas importantes para o reconhecimento da relevância institucional e estratégica da comunicação social, não garantem, por si sós, mais liberdade e igualdade de acesso aos meios de comunicação. Assim, embora o CCS tenha surgido de legítimas influências populares, ressaltamos os riscos e perigos constantes de que a pauta de deliberações desse órgão seja instrumentalizada a favor de determinados grupos e interesses.

É exatamente esse o dilema no qual os cidadãos e movimentos sociais se veem envolvidos desde o início da década de 1990. Os administrados-administradores têm se preocupado com mecanismos e propostas mais eficazes para o desenvolvimento de uma interlocução ampla e eficiente com o Estado Brasileiro acerca das políticas públicas que possam ou devam ser destinadas às rádios comunitárias. Mais recentemente, são cada vez mais frequentes as iniciativas de organização social da cidadania em torno da criação e atuação de espaços coletivos de controle normativo e social, tais como: o Fórum Nacional pela Democratização da Comunicação; a Associação Brasileira de Radiodifusão Comunitária (Abraço); a Associação Mundial de Rádios Comunitárias — Subseção Brasil (Amarc-Brasil); a *Communication Rights of the Information Society* — Subseção Brasil (Cris-Brasil); dentre outros.

Em síntese, podemos compreender essa ampla experiência normativa e histórico-social com base na complexidade de elementos da sociedade brasileira. Assim, nesse quadro de exclusividades e exclusões que tentamos retratar no capítulo anterior, a crescente

---

emissoras de rádio e televisão; e) monopólio ou oligopólio dos meios de comunicação social; f) finalidades educativas, artísticas, culturais e informativas da programação das emissoras de rádio e televisão; g) promoção da cultura nacional e regional, e estímulo à produção independente e à regionalização da produção cultural, artística e jornalística; h) complementaridade dos sistemas privado, público e estatal de radiodifusão; i) defesa da pessoa e da família de programas ou programações de rádio e televisão que contrariem o disposto na Constituição Federal; j) propriedade de empresa jornalística e de radiodifusão sonora e de sons e imagens; l) outorga e renovação de concessão, permissão e autorização de serviços de radiodifusão sonora e de sons e imagens; m) legislação complementar quanto aos dispositivos constitucionais que se referem à comunicação social".

(18) De acordo com Carlos Gilberto Roldão (2003): "foram necessários três anos para que o então presidente da República, Fernando Collor de Mello, no dia 30 de dezembro de 1991 e o ministro da Justiça Jarbas Passarinho sancionassem a Lei n. 8.389/91, que regulamentou o art. 224. Foi estabelecido um prazo de 60 dias para que sua composição fosse feita e levada ao plenário da Câmara dos Deputados. Mas isso iria ocorrer somente dez anos depois, evidenciando a resistência dos setores empresariais e políticos a qualquer controle público da comunicação no Brasil. A concretização do CCS veio no dia 5 de junho de 2002, quando a Câmara dos Deputados aprovou a indicação dos 13 membros titulares e dos 13 suplentes. No dia 25 de junho, finalmente, os treze membros efetivos do Conselho e os 13 suplentes foram empossados".

experiência da radiodifusão comunitária no Brasil buscou tomar fôlego em ares escassos. Não bastassem os problemas formais e materiais que deveriam ser outorgados para o exercício legal-legítimo da fidúcia na utilização do bem público, essas rádios livres eram (e ainda são) perseguidas por preconizarem formas alternativas ao Estado.

Entendemos que o berço da radiodifusão comunitária não pode ser apartado, portanto, desse quadro de escassez de liberdades de comunicação somado às tentativas de limitação ostensiva de direitos civis e políticos. Essa situação, porém, não foi passivamente suportada por todos os cidadãos, nem tampouco pelos movimentos sociais que começaram a se organizar de modo mais consistente na década de 1970.

Tais administrados-administradores também se preocuparam com o tema da radicalização democrática da cidadania através dos meios de comunicação. O exercício político da veiculação de programação subversiva pelas rádios comunitárias constituía-se não somente como bandeira ideológica de oposição ao governo militar. Ao se posicionarem como abertamente contrários à herança estatista, nacionalista e patrimonialista das políticas públicas destinadas aos serviços de telecomunicações em geral, essas práticas cívicas apontavam para novas formas de controle normativo e social da radiodifusão.

As demandas por alternativas ao latifúndio do ar, que se consolidou paulatinamente desde o surgimento da radiodifusão no Brasil, nos oferecem indícios de que, por estas terras, os direitos à comunicação e à informação não mais poderiam ser compreendidos como propriedade "privada" do Estado e/ou do empresariado do Mercado radiodifusor. Os diversos exemplos oferecidos pela radiodifusão comunitária brasileira nos indicam que os programas começaram a fugir dos lugares-comuns de vendagem massificada de produtos e serviços, propaganda ideológica da atuação governamental, ou promoção pessoal de determinados políticos.

Para os administrados-administradores — simultaneamente ouvintes e programadores —, a ideia de uma programação de qualidade também deveria estar aberta: ao resgate de heranças culturais; à livre e igual possibilidade de construção de identidades; ao respeito da integridade de minorias (políticas, raciais, étnicas, sexuais etc.); à promoção constitucional da educação e da saúde pública; ao fortalecimento do controle do exercício dos mandatos de agentes políticos e da atuação governamental da Administração; enfim, a outros modos e conteúdos de compartilhamento da liberdade, da igualdade e da fraternidade.

Nesse ponto, traçaremos uma espécie de balanço dessas experiências constitucionais para delinearmos um horizonte de conquistas jurídico-políticas proporcionadas pela radiodifusão comunitária. Assim, inspirando-nos novamente na concepção desenvolvida por *Santos* (2002), articularemos algumas das dimensões jurídicas e políticas emancipatórias a partir do feixe de racionalidades da Modernidade: i) a técnico-instrumental das ciências e da tecnologia; ii) a estético-expressiva das artes e da literatura; e iii) a moral-prática da ética e do direito.

Num mercado fortemente influenciado por tendências de concentração econômica e de maximização da acumulação de capitais, a possibilidade de desenvolvimento de estratégias solidárias e fraternas de distribuição social da ciência e da tecnologia era muito limitada. Mesmo assim, a própria gênese do rádio, assim como a experiência comunitária do uso de alto-falantes e equipamentos rudimentares de radiodifusão, nos dão indícios de que determinados usos da tecnologia poderiam ser viáveis à radicalização de práticas sociais horizontais de construção democrática da cidadania.

Os administrados-administradores passaram a apresentar condições e alternativas para se expressarem no espaço público a partir de manifestações musicais, estéticas e literárias inovadoras. Não é estranho percebermos que, exatamente no período da ditadura militar, a esfera pública apresentou-se consideravelmente oxigenada por letras, melodias, versos e escritos que buscaram contestar a legitimidade do governo por meio de novas propostas estético-expressivas. No caso da radiodifusão comunitária, essa tendência se manifestou pela ideia de que as rádios-livres seriam, a um só tempo, alternativa à programação comercial de empresas e corporações do Mercado (da qual, por exemplo, tornou-se notável o programa noticioso intitulado "Repórter Esso") e aos programas institucionais do Estado Brasileiro (como é o caso das rádios-livres que, deliberadamente, não transmitiam a "Voz do Brasil").

Por fim, com relação à racionalidade moral-prática, a atuação da radiodifusão comunitária aponta para a ideia de que haveria outros âmbitos de proteção e de realização de direitos constitucionais para além do Estado. O direito, por se tratar de uma dimensão da vida pública e privada dos cidadãos, não poderia se constituir como discurso apropriado pelo Estado. Essa experiência constitucional nos sinaliza que os administrados-administradores não mais tolerariam que o jurídico e o político fossem instrumentalizados em prol da defesa de uma pretensa nação, ou de um aparato estatal autoritário.

Em síntese, cidadãos e movimentos sociais direcionaram suas ações sociais por meio de racionalidades que buscaram: i) o uso de alternativas tecnológicas mais simples e baratas para a operação das rádios livres e serviços de alto-falantes; ii) novos padrões estéticos e expressivos de divulgação dos conteúdos e formas da programação; e iii) usos éticos para a fruição alternativa de um plexo de direitos individuais, coletivos e difusos. Sob a ótica discursiva dos administrados-administradores, podemos compreender essa atuação dos cidadãos e dos movimentos sociais como práticas emancipatórias. Isto é, como exercício legítimo de liberdades constitucionais para além dos espaços institucionais anteriormente demarcados quase como "os" obrigatórios: o Estado e o Mercado.

De um modo global, essa experiência normativa e histórico-social nos indica que os meios de comunicação de massa passaram a ser interpretados não apenas como infraestrutura material de aparatos tecnológicos de considerável valor econômico que favoreciam a comunicação humana. Para que os integrantes do "povo brasileiro" passassem a se entender melhor, o modelo de radiodifusão precisaria ser revisto e redefinido, em bases mais amplas e democráticas, quanto à estrutura institucional do controle normativo e social que poderia ser desempenhado pelos inúmeros atores dessa cidadania emergente.

Estas são, a nosso ver, algumas das principais contribuições dos administrados-administradores nas políticas públicas de radiodifusão: i) a abertura de novos espaços discursivos para tais políticas; e ii) o fortalecimento de procedimentos públicos e institucionais mais sensíveis à livre, igual e fraterna organização das liberdades.

Esse processo de conquista de uma agenda pública para a "reforma agrária do ar" corresponde à questão que ainda hoje se encontra a largos passos de uma melhor definição. Trata-se de *luta por reconhecimento*[19] por meio de procedimentos públicos que garantam "mais liberdade", "mais igualdade" e "mais fraternidade" quanto às responsabilidades que uma melhor distribuição social dos benefícios do rádio e da televisão poderia proporcionar ao povo brasileiro. Daí a importância que a radiodifusão comunitária pode assumir como objeto de estudos jurídico-constitucionais acerca das possibilidades e limites de emancipação por meio do controle normativo e social, não somente da programação veiculada, mas, sobretudo, das próprias políticas públicas aplicáveis às rádios comunitárias.

Com essa contribuição plural, a noção de serviços públicos de telecomunicações passa a ser interpretada não apenas como rótulo aposto a determinada atividade: a partir do regime aplicável (direito público ou direito privado); ou dos sujeitos diretamente envolvidos (o Estado, o Mercado, os usuários); ou, ainda, de tentativas de definição formal-legalista (Formalismo) e de fundamentação da essência/importância de tais serviços (Essencialismo). A ótica discursiva da Constituição nos leva a conceber que o instituto do serviço público de telecomunicação é uma questão constitucional de realização democrática da cidadania por meio das (tele)comunicações.

Com essa sugestão, apenas destacamos que o estudo constitucional dos serviços públicos também deve passar por uma análise minudente dos procedimentos discursivos que permitem o fluxo comunicativo de definição das políticas "públicas" e "privadas" destinadas aos serviços de telecomunicações. No caso do Serviço de Radiodifusão Comunitária, entendemos que uma investigação íntegra acerca da configuração, ou não, de elementos jurídicos e políticos típicos dos serviços públicos de telecomunicações também deve passar por esses procedimentos.

Para analisarmos óbices à construção democrática da cidadania, sustentamos que a tarefa de interpretação constitucional deve se defrontar com os processos por meio dos quais são "publicamente" definidas as questões sociais, políticas, legislativas, administrativas e judiciais. Dito de outro modo, a compreensão normativa do SRC deve levar a sério a dinâmica histórica e social das políticas públicas destinadas às rádios comunitárias.

Essas premissas nos são suficientes para que, a partir da ótica dos cidadãos e dos movimentos sociais, iniciemos nossa proposta de reflexão acerca dos principais problemas e déficits do sistema de radiodifusão comunitária brasileiro. No próximo item, enfatizaremos alguns dos limites e possibilidades oferecidos pela dimensão de ampla participação cívica na programação das rádios comunitárias, seja por meio da participação ativa, seja pela fiscalização da forma e do conteúdo dos programas a serem veiculados.

b) Déficits das políticas públicas de radiodifusão comunitária

Até aqui, tentamos identificar, no cenário de surgimento do rádio e de desenvolvimento de políticas públicas de radiodifusão, alguns dos potenciais de dois modelos cívicos de

---

(19) Para maiores aprofundamentos acerca da noção de luta por reconhecimento, *cf.* Honneth (2003).

formação da opinião e da vontade concretamente compartilhados pelos cidadãos brasileiros. Levantamos subsídios histórico-normativos e técnico-jurídicos que serviriam de pano de fundo para o desenvolvimento de alternativas aptas a lidar com as deficiências da estrutura institucional disponível para o controle da radiodifusão em geral.

A partir de agora, em complementação a essas considerações, proporemos um estudo com base na identificação de tensões (regulatórias e emancipatórias) contemporâneas nas políticas públicas destinadas ao Serviço de Radiodifusão Comunitária. Para tanto, buscaremos meios de interpretação constitucional para a contenção de influências estatizantes, nacionalistas e patrimonialistas que têm sistematicamente contribuído para a colonização das políticas públicas destinadas a esse setor. Identificaremos, portanto, entraves jurídicos e políticos à contribuição dos cidadãos e movimentos sociais num horizonte constitucional compatível com o controle dessa atividade, a ser desenvolvido em bases emancipatórias.

Para uma compreensão mais profunda dessas dimensões entrelaçadas no atual texto constitucional, detalharemos a ideia de controle normativo estatal e social dos serviços de (tele)comunicações, a partir do caso específico do SRC. No contexto de crise da noção de serviço público, levantaremos alguns riscos e problemas constitucionais decorrentes da redução do tema do controle e fiscalização da atuação do Estado à mera conceituação técnico-jurídica da autorização no direito administrativo.

Preliminarmente, nos preocupamos com pretensões e princípios jurídico-políticos também compartilhados pelos cidadãos e movimentos sociais no interior da Sociedade Civil, em sua interlocução com o Estado Democrático Brasileiro. Essa juridicidade do modelo teórico de formação e circulação do poder jurídico-político, ou poder administrativo, remonta à expressão *controle normativo por meio da cidadania da sociedade e da cidadania do Estado* — cunhada ainda no *Capítulo 1*.

Em termos da legislação de regência da radiodifusão comunitária, é necessário explicitarmos como esse controle normativo está positivado na lei. Essa é uma etapa indispensável para que possamos apresentar nossa proposta constitucional de (re)definição dos serviços públicos de telecomunicação.

Realizado esse esclarecimento, a noção de controle normativo estatal e social compreende, em linhas gerais, aspectos regulatórios de dimensão econômica, política, jurídica, cultural, histórica, sociológica e psicológica. Nos termos desenganadamente amplos em que ora o apresentamos, cabe pontuarmos que esse *controle normativo* corresponde, antes de tudo, a uma dimensão interpretativa mais abrangente do que aquilo que contemporaneamente a dogmática jurídica nacional denomina como regulação setorial. Nossa discussão, por conseguinte, não assume o compromisso de teorizar sobre fundamentos e nuances dos regimes jurídicos das agências reguladoras que, há cerca de 10 anos, têm se inserido no direito brasileiro.[20]

Não ignoramos, nem tampouco invalidamos a contribuição desempenhada pelos enfoques técnico-jurídicos acerca dos elementos tecnológicos, concorrenciais e estratégicos

---

(20) Para um detalhado levantamento desses estudos, *cf.* Marques Neto (2005).

de planejamento econômico, político e jurídico (tomados em seu sentido estrito) de um determinado setor da atividade econômica explorada na sociedade brasileira. Esclarecemos que esses elementos são importantes, sim, para a nossa análise. Apenas optamos por analisar a questão específica dos serviços públicos de telecomunicações sob o enfoque do fenômeno constitucional da construção democrática da cidadania no Brasil.

Mantendo-nos firmes nesse propósito e realizadas essas ressalvas, partimos de outra proposta de compreensão que, desde há muito, também está consagrada pela tradição dos estudos desenvolvidos no direito brasileiro, a saber: a de que a interpretação da ordem econômica da Constituição Federal de 1988 está para além dos aspectos redacionais do texto constitucional ou infraconstitucional. A tarefa de interpretar a ordem econômica é mais complexa que a justaposição lógica entre as categorias jurídicas *constituição econômica formal* e *constituição econômica material*.[21] Nesse particular, chamamos a atenção do leitor para os riscos e desdobramentos que essas leituras — a formal e a material — podem trazer para a noção constitucional de serviço público no âmbito da regulação das políticas públicas de radiodifusão comunitária.

Sugerimos, em contraposição, a proposta deliberativa de serviços públicos como alternativa que concebe autonomia pública e autonomia privada como reciprocamente pressupostas. Assim, a partir do foco normativo nos procedimentos e formas jurídicas de definição das "políticas públicas" destinadas às rádios comunitárias, as categorias formal/material da Constituição passam a ser concebidas em permanente tensão e concorrência no interior do fenômeno constitucional.

Diferentemente dos modelos sustentados tanto pelos "liberais-formalistas" quanto pelos "republicanos-materialistas", não é possível concebermos a primazia discursiva de uma autonomia sobre a outra. No momento em que consideramos que os cidadãos e movimentos sociais também desempenham papéis de destinatários e coautores das normas jurídicas, somente podemos conceber direitos humanos sob o pressuposto de existência de um substrato jurídico que admita políticas públicas de livre, igual e fraterno exercício da soberania popular — a qual passa a ser concebida na condição de forma institucionalizada de definição e redefinição discursiva desses direitos.[22]

Nesse cenário, a soberania popular passa a ser admitida como garantia formal de proteção dos direitos humanos dos particulares (liberalismo), ou ainda como instrumento de garantia de materialização coletiva dos direitos humanos (republicanismo). Pretendemos contribuir para a reconstrução crítica da soberania do povo enquanto processo histórico de garantia jurídica e política de tematização democrática e incessante dos direitos humanos (democracia procedimental).

Em conclusão, tanto a dimensão formal da autonomia privada sob a perspectiva do liberalismo, como a dimensão material da autonomia pública sob a visão do republicanismo, passam a ser redefinidas democraticamente numa dimensão discursiva da Constituição econômica. Nessa proposta procedimental, o protagonismo discursivo

---

(21) Nesse contexto, apenas para citarmos uma referência contemporânea que desenvolve essa perspectiva, *cf.* Grau (2006).
(22) Habermas (1997a:139).

exercido por cada uma delas, além de contribuir para a relação de interdependência equiprimordial (ou cooriginária) que mantém entre si, é imprescindível para a legitimação do próprio processo democrático — o qual passa a se situar entre as categorias dos direitos humanos e da soberania popular.[23] Nesses termos, segundo afirma *Habermas* (1997A:168), a democracia deliberativa nos indica que:

> A compreensão discursiva do sistema de direitos conduz o olhar para dois lados. De um lado, a carga da legitimação da normatização jurídica das qualificações dos cidadãos desloca-se para os procedimentos da formação discursiva da opinião e da vontade, institucionalizados juridicamente. De outro, a juridificação da liberdade comunicativa significa também que o direito é levado a explorar fontes de legitimação das quais ele não pode dispor.

No caso dos serviços públicos, esse debate tem se colocado de modo bem menos sofisticado, por meio de inúmeras soluções conciliatórias entre o Formalismo e o Essencialismo. Essas conciliações ora enfatizam o sentido econômico-formal (de modo bem próximo a leituras liberais "puras" da Constituição), ora preconizam a preponderância do aspecto econômico material (assim como pretendem, *grosso modo*, as concepções republicanistas do texto constitucional).

Assim, a partir da proposta habermasiana de uma leitura discursivo-deliberativa para o estudo dos serviços públicos de telecomunicações, a noção constitucional de serviço público passa a ser normativamente enfocada a partir dos limites e possibilidades de inclusão democrática da cidadania para práticas de gestão (administrado-administradora) das políticas públicas de radiodifusão comunitária. Sob esse viés, por mais que tais políticas venham a ser (ou sejam) instrumentalizadas em prol de interesses pessoais, estatizantes, nacionalistas ou privatizantes, ainda assim persistiriam as pretensões normativas dos cidadãos e movimentos sociais quanto às demandas de publicização, participação, transparência e fiscalização como medidas de radicalização democrática do controle normativo e social das rádios comunitárias.

Nesse sentido, o SRC se coloca como caso limite para a interpretação constitucional da noção de serviços públicos de telecomunicações, porque, a rigor, ele não corresponde a atividade econômica em sentido estrito (CF/1988, arts. 170 e ss.). No âmbito da comunicação social, ele não integraria necessariamente nem o sistema estatal, nem o privado de radiodifusão, mas, sobretudo, o sistema público de comunicação social (CF, art. 223). Fixadas essas premissas, indagamos: o SRC é serviço público de telecomunicação?

Numa leitura formalista dessa questão, o argumento básico é o de que, por imposição legal, trata-se de serviço que deveria se submeter ao regime de autorização administrativa, e que, por essa razão, não poderia ser considerado como típico serviço público. A rigor, a exploração de rádio comunitária enquadrar-se-ia, quando muito, como "atividade privada regulamentada". Nesse ponto, transcrevemos as seguintes considerações de *Aragão* (2006:256)

---

(23) Quanto a essa tensão entre autonomia pública e autonomia privada, Habermas (2004b:86-92) afirma que se trata de uma relação de equiprimordialidade. Ou seja, autonomia pública e privada são cooriginárias; pressupõe-se que elas surgem em um mesmo momento e que não é possível enfrentar os problemas da contemporaneidade sem considerá-las reciprocamente.

quanto aos serviços de telecomunicações prestados por meio de autorização, nos termos do art. 21 da CFB/1988:

> (...) devemos indagar, inicialmente, se o art. 21, XI e XII, da CF, ao se referir à prestação de serviços mediante autorização, teria incluído entre os serviços públicos atividades de interesse público mas não titularizadas pelo Poder Público, já que, (...), ao contrário da concessão e da permissão, que delegam a execução de atividades de titularidade estatal, as autorizações são instrumentos de ordenação pública de atividades de titularidade privada. Estas atividades privadas autorizadas devem ser consideradas serviços públicos? A Constituição teria adotado um conceito amplo de serviços públicos, abrangente dos "serviços públicos virtuais" ou "impróprios"? A questão é, sobretudo, de nomenclatura (atividades privadas de interesse público x "serviços públicos virtuais"), vez que a distinção de regime jurídico entre essas atividades e as atividades de interesse coletivo exercidas ou titularizadas pelo Estado (serviços públicos propriamente ditos) é, como já exposto, evidente. Assim, se o regime jurídico — que é o que importa — é diverso, a inclusão das duas categorias de atividades no mesmo conceito (de serviço público) faria com que este, por sua amplitude, acabasse ficando sem conteúdo. De fato, malgrado a letra da Constituição afirmar que a União prestará o serviço mediante autorização, não se trata de delegação de serviço público, o que levaria a uma indevida e forçada aproximação da autorização com a técnica concessional.

Em reforço a esse argumento formal, essa abordagem ainda sustenta a tese de que, embora os incisos XI e XII do art. 21 utilizem o termo "autorização" para se referirem ao regime jurídico aplicável aos serviços públicos de telecomunicações, o emprego dessa expressão não poderia ser desvinculado do disposto no art. 175 da CFB/1988: "Incumbe ao poder público, na forma da lei, diretamente ou sob regime de concessão ou permissão, sempre através de licitação, a prestação de serviços públicos".

Os essencialistas, por sua vez, respondem à questão de maneira direta, mas, igualmente, pouco explicativa. O SRC não seria serviço público porque não poderia ter sua relevância equiparada às demais atividades de radiodifusão que, por sua importância, não somente apresentariam reconhecimento público de sua utilidade social, como também seriam compreendidas como atividades essenciais à sociedade brasileira.

Partindo do atual contexto de crise da noção de serviço público e do modelo ainda vigente para o SRC, buscamos testar alguns dos limites oferecidos pela dogmática jurídica para a compreensão dessa atividade. Como podemos constatar, a Lei n. 9.612/1998 estabelece a autorização como regime jurídico aplicável às outorgas de rádios comunitárias. Independentemente dos sistemas dogmáticos de classificação teórica, ou de sua aplicabilidade às autorizações do SRC, um aspecto decisivo é o de que, pelo simples fato de se tratar de atividades prestadas sob o regime de autorização, não se trataria de típico serviço público.[24]

---

(24) Nesse sentido, para um interessante estudo no qual são testadas as fronteiras da dogmática administrativa contemporânea quanto às dificuldades conceituais de definição do conceito clássico de autorização, assim como da crise de utilização dos múltiplos sistemas classificatórios aplicáveis (autorizações simples e operativas; autorização por operação e de funcionamento; autorizações vinculadas e discricionárias; autorização pessoal, real e mista cf.

Diferentemente desse tipo de leitura, pressupomos que o elemento constitucional que caracteriza os serviços públicos em geral não é o nome legislativo ou técnico-jurídico do regime administrativo de delegação. Em vez de reduzirmos a discussão às regras ou instrumentos aplicáveis, invocamos os princípios da administração que devem nortear as políticas públicas por meio das quais a sociedade e o Estado Brasileiro regulam a atividade (CFB/1988, art. 37).

Nesse contexto, serviço público passa a ser compreendido, em linhas gerais, por intermédio de processo público definido por lei e interpretado por uma comunidade de princípios que compartilham determinadas práticas sociais, políticas, jurídicas e meios tecnológicos. Entendemos que serviço público não é simples constatação da conformação legislativa conferida ao texto especificamente endereçado para a regulamentação formal de certa atividade.

Em primeiro lugar, consignamos que o "discurso legislativo" que fundamenta a adoção de determinado regime de direito público, privado ou misto de prestação está igualmente sujeito ao controle socioestatal de constitucionalidade. Em segundo lugar, para o caso dos serviços públicos de telecomunicações, há previsão constitucional expressa de atividades prestadas por autorização que podem ser validamente consideradas como serviço público. O texto constitucional é expresso ao admitir todas as formas estatais de outorga como instrumentos técnico-jurídicos aptos a proporcionar a prestação desses serviços por atores particulares (CF, art. 21, XI e XII).

De outra parte, serviço público não pode ser interpretado apenas como o "discurso pragmático" por meio do qual o Poder Executivo pratica um ato de sede administrativa que outorga, ou não, a prestação de determinado serviço. Para o caso dos serviços públicos em geral, o próprio art. 175 emprega a expressão "Poder Público" (veja-se, não "Poder Executivo" ou "Poder Estatal", nem tampouco "Administração Pública").

Trata-se de um Poder Público cuja titularidade é compartilhada pelos inúmeros detentores da soberania do povo brasileiro — um coletivo de atores social e politicamente organizados sob a forma da República Federativa do Brasil. A noção constitucional de serviço público deve também ser interpretada por uma "república" de cidadãos, movimentos sociais e inúmeros outros atores que dialoguem acerca de critérios por meio dos quais deva ser organizada determinada atividade econômica que demande interesse público.

A definição do que seja "interesse público" não deve ser necessariamente atrelada ao vulto dos valores econômicos envolvidos. Na hipótese do SRC, ressaltamos, inclusive, que as pretensões de regulação de uma atividade econômica em sentido estrito seriam ainda mais limitadas. A radiodifusão comunitária é atividade desprovida de fins lucrativos

---

García de Enterría (2004b:133-146). No direito administrativo brasileiro, destacamos recente artigo de Aragão (2006:221-269), na qual o autor busca traçar algumas distinções dogmáticas entre as modalidades de autorização, assim como busca traçar aquilo que denomina como "natureza jurídica" das "atividades privadas regulamentadas", com especial enfoque para as que estão enumeradas no art. 21 da CFB/1988. Esse autor (2006:232-239) tenta apresentar alguns dos limites à regulação estatal tomando por parâmetro as noções conceituais que define como "direito fundamental de livre iniciativa nas atividades privadas regulamentadas" e "núcleo essencial da iniciativa privada como limite da regulação".

e, por essa razão, não podemos aplicar, em sua integralidade, os dispositivos econômicos relacionados a contratos administrativos. Fixadas essas premissas, o Serviço de Radiodifusão Comunitária passa a ser colocado em perspectiva, a partir dos procedimentos públicos que a atividade poderia proporcionar se sua exploração fosse livre, equânime e fraternamente compartilhada por todos os administrados-administradores.

Asseveramos que, embora técnica ou legislativamente o SRC não seja definido como serviço público em sentido estrito, trata-se de atividade que envolve outras dimensões públicas de relevância constitucional. Por esse motivo, ambas as propostas de leitura dogmática (Formalismo e Essencialismo) assumem riscos de sobrecarregarem a função social do direito positivo legislado como fonte de legitimação das pretensões de controle normativo. Para essas duas leituras, o direito positivo e o aparato institucional do Estado passam a ser vistos como limite máximo para a estabilização democrática do sistema. Assim, desde já, pretendemos fugir de concepções que enfatizem os arbítrios de cada um dos poderes estatais.

Quanto à ênfase no arbítrio legislativo, entendemos como equivocada a ideia de que bastaria uma lei no plano legislativo para que a questão da radiodifusão comunitária no Brasil assumisse contornos mais precisos. Essa resposta-limite tem sido oferecida como solução, principalmente no bojo contemporâneo da discussão de uma Lei Geral da Comunicação Eletrônica de Massa (LGCEM).

Nesse ponto, reconhecemos que as deliberações sobre nova legislação de regência podem contribuir, inclusive, para uma maior reflexão acerca da repercussão das atividades de rádios comunitárias no país. Contudo, descartamos esse tipo de abordagem, porque pressupomos que o Poder Legislativo não possui controle absoluto sobre a interpretação do direito legislado que criou, o qual é permanentemente (re)significado nas práticas sociais, políticas e jurídicas.

Quanto à ênfase no arbítrio administrativo, a proposta usualmente empregada por formalistas e essencialistas é a de que, diante da desorganização governamental na gestão do setor, bastariam maiores investimentos do Poder Executivo, ou, pelo menos, que o governo desenvolvesse meios jurídico-econômicos e projetos administrativos de captação e alocação de capitais para o incremento da infraestrutura da comunicação social em termos nacionais. A esse respeito, partimos do postulado de que o Poder Executivo brasileiro não possui controle absoluto sobre o êxito dos meios jurídicos e programas administrativos de captação econômica e de investimento por ele capitaneados. Isso ocorre, principalmente, porque, no âmbito das (tele)comunicações, as instâncias políticas internacionais e, sobretudo, as corporações econômicas transnacionais do mercado financeiro estrangeiro começam a ter papéis significativos quanto a essas metas administrativas de abrangência territorial-nacional.

Essa discussão tem surgido, sobretudo, a partir de problemas quanto à adequada aplicação dos recursos do Fundo de Universalização dos Serviços de Telecomunicações (FUST) e nos levam a outra questão que, aqui, deixaremos em aberto, para que, em outro estudo, possamos desenvolvê-la: os capitais do FUST seriam aplicáveis ao financiamento da radiodifusão comunitária?[25]

Independentemente da resposta que se tenha por adequada, a nosso ver, a questão central não é como tornar mais eficiente a atuação econômica do Estado, mas, antes de tudo, de que modo a gestão e fiscalização de recursos podem ser mais transparentes e abertas à participação dos cidadãos e movimentos sociais. O cerne dessa preocupação é como tornarmos a atuação administrativa mais democrática e favorável ao fomento da cidadania.

Por fim, quanto ao arbítrio judicial, são cada vez mais frequentes os argumentos formalistas e essencialistas em prol de um Judiciário mais célere e ativo para garantir a realização das políticas públicas de radiodifusão comunitária. O argumento fundamental dessa tese é o de transformar os juízes brasileiros em órgãos ordinários de implementação das políticas públicas do setor. Essa, porém, não nos parece uma alternativa adequada.

O Poder Judiciário brasileiro, antes de tudo, não possui controle absoluto sobre as matérias que pode apreciar. Ademais, ainda que lhe fossem atribuídos maiores poderes para o processamento célere dessas matérias, a análise dessas políticas públicas não pode ser exclusivamente resumida ao atendimento dos imperativos econômicos do tempo do Mercado, ou aos imperativos políticos do tempo da governabilidade da Administração. Aqui, suscitamos dúvidas com relação a posicionamentos que buscam, a todo custo, transmutar o Judiciário em instância seletiva de imposição de metas de realização das políticas públicas a serem adotadas pelo Estado, ou, ainda, de regulação estrita da atividade econômica do Mercado.

---

(25) Para maiores informações acerca do atual estágio do debate, cf. Acórdão n. 2.148/2005, proferido pelo Plenário do Tribunal de Contas da União no Processo n. 010.889/2005-5, o qual consiste em Relatório de Auditoria, assim ementado: "Auditoria operacional com o objetivo de verificar as dificuldades, limitações e barreiras que impedem a aplicação dos recursos do Fust. Ausência de atuação eficaz do Ministério das Comunicações, no estabelecimento de políticas, diretrizes e prioridades que orientarão a aplicação dos recursos, conforme determina a Lei n. 9.998/2000, que criou o fundo. Ausência de definição dos programas, projetos e atividades que receberão recursos do Fust. Falta de integração das ações relativas à inclusão digital. Problemas na formulação do SCD. Constatação de que a atual legislação não impede a utilização dos recursos do Fust. Determinações ao Ministério das Comunicações e à Anatel. Recomendações à Casa Civil da Presidência da República. Determinação para que a Sefid realize o monitoramento da deliberação. Ciência a diversas comissões da Câmara e do Senado. Ciência ao Ministério Público da União". Como se não bastasse a clareza da ementa transcrita quanto à identificação de problemas no que concerne à aplicação dos recursos desse fundo de universalização de serviços de telecomunicações, destacamos, ainda, o seguinte trecho da manifestação do Relator do referido processo, Ministro Ubiratan Aguiar: "16. Essas informações confirmam que as discussões a respeito da forma de aplicação dos recursos do Fust retornaram a um estágio embrionário, cinco anos após a aprovação da lei que criou o fundo. Ou seja, durante cinco anos vêm sendo retirados recursos da sociedade, sem que ela tenha a contrapartida prevista em lei, que é a universalização dos serviços de telecomunicações, pela incapacidade dos governos de formularem uma política consistente para a aplicação desses recursos. 17. Por tudo que já foi levantado acerca do assunto, é muito provável que pelo menos parte dos recursos do Fust sejam voltados para ações relacionadas à inclusão digital. Nesse sentido, a equipe pôde constatar que existem vários programas com esse objetivo, coordenados por diversos órgãos, atuando de forma desintegrada. Isso leva, inevitavelmente, à superposição de ações e à ineficiência na utilização dos recursos. Em manifestação do então Secretário Executivo da Casa Civil em 4.8.2004, esse problema havia sido detectado, tendo-se sinalizado acerca da criação do Programa Brasileiro de Inclusão Digital, que reuniria todas as ações que vinham sendo desenvolvidas a respeito do tema (fls. 69/73, anexo). Não se tem conhecimento, entretanto, do desenvolvimento de ações concretas do governo com esse objetivo, em que pese o Decreto n. 5.581/2005 fazer menção ao 'programa de inclusão digital'".

A experiência moderna do constitucionalismo nos revela que o Poder Judiciário e seus tribunais se consolidaram historicamente como centros decisórios de diferenciação entre jurídico e não jurídico *(recht/unrecht)*.[26] Não é necessário muito esforço argumentativo para apontarmos os riscos que propostas de substituição integral do código do direito pelos da economia, da política, ou da administração podem ocasionar para a legitimidade dos processos públicos de realização cooriginária da soberania do povo e dos direitos humanos.

Com esses dizeres, não sustentamos a total inércia do aparato judiciário. Entendemos que os juízes devem ser sensíveis a casos de violações a prerrogativas fundamentais consagradas na Constituição e, de igual modo, ao funcionamento inadequado das garantias básicas de legitimidade do processo administrativo (tais como: devido processo legal, ampla defesa, contraditório, duração razoável do processo etc.). Em nossa opinião, é possível que juízes e tribunais estabeleçam limites jurídicos operacionais, seja para realizar novo acionamento da eficiência administrativa do Estado, seja para, de plano, permitir a exploração provisória do SRC.

Em síntese, essas são algumas das complexidades que leituras formalistas ou essencialistas dos serviços públicos de telecomunicações podem ocasionar ao sobrecarregarem a tarefa social do direito e dos poderes do Estado.

Assim, alertando-nos das deficiências decorrentes de "ênfases discursivas" no arbítrio de cada um dos poderes, seguimos a inspiração sugerida por *Pierre Issalys* (2006) no sentido de compreender o caso da radiodifusão comunitária a partir de horizontes mais amplos. Sob a designação "políticas públicas", abarcaremos, por conseguinte, não somente a noção tradicional de tomadas de decisão pela Administração Pública destinadas à realização do "Bem Comum". Preferimos adotar uma acepção ampla o suficiente para abranger, além dos discursos pragmáticos de implementação administrativa de metas públicas, os discursos de fundamentação legislativa e os de aplicação judicial.

Essa opção é adequada porque permite, a um só tempo, identificarmos procedimentos institucionais preponderantes de definição de tais políticas, assim como percebermos de que maneira a complexidade da dicotomia público-privado apresenta situações concretas que testam os limites das formas puras de cada um desses discursos. Nesse ponto, buscaremos experimentar alguns dos efeitos democráticos que determinadas interpretações desse sistema de competências constitucionais podem proporcionar à cidadania. Essa perspectiva, além de articular conjuntamente os potenciais oferecidos por cada um desses discursos, lança alguns dos perigos que podem vir à tona se um dos poderes começar a se sobrepor aos demais, ou, o mais complicado, se esses atores estatais buscarem, ilegitimamente, tutelar/obstar a cidadania dos administrados-administradores.

Estabelecidas essas noções terminológicas indispensáveis à análise que pretendemos estruturar, passaremos às principais pretensões jurídicas de contestação de influências autoritárias e antidemocráticas — também verificáveis na radiodifusão em geral, conforme sustentamos ao longo do *Capítulo 2* — nas práticas relacionadas à regulação constitucional das políticas públicas destinadas ao controle normativo e social das rádios comunitárias.

---

(26) Luhmann (1996).

Tais influências serão apresentadas por meio de diagramas. Nos quadros "A", "B" e "C", descreveremos, respectivamente, tendências estatizantes, nacionalistas e patrimonialistas numa estrutura básica composta por duas colunas.

Para o estudo dos aspectos decorrentes desses influxos (estatizantes, nacionalistas e patrimonialistas), seguiremos a sugestão habermasiana — apresentada no *Capítulo 1* — de compreensão da legitimidade democrática das pretensões jurídicas dos cidadãos e movimentos sociais participantes a partir de um duplo enfoque: i) o do direito enquanto sistema de conhecimento; e ii) o do direito enquanto sistema de ação.

Na coluna da esquerda, apresentaremos algumas das principais questões constitucionais sob a perspectiva do direito enquanto sistema de conhecimento (item "i" acima). Nesse ponto, procuraremos exemplificar questionamentos relacionados ao modo pelo qual o modelo jurídico-administrativo da radiodifusão comunitária pode ser apreendido quanto aos seus aspectos conceituais, operacionais e técnicos de definição legislativa, implementação administrativa e/ou aplicação judicial do direito.

Na coluna da direita, entrarão em cena: questões regulatórias *de lege ferenda*; aspectos de maximização da eficiência administrativa do Estado Brasileiro; e possibilidades e limites de interpretação judicial aplicada a casos concretos. Nessa coluna, nos limitaremos a indicar performances discursivo-institucionais preponderantes demandadas do Estado Brasileiro e de nossa comunidade jurídico-política de princípios, conforme a questão constitucional sugerida. Em outras palavras, colocaremos em perspectiva os discursos institucionais do ator estatal e da sociedade brasileira como instâncias responsáveis pela titularidade da garantia de políticas públicas de controle normativo e social que possam ser legitimamente acionadas pelos cidadãos e movimentos sociais na área da radiodifusão comunitária.

Nessas descrições, entrarão em cena, de um lado, as tensões sobre os tênues limites discursivos entre a fundamentação legislativa e a implementação administrativa de políticas públicas destinadas às rádios comunitárias. De outro, surgirão ardilosos problemas jurídico-políticos quanto ao controle judicial para a proteção efetiva de direitos fundamentais e a preservação de princípios constitucionais na atividade de interpretação e aplicação das leis a casos concretos.

Após a apresentação de cada um dos quadros, procuraremos especificar, sob o viés do direito enquanto sistema de ação (item "ii" acima), hipóteses relacionadas às práticas sociais e jurídico-políticas. Isto é, apontaremos algumas alternativas de realização das liberdades (coincidam elas ou não com os discursos legislativos, administrativos e/ou judiciais das políticas públicas que sejam impostas pelo *medium* do direito aos entes e órgãos estatais conjuntamente responsáveis pela realização da tarefa de estabilização das expectativas normativas). Aqui, teceremos comentários sobre pretensões constitucionais diretamente relacionadas às ações (reais e/ou potenciais) que os inúmeros atores sociais desempenham ou poderiam desempenhar quanto à atuação do Estado Brasileiro num cenário plural e democrático. Em síntese, após cada um dos quadros, exercitaremos alguns dos principais dilemas que o exercício da ótica dos administrados-administradores deve enfrentar na busca de soluções para as questões e problemas especificados.

Utilizaremos os quadros a seguir como recurso explicativo para retratarmos perplexidades e assuntos que devem ser considerados, tanto sob o ponto de vista jurídico quanto político. Num contexto sociotecnológico em que as comunicações tendem a convergir mais e mais, entendemos que o imperativo constitucional de complementaridade das políticas públicas destinadas às (tele)comunicações e ao setor específico da radiodifusão comunitária devem ser levadas a sério, não apenas sob o ponto de vista da integridade da política, ou da integridade do direito, mas também quanto ao devido processo judicial adjetivo.[27]

As propostas esquemáticas a seguir têm tão somente o escopo de destacar o papel que a construção democrática da cidadania pode proporcionar com base na ótica discursiva da Constituição, articulada pelas perspectivas individuais e coletivas dos administrados-administradores. Ou seja, não sustentamos a pretensão de traçar uma "cartilha" de conquistas, metas ou agendas que devam ser cumpridas pelos cidadãos e movimentos sociais.

Essa postura justifica-se, a nosso ver, porque não assumimos o compromisso de apontar respostas ou soluções para os problemas de gestão do setor. Essa ideia de apresentação de pretensões jurídicas e políticas dos administrados-administradores decorre, por sua vez, da preocupação de indicar algumas das questões constitucionais que devem ser destacadas sob o ponto de vista da construção democrática da cidadania. Levantamos essa questão a título de contribuirmos para a identificação de deficiências no modelo de outorga de autorizações pelo Minicom — um assunto que carece de uma maior atenção e discussão na sociedade brasileira. Nosso objetivo, em síntese, corresponde à realização de um mapeamento de interpretações constitucionais que balizem usos alternativos da radiodifusão comunitária. Sem mais delongas, seguir-se-ão, respectivamente, quadros contendo uma série de influências estatizantes, nacionalistas e privatizantes das políticas públicas destinadas ao SRC:

QUADRO A: INFLUÊNCIAS ESTATISTAS NA RADIODIFUSÃO COMUNITÁRIA

Questões constitucionais do direito como sistema de conhecimento	Procedimentos discursivo-institucionais acionáveis
1. Como tornarmos mais democrático o modelo de radiodifusão comunitária?	Discursos de fundamentação legislativa
2. A operação de rádio comunitária sem autorização é crime?	
3. Qual o papel do Estado Brasileiro na realização de direitos fundamentais nas políticas públicas de radiodifusão comunitária?	
4. Quem tem competência para legislar sobre rádios comunitárias?	
5. É legítima a exigência administrativa de autorização?	Discursos pragmáticos de implementação administrativa e de fundamentação legislativa
6. Políticas públicas de radiodifusão comunitária devem reprimir ou promover direitos de comunicação?	
7. Como desburocratizar a implementação da legislação aplicável ao SRC?	
8. Como tornar mais célere e adaptado às especificidades locais o procedimento administrativo de autorização?	
9. É possível a implementação de políticas públicas (administrativas e criminais) como garantia de proteção judicial efetiva? De que modo?	Discurso de aplicação judicial

---

(27) Dworkin (2003).

Com relação às questões formuladas nos itens 1 a 4 acima, a democratização das políticas públicas de radiodifusão comunitária passa pela consideração de uma série de medidas menos restritivas ao direito à comunicação, tais como, respectivamente: a adoção de um sistema de radiodifusão-livre (a exemplo do que já ocorre em outros países, como EUA e Inglaterra)[28]; a descriminalização das "atividades piratas" por meio do reconhecimento da possibilidade de operação independente de tutela estatal; a realização da liberdade de expressão de modo compartilhado entre Estado e Sociedade Civil, de maneira a permitir livre e igual acesso aos meios de comunicação, assim como a fraterna distribuição das riquezas por intermédio das (tele)comunicações; e a implementação de um sistema legislativo complementar entre os interesses locais dos municípios (CFB/1988, art. 30, I) e as competências gerais da União (CFB/1988, art. 21, XII, *a*), sem desconsiderar a legislação internacional incorporada que seja favorável à realização dos direitos de comunicação.

Quanto às questões indicadas nos itens 5 a 8, os administrados-administradores sustentam, inicialmente, a ilegitimidade da exigência de ato administrativo do Estado para a operação de rádios comunitárias. Desse modo, a mera comunicação do início da operação já permitiria que o Estado fiscalizasse a regularidade das transmissões.

Num segundo momento, surgem problemas administrativos de uma atuação descompassada entre a morosa autorização das rádios pelo Minicom e o fechamento indiscriminado de estações pela Anatel e pela Polícia Federal.[29] Como alternativas à desburocratização desse processo, visualizamos que, quando expirado prazo razoável para a outorga de autorização, seria plausível que o funcionamento provisório das rádios fosse administrativamente permitido.

Outra proposta interessante corresponde à tomada de medidas de descentralização e desconcentração administrativa. Hoje, todo o procedimento de outorga é concentrado no Minicom. Por fim, os cidadãos e movimentos sociais sustentam a possibilidade de que os padrões tecnológicos definidos em lei sejam mais flexíveis, de modo a garantir: o atendimento de peculiaridades locais e a "não interferência" em outros serviços de radiodifusão, ou nos demais serviços públicos (aviação civil, polícia, bombeiros, hospitais etc.).

Por último, a questão 9 refere-se a situações em que o aparato burocrático do Estado não seja competente para, de modo célere, promover direitos constitucionais. Nesse caso específico, surgem demandas das rádios comunitárias para que as decisões judiciais sejam individualizadas e sensíveis à violação de direitos fundamentais nas esferas administrativa e criminal. Com relação a esse tema, entendemos que o Judiciário é uma instância extraordinária que não pode ser acionada de modo desregrado para a implementação direta dessas políticas públicas. Assim, sustentamos que os juízes somente poderão ingressar

---

(28) Arbex Júnior (2001:67-68).
(29) Segundo registra Athayde (2006:30): "A questão pode ser mensurada pelos mais de 8 mil pedidos de concessão de rádios comunitárias ainda sem definição. Ou pela média de 80% de arquivamento desses pedidos, pelo não cumprimento de quesitos burocráticos, enquanto na radiodifusão comercial o índice é menor que 10%. Em entrevista a *Carta Capital*, o ministro das Comunicações, Hélio Costa, alega ser impossível analisar os pedidos mais rapidamente: '— Desde 2002 trabalhamos com apenas 20% do nosso pessoal. Não temos como verificar isso com rapidez. Há muita insegurança no sentido de quem estamos autorizando a ter uma emissora. O processo completo para a liberação de uma rádio comunitária tem levado até oito anos. Como se pode prever, elas não esperam tanto tempo e começam a funcionar clandestinamente. À Anatel cabe fechar e lacrar, indiscriminadamente, qualquer emissora sem outorga, (...). Este ano, a Anatel fechou cerca de 800 emissoras'".

QUADRO B: INFLUÊNCIAS NACIONALISTAS NA RADIODIFUSÃO COMUNITÁRIA

Questões constitucionais do direito como sistema de conhecimento	Procedimentos discursivo-institucionais acionáveis
1. Como as rádios comunitárias podem contribuir para a integração cultural? Que integração cultural é essa?	Discursos de fundamentação legislativa
2. Como veicularmos atividades culturais nacionais, regionais e locais por meio das rádios sem perdermos nossa identidade?	
3. O direito à liberdade de expressão e de organização de rádios comunitárias é uma prerrogativa exclusiva de cidadãos brasileiros?	
4. Quais políticas públicas devem ser implementadas para assegurar a integração cultural?	Discursos pragmáticos de implementação administrativa e de fundamentação legislativa
5. Deve haver limitação administrativa de conteúdos? Como ela pode ser exercida? Quem são seus titulares?	
6. É possível a adoção de um modelo indicativo de programação para as rádios comunitárias? De que modo?	
7. Como promover a pluralidade de opções culturais e a veiculação de conteúdos sem impedir o reconhecimento das diferenças locais, regionais e das minorias?	
8. Como deve ser a relação entre a aplicação de normas nacionais e internacionais quanto a conteúdos diversos no que concerne à tutela dos direitos de comunicação?	Discurso de aplicação judicial
9. Há hierarquia formal entre normas nacionais e internacionais? De que modo essa relação pode ser constitucionalmente interpretada em casos concretos que envolvam rádios comunitárias?	
10. Como as rádios comunitárias podem oferecer sua parcela de contribuição para a construção democrática da cidadania pelos inumeráveis atores integrantes do "povo brasileiro"?	Discursos pragmáticos de implementação administrativa, de fundamentação legislativa e de aplicação judicial

na seara dos demais poderes quanto à definição das políticas públicas, se o fizerem por meio de decisão fundamentada e legítima (CFB/1988, art. 93, IX).

Inicialmente, as questões 1 a 3 nos sugerem que a "promoção da cultura nacional" não pode ser dissociada da "regionalização da produção cultural, artística e jornalística" (CFB/1988, art. 221, I e III). A integração cultural não pode se basear, portanto, em ideais ufanistas de construção da identidade nacional, porque diferenças culturais também integram o processo democrático de construção das liberdades de comunicação por meio das rádios comunitárias.

Nesse ponto, enfatizamos que a liberdade de expressão é uma franquia prevista como direito humano a serviço da cidadania. Nos termos do art. XIX da Declaração Universal das Nações Unidas, de 10 de dezembro de 1948: "Todo homem tem direito à liberdade de opinião e expressão; este direito inclui a liberdade de, sem interferências, ter opiniões e de procurar, receber e transmitir informações e ideias por quaisquer meios independentemente de fronteiras".

Para a concretização dessas pretensões legislativas, as questões 4 a 7 buscam traçar um perfil normativo para o Sistema Brasileiro de Telecomunicações que seja sensível à influência de experiências locais e regionais. A implementação do SBTel surge, por sua vez, como processo coletivo e plural de definição de políticas públicas de fomento à liberdade de expressão com respeito à integridade cultural de minorias, à soberania popular, à dignidade humana e à cidadania (CFB/1988, art. 1º, I a III).

Num contexto multicultural de globalização, a adoção de parâmetros etnonacionalistas de controle do conteúdo programático das rádios comunitárias pode comprometer a inclusão de cidadãos estrangeiros, num verdadeiro desperdício dessa contribuição para a radicalização da democracia por meio da radiodifusão comunitária. Frisamos que o direito à comunicação é de titularidade de todos. Daí a legitimidade das pretensões de que todos os administrados-administradores possam ter acesso à programação.

Por essas razões, sustentamos ser possível a adoção de um modelo indicativo que favoreça a veiculação de "finalidades educativas, artísticas, culturais e informativas" (CFB/1988, art. 221, II). Todavia, as exigências legais de que a programação seja, preferencialmente, motivada por fins de veiculação de conteúdos culturais diversificados não podem ser implementadas de modo radical. É importante recordarmos que, em certas circunstâncias (como no caso Amujun, retratado no *Capítulo 1*), a afirmação de identidades culturais de grupos minoritários pode, sim, fazer parte de uma pauta pública de reconhecimento local, regional e nacional de determinadas identidades.

Ao articularmos esse tema no âmbito da aplicação judicial, as questões 8 e 9 nos colocam a preocupação de que, para fins de realização prática dos direitos de comunicação, o Poder Judiciário deve conferir igual respeito e consideração a interpretações judiciais que permitam "mais liberdade", "mais igualdade" e "mais fraternidade". Assim, para os tratados que versarem sobre direitos humanos relacionados às liberdades de comunicação e que forem submetidos ao Legislativo Federal após a EC n. 45, de 08 de dezembro de 2004, é possível a incorporação de tratados sob o *status* de emenda constitucional (CFB/1988, art. 5º, § 3º). Já quanto aos atos normativos internacionais que foram incorporados de antes da promulgação da CFB/1988 até a edição da referida emenda, a jurisprudência do Supremo Tribunal Federal, desenvolvida desde a década de 1990, edificou-se no sentido de que seriam equiparáveis a leis ordinárias de sede infraconstitucional.

A esse respeito, nos casos em que se discutia a incidência de questões tributárias decorrentes de tratados internacionais, o STF firmou, em inúmeras ocasiões, a possibilidade de aplicação do princípio da prevalência do direito internacional sobre o direito interno infraconstitucional, nos termos do art. 98 do Código Tributário Nacional (CTN).[30] Já na hipótese de realização de direitos humanos por meio do reconhecimento de garantias mais efetivas no direito constitucional pátrio, o Tribunal sustenta que, existindo lei ordinária mais específica (ainda que pré-constitucional), a aplicação do tratado deveria ser afastada.

Apesar dessa postura ambivalente verificável na jurisprudência do STF, é possível interpretarmos a garantia mais benéfica como vetor supralegal que neutralizaria indevidas intervenções na proteção dessas prerrogativas constitucionais. Desse modo, em situações nas

---

(30) *Cf.*, entre outros: RE n. 99.376/RS, Rel. Min. Moreira Alves (Segunda Turma, recurso extraordinário parcialmente conhecido e, nesta parte, provido, por unanimidade, julgado em 8.11.1983, *DJ* de 1º.6.1984); e RE n. 100.105/RS, Rel. Min. Moreira Alves (Segunda Turma, recurso extraordinário parcialmente conhecido e, nesta parte, provido, unânime, julgado em 8.11.1983, *DJ* de 27.4.1984).

quais as disposições desses tratados sejam mais favoráveis à realização de direitos fundamentais, elas prevaleceriam independentemente do *quorum* de aprovação do ato normativo internacional.[31] Esse entendimento nos é válido porque, no caso das rádios comunitárias, entraria em cena a legitimidade da pretensão normativa de aplicação do Pacto de São José da Costa Rica, de 22 de novembro de 1969.[32]

Se houver aparente conflito entre normas que versem sobre limitações a direitos à comunicação e à informação, entendemos não ser possível assumir a premissa de que a legislação nacional, ainda que mais restritiva, deva ter primazia com relação a atos normativos internacionais que visem a assegurar liberdades mais amplas aos administrados-administradores. Independentemente do *status* formal que determinado ato legislativo apresente, não podemos perder a dimensão da importância operacional que os direitos fundamentais recebem no direito brasileiro para a distinção constitucional/inconstitucional.

O assunto da hierarquia formal entre tratados internacionais e leis nacionais deve ser constitucionalmente posta, a nosso ver, em outros termos, a partir da seguinte proposta de reflexão: a legislação nacional infraconstitucional deve prevalecer, ainda que implique restrição de franquias fundamentais ligadas aos direitos à comunicação e à informação?

A Constituição de 1988 imputou aos direitos fundamentais uma importância operacional ímpar decorrente de perfil discursivo que serve, inclusive, de parâmetro para o controle jurisdicional de emendas constitucionais (CFB/1988, art. 60, § 4º). A violação de direitos fundamentais é limite jurídico válido para a distinção entre atos normativos constitucionais e aqueloutros que não sejam compatíveis com a ordem constitucional. Assim, suscitamos idêntica preocupação em outros termos: há sentido normativo plausível para interpretarmos leis administrativas de restrição de direitos de comunicação

---

(31) A tese da supralegalidade do direito internacional foi desenvolvida no STF a partir do julgamento de dois processos: a Apelação Cível n. 7.872, Rel. Min. Philadelpho Azevedo, julgado em 11.10.1943; e Apelação Cível n. 9.587, Rel. Min. Orozimbo Nonato, julgado em 21.8.1951. Em ambos os casos, contudo, discutiu-se o tema da supremacia do direito internacional a partir de situações concretas de aplicação de dispositivos internacionais relativos à matéria tributária. A partir da década de 1990, o tema foi ventilado por diversas vezes principalmente nos votos vencidos proferidos nos julgamentos dos seguintes processos: HC n. 72.131/RJ, Red. p/ acórdão Min. Moreira Alves [Pleno, *habeas corpus* indeferido, por maioria, vencidos os Ministros Marco Aurélio (Relator Originário), Francisco Rezek, Carlos Velloso, Sepúlveda Pertence, em 23.11.1995, *DJ* de 4.12.1995]; Medida Cautelar na ADI n. 1.480/DF, Rel. Min. Celso de Mello (Pleno, liminar parcialmente deferida na ação direta de inconstitucionalidade, por maioria, vencidos os Ministros Carlos Velloso, Ilmar Galvão, Marco Aurélio e Sepúlveda Pertence, em 4.9.1997, *DJ* de 18.5.2001); RHC n. 79.785/RJ, Rel. Min. Sepúlveda Pertence (Pleno, recurso em *habeas corpus* desprovido, por maioria, vencidos os Ministros Marco Aurélio e Carlos Velloso, em 29.3.2000, *DJ* de 22.11.2002); e RHC n. 80.035/SC, Rel. Min. Celso de Mello (Segunda Turma, negado provimento ao recurso ordinário em *habeas corpus*, por maioria, vencidos o Ministro Marco Aurélio, em 21.11.2000, *DJ* de 17.8.2001).

(32) O Pacto de São José da Costa Rica foi aprovado pelo Decreto Legislativo n. 27, de 26 de maio de 1992 e promulgado pelo Decreto n. 678, de 06 de novembro de 1992. No caso da radiodifusão comunitária, vale mencionarmos as seguintes disposições do art. 13 do Pacto: "1. Toda pessoa tem direito à liberdade de pensamento e de expressão. Esse direito compreende a liberdade de buscar, receber e difundir informações e ideias de toda natureza, sem consideração de fronteiras, verbalmente, ou por escrito, ou em forma impressa ou artística, ou por qualquer outro processo de sua escolha. (...). 3. Não se pode restringir o direito de expressão por vias ou meios indireto, tais como o abuso de controles oficiais ou particulares de papel de imprensa, de frequências radioelétricas ou de equipamentos e aparelhos usados na difusão de informação, nem por quaisquer outros meios destinados a obstar a comunicação e a circulação de ideias e opiniões".

a partir da ótica da especialidade dos assuntos abarcados pela legislação (*lex speciallis derrogat lex generallis*)?

Em recente discussão no RE n. 466.343/SP, o Plenário do Supremo Tribunal Federal modificou essa interpretação para reconhecer por maioria a *status* supralegal de tratados sobre direitos humanos anteriores à edição da EC n. 45/2004. No caso concreto, o Plenário da Suprema Corte enfatizou a prevalência de disposição de tratado internacional sobre direitos humanos (O Pacto de San José da Costa Rica, art. 7º, § 7º), sobre texto legal interno (Decreto-lei n. 911/1969, art. 4º) dessa interpretação.[33]

Para que continuemos essa reflexão em outros termos, entendemos como ilegítima a postura esboçada pela jurisprudência anterior do STF no sentido de preservar uma leitura "internacionalista" para a aplicação da legislação tributária e "nacionalista" para a

---

(33) O julgamento do Recurso Extraordinário n. 466.343/SP, Rel. Min. Cezar Peluso, encerrou-se no dia 03 de dezembro de 2008. Não obstante isso, segundo informações constantes no *link* "Acompanhamento Processual" da página oficial do Supremo Tribunal Federal (<www.stf.jus.br>), ao momento do fechamento da publicação desta edição, o inteiro teor do acórdão desse julgado ainda não havia sido publicado. Daí a necessidade de que façamos um breve relato da evolução dos debates travados no Tribunal. Segundo noticia o Informativo n. 449/STF, de 20 a 24 de novembro de 2006: "O Tribunal iniciou julgamento de recurso extraordinário no qual se discute a constitucionalidade da prisão civil nos casos de alienação fiduciária em garantia (DL n. 911/69: 'Art. 4º Se o bem alienado fiduciariamente não for encontrado ou não se achar na posse do devedor, o credor poderá requerer a conversão do pedido de busca e apreensão, nos mesmos autos, em ação de depósito, na forma prevista no Capítulo II, do Título I, do Livro IV, do Código de Processo Civil.'). O Min. Cezar Peluso, relator, negou provimento ao recurso, por entender que o art. 4º do DL n. 911/69 não pode ser aplicado em todo o seu alcance, por inconstitucionalidade manifesta. Afirmou, inicialmente, que entre os contratos de depósito e de alienação fiduciária em garantia não há afinidade, conexão teórica entre dois modelos jurídicos, que permita sua equiparação. Asseverou, também, não ser cabível interpretação extensiva à norma do art. 153, § 17, da EC n. 1/69 — que exclui da vedação da prisão civil por dívida os casos de depositário infiel e do responsável por inadimplemento de obrigação alimentar — nem analogia, sob pena de se aniquilar o direito de liberdade que se ordena proteger sob o comando excepcional. Ressaltou que, à lei, só é possível equiparar pessoas ao depositário com o fim de lhes autorizar a prisão civil como meio de compeli-las ao adimplemento de obrigação, quando não se deforme nem deturpe, na situação equiparada, o arquétipo do depósito convencional, em que o sujeito contrai obrigação de custodiar e devolver. RE n. 466.343/SP, rel. Min. Cezar Peluso, 22.11.2006." (Errata do registro "Alienação Fiduciária e Depositário Infiel – 1", veiculada por meio do Informativo n. 450/STF, de 20 a 27 de novembro, a 1º de dezembro de 2006). No Informativo n. 449/STF, registra-se, ainda, que: "Em seguida, o Min. Gilmar Mendes acompanhou o voto do relator, acrescentando aos seus fundamentos que os tratados internacionais de direitos humanos subscritos pelo Brasil possuem *status* normativo supralegal, o que torna inaplicável a legislação infraconstitucional com eles conflitantes, seja ela anterior ou posterior ao ato de ratificação e que, desde a ratificação, pelo Brasil, sem qualquer reserva, do Pacto Internacional dos Direitos Civis e Políticos (art. 11) e da Convenção Americana sobre Direitos Humanos — Pacto de San José da Costa Rica (art. 7º, § 7º), não há mais base legal para a prisão civil do depositário infiel. Aduziu, ainda, que a prisão civil do devedor-fiduciante viola o princípio da proporcionalidade, porque o ordenamento jurídico prevê outros meios processuais-executórios postos à disposição do credor-fiduciário para a garantia do crédito, bem como em razão de o DL n. 911/69, na linha do que já considerado pelo relator, ter instituído uma ficção jurídica ao equiparar o devedor-fiduciante ao depositário, em ofensa ao princípio da reserva legal proporcional. Após os votos dos Ministros Cármen Lúcia, Ricardo Lewandowski, Joaquim Barbosa, Carlos Britto e Marco Aurélio, que também acompanhavam o voto do relator, pediu vista dos autos o Min. Celso de Mello. RE 466343/SP, rel. Min. Cezar Peluso, 22.11.2006". Por último, da leitura do Informativo n. 531, depreende-se que, em conclusão da discussão do referido recurso extraordinário: "Prevaleceu, no julgamento, por fim, a tese do *status* de supralegalidade da referida Convenção, inicialmente defendida pelo Min. Gilmar Mendes, no julgamento do RE 466-343/SP (...). Vencidos, no ponto, os Ministros Celso de Mello, Cezar Peluso, Ellen Gracie e Eros Grau, que a ela davam a qualificação constitucional, perfilhando o entendimento expendido pelo primeiro no voto que proferira nesse recurso. O Min. Marco Aurélio, relativamente a essa questão, se absteve de prounciamento. (HC 87.585/TO, rel. Min. Marco Aurélio, 3.12.2008)".

realização de direitos fundamentais à comunicação e à informação. Ou seja, a posição fixada no julgamento mencionado permitiu a uniformização da interpretação constitucional no sentido de conferir maior amplitude a direitos humanos e fudamentais com os quais o Brasil tenha se comprometido no âmbito interno e internacional.

Num cômputo geral dessas influências nacionalistas, entendemos que, para a concretização de direitos fundamentais da cidadania, a conformação fático-normativa da situação concreta deve ser levada a sério. É exatamente esse substrato que oferece aos intérpretes os elementos decisivos para que se verifique se há, ou não, algum interesse da soberania do povo brasileiro efetivamente afetado. Nesse particular, nos remetemos às experiências relatadas no início deste capítulo para pinçarmos inúmeras situações concretas nas quais as rádios comunitárias foram (e são) utilizadas como instrumentos de auxílio a outras políticas públicas, tais como as destinadas à saúde, educação, resgate cultural, construção de identidades coletivas, proteção a minorias de gênero, raça, etnia e orientação sexual etc.

Destarte, se a exploração do serviço for promovida para os fins de regionalização de atividades culturais, ou até mesmo para auxiliar medidas de integração cultural no âmbito nacional, por exemplo, a exploração da rádio pode, ao revés, proporcionar meios mais eficazes de realização do direito à comunicação e à informação para além dos potenciais formais e materiais de concretização estatal. Essas vivências e aprendizados nos levam a reconhecer a legitimidade das rádios comunitárias sob o ponto de vista da integridade do direito e da política.

Sob o aspecto normativo, a tarefa do intérprete de buscar reconstruir a experiência da integridade jurídico-política da sociedade brasileira demanda outras complexidades. Antes de tudo, sustentamos que esse é um desafio constitucional para a construção da identidade do povo brasileiro. Sem "jeitinhos", desejamos encarar, com seriedade, a ideia de que constituímos uma comunidade autônoma. Isto é, normativamente competente para alterar os rumos e trajetórias de nossa caminhada democrática em avanços por "mais liberdade", "mais igualdade" e "mais fraternidade".

Essa não é, entretanto, uma tarefa fácil. Os riscos e perigos de apropriação retórica de expressões etnonacionalistas nos instigam a refletir sobre os obstáculos existentes no caminho democrático da cidadania. Daí o papel que os discursos normativos de fundamentação legislativa, implementação administrativa e aplicação judicial podem oferecer para a (des)construção de tradições culturais cristalizadas em práticas sociais ilegítimas, ainda que positivadas em textos legais como típicas manifestações dos "interesses públicos" ou dos "interesses da nação".

As questões 1 a 4 no Quadro C a seguir insinuam que o tema das políticas públicas destinadas às rádios comunitárias não pode ser discursivamente apropriado pelo Estado e/ou pelo Mercado. Daí os riscos de medidas que busquem reduzir, a todo custo, o espaço de deliberação dessas políticas ao aparato administrativo estatal ou ao livre Mercado.

Nesse contexto, a Sociedade Civil também se constitui como instância alternativa para uma autorreflexão que facilite a distinção entre práticas sociais de radiodifusão

QUADRO C: INFLUÊNCIAS PATRIMONIALISTAS NA RADIODIFUSÃO COMUNITÁRIA

Questões constitucionais do direito como sistema de conhecimento	Procedimentos discursivo-institucionais acionáveis
1. A exploração da radiodifusão comunitária é um assunto a ser resolvido exclusivamente pelo Estado?	Discursos de fundamentação legislativa
2. Trata-se de assunto acerca do qual os atores do Mercado devem atuar com total liberdade?	
3. Qual o papel da Sociedade Civil para a regulação dessa atividade?	
4. Afinal, a quem pertence o poder-dever de controle normativo das rádios comunitárias no Brasil?	
5. A programação pode apresentar viés político-partidário?	
6. Os programas podem ter vinculação ideológica com religiões?	
7. Como implementar políticas públicas que garantam condições financeiras mínimas para que essas rádios operem?	Discursos pragmáticos de implementação administrativa e de fundamentação legislativa
8. É possível o custeio e/ou administração das rádios comunitárias por partidos, parlamentares, corporações ou grupos religiosos?	
9. Como controlar o conteúdo da programação comunitária?	
10. Quais procedimentos administrativos devem ser adotados para coibir o uso indevido da radiodifusão comunitária?	
11. Qual o objetivo da aplicação de sanções administrativas quanto à exploração inadequada do serviço? A quem essas sanções se destinam? É legítima a aplicação de penalidades administrativas distintas entre autorizatários e rádios não autorizadas?	
12. O espectro eletromagnético, na condição de bem público, está isento da obrigação de cumprir com a função social da propriedade?	Discursos pragmáticos de implementação administrativa e de aplicação judicial
13. É criminosa a exploração de rádio comunitária que atenda à finalidade social da programação? Nesse caso, a ela também devem se aplicar as sanções administrativas?	
14. No caso de mora injustificada da Administração, é possível que o Poder Judiciário garanta o direito de determinada entidade a explorar o SRC? De que modo? Qual a interpretação de "prazo razoável"?	
15. É constitucional o "lacre" administrativo de estações de radiodifusão comunitária pela Anatel?	
16. A Anatel possui competência constitucional para exercer "poder de polícia" ou funções de polícia judiciária?	
17. É possível reconhecer direito líquido e certo da Anatel para "lacrar" estações? Se sim, em quais condições?	
18. O procedimento administrativo do "lacre" deve observar algum princípio constitucional?	

comunitária que devam ser promovidas e outras atividades aventureiras motivadas, tão somente, pela tentativa de realização de interesses individuais, religiosos, mercantis e politiqueiros. O direito à comunicação e à informação pertence a todos nós. Por esse motivo, a contribuição democrática da cidadania pode assumir importante tarefa para a análise da legitimidade do controle normativo e social das políticas públicas destinadas a esses serviços. A ótica dos administrados-administradores imputa a todos os cidadãos e movimentos sociais, o direito e, sobretudo, o dever e a oportunidade de acionarem o espaço público para identificar práticas sociais tendentes à privatização de tais políticas.

Em continuidade a essas preocupações de fundamentação legislativa, as questões 5 e 6 problematizam o tema constitucional de que é impossível dissociar direitos civis decorrentes das liberdades de comunicação de direitos políticos que veiculem opiniões e pensamentos. A ideia de vinculação político-partidária, ou, ainda, a interação com instituições religiosas pode contribuir para a privatização da programação. Nesse horizonte, retomamos a ideia de que os exemplos de instrumentalização política na exploração da radiodifusão comunitária são inúmeros.

Déficits decorrentes de mazelas como a promoção pessoal de "dirigentes" de "entidades comunitárias" fantasmas e o emparelhamento político-partidário e religioso da programação (coronelismo eletrônico e apadrinhamento dessas rádios) nos deixam a preocupação de que essas práticas de imposição do poder não podem ser histórica e socialmente naturalizadas. Há opções jurídicas e políticas de legítima articulação constitucional de medidas e ações que podem contribuir para a contenção dessas tendências indesejadas. Daí a necessidade de políticas públicas que garantam autonomia, isenção e transparência das pautas que definam a forma e o conteúdo desses programas.

As rádios comunitárias podem se constituir como espaços plurais de livre, igual e fraterna realização dos direitos à comunicação. A rigor, a radiodifusão comunitária também deve se mostrar aberta à ampla publicização e à crescente inclusão de diferenças de orientação ideológica — uma função que contribui, a seu modo, para o fortalecimento de medidas emancipatórias de formação e circulação normativa da opinião e da vontade.

Para a garantia das condições mínimas de operação dessas rádios, as questões 7 e 8 nos levam a refletir se, sob a ótica dos administrados-administradores, é possível, ou não, tolerarmos práticas sociais que busquem privatizar o espaço público de definição das políticas destinadas à radiodifusão comunitária. Nesse ponto, observamos que a integridade política da comunidade passa a ser afetada quando o critério de distribuição de capitais para o financiamento dessas atividades é estipulado por intermédio de emparelhamentos partidários, politiqueiros, religiosos e, até mesmo, por critérios estritamente econômicos. A integridade jurídica, por sua vez, se vê comprometida, porque a falta de transparência quanto à alocação de recursos para a operação das rádios comunitárias acaba por influenciar práticas de direcionamento do conteúdo da programação em prol da afirmação hegemônica de interesses privatistas.

Por essas razões, não nos desvinculamos da ideia de que as rádios comunitárias, apesar de todos os riscos de desvios políticos, podem se configurar como legítimos instrumentos de radicalização democrática e de promoção da cidadania. Trata-se de ferramentas que permitem o uso público da razão para a discussão de alternativas de distribuição dos benefícios sociais de modo mais equânime, tendo em vista as influências de um Mercado concentrado e, muitas vezes, associado a determinados grupos políticos e religiosos.[34]

---

(34) Nunes (2004:69) sintetiza que: "Em um levantamento realizado por Bayma (2002), para a assessoria técnica do Partido dos Trabalhadores (PT) na Câmara dos Deputados, a partir de cruzamento de dados da ANATEL, do

Segundo *Nunes* (2004:69), esse processo de concentração continua a se intensificar, desde os anos que antecederam à promulgação da CFB/1988. Assim, entendemos que o custeio e/ou a administração das rádios comunitárias por partidos, parlamentares, corporações ou grupos religiosos não devem ser irrestritamente admitidos no âmbito constitucional, porque apresentam consideráveis possibilidades de instrumentalização.

Aliada a esse debate, a questão 9 nos incita a estruturar o assunto do controle normativo e social da programação de atividades de radiodifusão comunitária com base em formas plurais e publicamente compartilhadas. Nesse cenário, o controle de conteúdo da programação deve se pautar por procedimentos públicos que garantam a mais ampla e efetiva participação dos administrados-administradores, tanto nos programas veiculados, quanto na própria fiscalização da atividade de radiodifusão.

Conforme já salientamos, a primeira alternativa para o exercitar desse controle seria o compartilhamento de responsabilidades entre Estado e Sociedade Civil. Desse modo, o tema da viabilidade, ou não, da programação não poderia ser realizado a partir de requisitos meramente formais de atendimento a elementos de constituição societária, ou, ainda, de mera indicação textual de finalidades compatíveis com as previstas em lei.

Com essa medida, a exteriorização da opinião e da vontade dos administrados-administradores poderia ser formal e materialmente controlada por meio da própria participação da cidadania na programação da atividade. Nesse sentido, em vez de propormos um "controle positivo" pelo Estado acerca da definição de conteúdos obrigatórios que devam ser veiculados, sugerimos que a fiscalização estatal ocorra pela via de exceção. Em outras palavras, apenas em situações excepcionais em que, de plano, se verifique violação a direitos fundamentais e ao uso social da exploração do espectro eletromagnético, o aparato administrativo deveria atuar. Outro argumento que reforça essa tese corresponde ao fato de que o SRC é destinado a interesses comunitários cuja premissa básica é a abertura do acesso e da programação a todos os interessados.

Em continuidade a esses desdobramentos, as questões 10 e 11 suscitam a ideia de que, em tese, os programas transmitidos podem tematizar questões comunitárias de política,

---

Ministério das Comunicações e do Tribunal Superior Eleitoral, constatou-se que a chamada base aliada do governo Fernando Henrique Cardoso dominava incríveis 73,75% do total de emissoras de radiodifusão do país. Das 3.315 concessões de emissoras de radiodifusão brasileiras atualmente em funcionamento (271 de televisão, 1579 de OM, 64 de OC, 80 de OT e 1321 de FM), 37,5% do total (pouco mais de 1.220) são exploradas por políticos do PFL; membros do Partido do Movimento Democrático Brasileiro (PMDB) aparecem em segundo lugar: são sócios de 17,5% das emissoras. Na sequência, estão o PPB, com 12,5% e o PSDB e o PSB empatados, cada qual com 6,25%. Todos os demais partidos não superam 5% do total. Segundo Lima (2001, p. 107-108), levantamento divulgado em 1995 já indicava que 31,12% das emissoras de rádio e televisão no Brasil eram controladas por políticos e, em alguns estados da Federação, metade ou quase a metade (40,9%) das emissoras de rádio estava sob controle de políticos. O mesmo autor revela também que os candidatos que estavam à frente nas pesquisas eleitorais para pleitos majoritários — governadores e senadores — em pelo menos 13 estados eram políticos vinculados à área de mídia. Isso ocorria em Roraima, Amapá, Ceará, Maranhão, Rio Grande do Norte, Acre, Rondônia, Mato Grosso, São Paulo, Sergipe, Bahia e Alagoas. O número de parlamentares vinculados à mídia que se elegem para o Congresso Nacional desde a Constituinte de 1988 tem ficado em torno de 23% (*idem*, p. 108-109). No Congresso Constituinte 26,1% eram concessionários de emissoras de rádio e/ou televisão (Motter, 1994, p. 98); na Legislatura de 1991-1994, 21,74% dos deputados federais (Lima, 1991, p. 16) e, na Legislatura de 1995-1998, 21,85% dos deputados e senadores tinham uma concessão de rádio ou de televisão ou uma combinação das duas (Góis *apud* Lima, 1991, p. 43)".

economia e religião que sejam relevantes para o público ao qual se destinem. O limite constitucional para essa veiculação é o de que se respeitem as diferenças culturais de modo a impedir violação a direitos fundamentais.

Para a difusão de ideias ou tendências religiosas, o art. 5º da CFB/1988 assegura o livre exercício dos cultos e, de igual modo, medidas legislativas tendentes a garantir a "proteção aos locais de culto e a suas liturgias". Ou seja, não podemos dissociar a análise de manifestações nas rádios de contextos sociais que, assim como o brasileiro, são marcados pelo fato da pluralidade de orientações religiosas e pela laicidade do aparato estatal. A propagação de ideais políticos, por sua vez, envolve, além do delineamento constitucional dos partidos políticos (CFB/1988, art. 18), as possibilidades de programação pelo rádio e TV que são detalhadamente expostas pela legislação eleitoral de regência (principalmente pelos arts. 44 a 57 da Lei n. 9.504, de 30 de setembro de 1997). Por fim, na radiodifusão convencional, há inúmeros casos em que a divulgação de produtos e serviços é regulamentada pelo Estado. Essa possibilidade de controle estatal quanto à circulação de conteúdos econômicos por meio do rádio e da televisão pode ser verificada, por exemplo, nas propagandas de cigarros e bebidas. Em síntese, ao articularmos a necessidade de imposição de limites ao cometimento de abusos pela programação das rádios comunitárias, entendemos que o instrumental administrativo e legislativo em vigor já permite a fiscalização a *posteriori* de excessos quanto ao exercício do direito à comunicação.

Antes de nos manifestarmos pela total proibição da veiculação de conteúdos relacionados a essas áreas, sustentamos que o tema da autonomia da programação deve, sim, ser continuamente colocado em questão quanto ao atendimento de interesses comunitários. O problema não está, em nossa opinião, em oferecer uma espécie de "receita" para o controle normativo e social das rádios comunitárias, exatamente porque os procedimentos administrativos devem ser abertos à participação da comunidade e de seus cidadãos.

Essa é uma condição de legitimação democrática e, também, uma forma de corresponsabilização entre o estatal e a comunidade beneficiada a partir de parâmetros plurais de inclusão irrestrita de novos atores. Trata-se daquilo que *Santos* (2002) definiria como "isomorfismo entre o Estado e a comunidade". Segundo o autor (2002:265), os procedimentos da Administração devem se mostrar abertos de tal maneira que:

> sob a mesma designação de Estado, está a emergir uma nova forma de organização política mais vasta que o Estado, de que o Estado é o articulador e que integra um conjunto híbrido de fluxos, redes e organizações em que se combinam, interpenetram elementos estatais e não estatais, nacionais, locais e globais.

Nessa perspectiva, além de se preocupar com a construção cívica de espaços públicos de fiscalização de conteúdos, o aparato administrativo do Estado poderá alocar os alegadamente "escassos" recursos públicos na implementação de medidas menos burocráticas, mais descentralizadas e, sobretudo, mais eficazes, para garantir, "a todos", a "celeridade" na tramitação dos pedidos de autorização e "a razoável duração de processo" (CFB/1988, art. 5º, LXXVII). Sob esse viés, o objetivo da intervenção administrativa do Estado passa a ser o de garantir a participação democrática e a inclusão cidadã dos inúmeros atores sociais que se mostrem interessados para a livre, igual e fraterna realização das liberdades de comunicação através das rádios comunitárias.

Eventual sanção administrativa, portanto, buscaria disciplinar tão somente usos indevidos do espectro eletromagnético em prol de interesses particularistas. Ou seja, a rigor, não nos interessa a existência ou não de ato administrativo do Estado para tutelar a entidade comunitária interessada. O aspecto decisivo, a nosso ver, diz respeito à publicidade quanto ao uso adequado desse espectro.

A rádio autorizada que descumprir as premissas básicas dessa exploração, por exemplo, deve ser penalizada da mesma maneira que a não autorizada que praticar idêntica forma de programação. De outro lado, seja a rádio autorizada, ou não, é inadequado imputar sanções administrativas aos responsáveis por estações de transmissão que, além de não interferirem nos demais serviços, cumprem sua função social de atendimento aos fins comunitários.

No contexto das limitações administrativas e judiciais aplicáveis à exploração das rádios comunitárias, as questões 12 e 13 abarcam o tema do cumprimento da função social do uso de bem público. Para que iniciemos essa reflexão, asseveramos que o art. 157 da Lei n. 9.472/1997 (LGT) define que: "O espectro de radiofrequências é um recurso limitado, constituindo-se em bem público, administrado pela Agência".

Nos termos da lei, a gestão técnica do espectro compete à Anatel (ente da Administração Indireta, classificada legislativa e dogmaticamente no direito brasileiro como autarquia de regime especial). Dispensadas as filigranas que a questão do "gerenciamento normativo da realidade"[35] poderia suscitar, interessa-nos a imposição constitucional de que os bens privados (leia-se, aqueles pertencentes, ou submetidos aos cuidados de particulares) devem proporcionar, a um só tempo, a soberania nacional, a função social da propriedade e a redução de desigualdades sociais e regionais (CFB/1988, art. 170, I, III e VII). Daí a pertinência da seguinte pergunta: se os bens "privados" devem cumprir essas funções "públicas" de caráter constitucional, por qual razão jurídica estariam os bens públicos isentos desse dever-função previsto em nossa Constituição?

Tais princípios da ordem econômica não podem ser ignorados pelo intérprete no caso da radiodifusão comunitária. Assim, por mais que a entidade prestadora de SRC não possua fins lucrativos, o aspecto crucial é o fato de que o espectro eletromagnético é bem público limitado. Ou seja, a exploração da atividade envolve custo social e, exatamente por esse motivo, deve ser fiscalizada a partir de elementos de cumprimento da função social.

Por essa razão, argumentamos que a conduta de operação que atenda a esses requisitos não pode ser interpretada como tipificada no art. 70 do CBT, nem tampouco no art. 183 da LGT. O bem jurídico penal tutelado — como costuma designar a dogmática penalista — não pode ser totalmente identificado com o simples fato da ausência de autorização do Estado. Eventual imputação nesse sentido, a nosso ver, soaria incoerente, até mesmo para fins de configuração, ao menos em tese, do elemento subjetivo do dolo.

Assim, não é possível reconhecermos conduta intencional do(a) líder comunitário(a) se, no caso concreto, a programação veiculada buscar conferir uso adequado do bem público. O regime constitucional a ser aplicado a essas situações específicas deve conceder que não podemos considerar como criminosa a utilização de bem público que vise a

---

(35) Carlos Ari Sundfeld (2000:28-31).

conferir (e, de fato, confira) máxima efetividade ao direito constitucional à informação e à liberdade de expressão. Ademais, a despeito da tese de que a instância administrativa seria independente da criminal, sustentamos que a mesma ressalva deve ser realizada com relação à eventual aplicação de sanções administrativas. Para esse caso específico ora trabalhado, entendemos serem inaplicáveis quaisquer penalidades administrativas que determinem o perdimento dos bens da estação transmissora em prol da Administração Pública (CBT, art. 70, parágrafo único; e LGT, art. 184, inciso II).

Com relação às questões 14 e seguintes, repisamos os paradoxos decorrentes da demora excessiva para processamento e apreciação, pelo Minicom, dos pedidos de autorização. No modelo de regulação assimétrico pretensamente instituído a partir da EC n. 08/1995 e da LGT, não podemos ignorar a recorrência de buscas e apreensões e de aposição indiscriminada de "lacres" em estações transmissoras pela Anatel[36].

De lá para cá, o modelo de autorizações tem se demonstrado consideravelmente ineficiente para promover o exercício do direito à comunicação e à informação através das rádios comunitárias. Considerado esse quadro, argumentamos pela possibilidade de intervenção excepcional do Poder Judiciário para garantir, de modo mais consistente, o exercício da exploração dessa atividade, por aplicação do art. 5º, LXXVIII da CFB/1988.

Para tanto, vislumbramos duas hipóteses igualmente plausíveis. A primeira seria a fixação de prazo a partir do qual a inércia da Administração passaria a ser considerada como morosa, e, por conseguinte, passível de ensejar título judicial para assegurar o funcionamento temporário da rádio comunitária. Assim, por exemplo, passados mais de 6 meses do pedido administrativo, o Estado-Juiz poderia fixar prazo para que uma resposta fundamentada fosse transmitida à entidade comunitária envolvida, sob pena de possibilitar, após o vencimento desse período, a exploração precária do SRC.

Outra situação igualmente legítima corresponde a hipóteses nas quais o excesso de prazo chega a ser manifesto, para não dizermos gritante. Trata-se de casos concretos em que, de imediato, o Poder Judiciário determina a regularidade provisória da operação da rádio, até apreciação definitiva pelo Minicom. Essas circunstâncias, que, não raro, se repetem na jurisprudência do Superior Tribunal de Justiça, nos oferecem indícios de que, embora a noção de "prazo razoável" seja um tanto quanto fluida, na prática, o

---

(36) "Para um interessante parecer do Ministério Público Federal sobre a relação constitucional entre as liberdades de expressão e de opinião e das (im)possibilidades de restrição ao seu exercício por meio da aposição de "lacres" pela Anatel, recomenda-se a leitura do Parecer n. 187/2000 – NP/GAB/AV/PRDF, da lavra do então Procurador Regional da República, Aurélio Virgílio Veiga Rios (2002:3-11). Trata-se de parecer exarado nos autos do Mandado de Segurança Individual n. 2000.34.00.018913-5, impetrado perante o Juízo Federal da 4ª Vara da Seção Judiciária do Distrito Federal pela Associação Comunitária Educacional, Informática, Religiosa Artística, Plenitude de Uberlândia/MG. Nesse contexto, é oportuno transcrever o inteiro teor da ementa do julgado apenas para enunciar a adequada fundamentação sustentada na mencionada manifestação ministerial: "EMENTA: Rádios Comunitárias de baixa potência. Competência do Presidente da ANATEL para praticar e também para desfazer o ato de lacração de emissora de rádio. Inexistência de crime ou de ilícito administrativo na divulgação de programas de rádios dirigido a comunidade específica. Impossibilidade de se reduzir o alcance constitucional da proteção a liberdade de expressão e o direito à comunicação. O poder regulamentar do Estado de conceder, autorizar e renovar autorização para funcionamento de rádio não pode reduzir a liberdade de expressão a mera retórica política. Parecer pela concessão parcial da ordem para que a emissora de baixa potência possa funcionar regularmente, ressalvando o direito do poder concedente de demonstrar, com fatos e caso a caso, a inadequação técnica da permissão".

Superior Tribunal de Justiça tem se pautado pela lógica de que a intervenção judicial se justifica tão somente na medida em que vise a assegurar excepcional situação de violação do prazo estabelecido no art. 49 da Lei n. 9.784/1997 (Lei de Processo Administrativo).[37] Essa atuação, apenas sob via de exceção, tem por escopo garantir provisoriamente o direito à exploração da atividade. Isto é, não pressupomos a substituição da apreciação do mérito administrativo que a autoridade competente deverá analisar no momento em que oferecer resposta à entidade ou fundação que se habilite à prestação do SRC.

Nesse quadro, uma questão que ainda deve ser enfrentada é: se a liberdade de expressão e o direito à informação forem suscetíveis de limitação, de que modo tais franquias podem ser reprimidas administrativamente?

Apenas para que nos situemos nesse debate, usualmente, a Anatel tem obtido junto ao Poder Judiciário medidas de antecipação de tutela, para que possa exercer o "legítimo" poder-dever de "realizar busca e apreensão de bens no âmbito de sua competência" (LGT, art. 19, XV). Esse mesmo dispositivo foi submetido, em sede de medida liminar, ao Plenário do Supremo Tribunal Federal no julgamento da ADI n. 1.668/DF e teve a sua vigência suspensa.[38]

Entendemos, em princípio, que a Anatel não possui competência constitucional para "lacrar" rádios comunitárias. A nosso ver, essa afirmação se sustenta por dois argumentos. Em primeiro lugar, considerada a suspensão da vigência do dispositivo pelo STF no âmbito do controle concentrado de constitucionalidade, não podemos interpretar a busca e apreensão de equipamentos de estações comunitárias como "direito líquido e certo" decorrente do "poder-dever" de fiscalização da Agência. Em segundo lugar, orientamo-nos sob a ótica de que o SRC corresponde a uma atividade que, a rigor, busca conferir efetividade aos direitos de comunicação através do uso social adequado do espectro eletromagnético. Na linha do que sugere *Carlos Ari Sundfeld* (2000) quanto à substituição da noção tradicional de "poder de polícia" pela de "direito administrativo ordenador", a ideia normativa que permeia a exploração das rádios comunitárias é a de que o aparato administrativo deve "ordenar" e não "policiar" o exercício da fiscalização dessa atividade.

---

(37) No MS n. 7.765/DF, o Rel. Min. Paulo Medina, ao visualizar situação de extrema morosidade — a qual ultrapassou o prazo de 4 anos — afirmou que: "O art. 49 da Lei n. 9.784/99 assinala prazo máximo de 30 (trinta) dias (prorrogável por mais 30) para decisão da Administração, após concluído o processo administrativo, observadas todas as suas etapas (instrução, etc.). *In casu*, sequer a fase instrutória foi levada a termo. Inexiste, como ressaltado, determinação legal de prazo para a conclusão do procedimento, senão para a emissão da decisão. No entanto, o transcurso de 04 (quatro) anos impõe a conclusão de estar o prazo mais do que extrapolado. Posto isso, concedo parcialmente a segurança, para determinar à autoridade coatora que se pronuncie sobre o requerimento efetuado pela impetrante. Acatando sugestão do Ministro Luiz Fux assinalo prazo máximo de 60 (sessenta) dias para efetivação das providências, reputando-o suficiente à adoção das medidas necessárias, mormente considerado o lapso temporal já transcorrido". Para maiores informações sobre a atuação judicial do STJ no controle de excesso de prazo no processamento administrativo dos pedidos de autorização ao Minicom, *cf.*, entre outros: MS n. 7.765/DF, Rel. Min. Paulo Medina, 1ª Seção, mandado de segurança deferido por unanimidade, julg. em 26.6.2002, *DJ* de 14.10.2002); e MS n. 9.061/DF, Rel. Originário Min. Teori Albino Zavascki, Red. p/ acórdão, Min. Humberto Gomes de Barros, 1ª Seção, mandado de segurança deferido, vencidos o Min. Rel. Originário e os Min. Castro Meira e Franciulli Netto, julg. em 22.10.2003, *DJ* 24.11.2003).

(38) ADI n. 1.668/DF, Rel. originário Min. Marco Aurélio, Red. p/ acórdão, Pleno, medida cautelar deferida "para suspender, até a decisão final da ação, a execução e aplicabilidade do art. 19, inciso XV", *DJ* de 16.4.2004.

A mera alegação de violação a padrões técnicos não pode servir de lastro probatório suficiente para que, de plano, o Poder Judiciário conceda medidas excepcionais de tutela antecipada.[39] Assim, para que o Judiciário autorize a interferência da Anatel nas estações comunitárias que operem "sem autorização", a agência deverá comprovar, de imediato, a ocorrência de interferência em outros serviços e, ademais, o não cumprimento da função social pela entidade comunitária.

Além disso, por mais que, em abstrato, o STF entenda que o "lacre" seja de competência da Anatel, isso não pode significar que buscas e apreensões sejam implementadas ao arrepio dos princípios do devido processo legal, da ampla defesa e do contraditório (CFB/1988, art. 5º, LIV e LV). Dessa forma, a limitação de direitos constitucionais deve necessariamente ser precedida de procedimentos administrativos que assegurem ampla possibilidade de os cidadãos apresentarem contra-argumentos e dados acerca da legitimidade de suas operações.

A partir da complexidade de questões constitucionais que podemos extrair desses quadros, teceremos, no próximo item, considerações adicionais quanto a alguns dos problemas invocáveis pelos cidadãos e pelos movimentos sociais organizados. Buscaremos descrever e levantar aspectos legislativos polêmicos do modelo jurídico-administrativo de autorizações para a exploração do SRC, nos termos da legislação de regência.[40] Proporemos, nesse ponto, uma espécie de "estranhamento" entre o texto e os fatos recorrentes nas políticas públicas de radiodifusão comunitária.

Essa aproximação entre disposições textuais da referida lei e uma realidade salpicada por deficiências na realização social dessas políticas será aprofundada sob a ótica dos administrados-administradores. A cada dispositivo legal apresentado, investigaremos condições jurídicas de legitimidade constitucional de pretensões legislativas, judiciais e administrativas aptas a viabilizar a efetividade do controle normativo e social das atividades de radiodifusão nesse setor específico.

---

(39) Para um levantamento de decisões judiciais que, no âmbito da Justiça Federal, reconhece, *in abstracto*, a viabilidade dessas medidas, *cf*. Machado Júnior e Machado (2004:196-205).

(40) A legislação ordinária específica destinada às rádios comunitárias é a Lei n. 9.612/1998 e suas alterações posteriores (*cf*. Medida Provisória n. 2.216-37/2001 e Lei n. 10.597/2002). Essa disciplina específica, não afasta, obviamente, o disposto no texto constitucional quanto à Comunicação Social (CFB/1988, Capítulo V, arts. 220 a 224) e a aplicação subsidiária, pelo Código Brasileiro de Telecomunicações (CBT — Lei n. 4.117/1962) e pelo Regulamento dos Serviços de Radiodifusão (RSR — com aprovação pelo Decreto n. 52.795, de 31 de outubro de 1963). Nesse particular, o art. 2º da Lei n. 9.612/1998 estabelece que: "O Serviço de Radiodifusão Comunitária obedecerá aos preceitos desta Lei e, no que couber, aos mandamentos da Lei n. 4.117, de 27 de agosto de 1962, modificada pelo Decreto-lei n. 236, de 28 de fevereiro de 1967, e demais disposições legais". O parágrafo único do art. 2º disciplina que: "O Serviço de Radiodifusão Comunitária obedecerá ao disposto no art. 223 da Constituição Federal". Em consonância com o "Manual de Legislação", elaborado pelo Minicom nos termos do art. 20 da Lei n. 9.612/1998, no âmbito regulamentar, o SRC também deve atender às regras e procedimentos especificados pelos seguintes diplomas: i) Regulamento do Serviço de Radiodifusão Comunitária (RSRC — aprovado pelo Decreto n. 2.615, de 3 de junho de 1998; ii) Regulamento Técnico para Emissoras de Radiodifusão Sonora em Frequência Modulada (aprovada pela Resolução n. 67/Anatel, de 12 de novembro de 1998); iii) Norma Complementar n. 1/2004 (aprovada pela Portaria n. 103/Minicom, de 23 de janeiro de 2004); e, no que couber, iv) a Norma Complementar n. 02/1998 (aprovada pela Portaria n. 191/Minicom, de 6 de agosto de 1998) e a Resolução n. 60/Anatel, de 06 de agosto de 1998 . Para maiores informações e detalhamentos quanto aos aspectos técnicos e administrativos para a realização e processamento dos pedidos de autorização aplicáveis às comunitárias *cf*. o teor do referido "Manual de Orientação" intitulado "Como instalar uma rádio comunitária", de autoria atribuída a Adalzira França Soares De Lucca (2002:11), Coordenadora-Geral de Assuntos Jurídicos de Telecomunicações e Postais. Esclarecemos que nas próximas referências a esse documento utilizaremos os termos "Manual de Radiodifusão Comunitária", "Manual de Orientação", ou simplesmente, "Manual" (2002).

c) Limites e possibilidades oferecidos pela interpretação constitucional da Lei n. 9.612/1998

O Serviço de Radiodifusão Comunitária (SRC) é tecnicamente definido pelo art. 1º da Lei n. 9.612/1998 como correspondente à "radiodifusão sonora, em frequência modulada, operada em baixa potência e cobertura restrita, outorgada a fundações e associações comunitárias, sem fins lucrativos, com sede na localidade de prestação do serviço", com a finalidade de atender à comunidade beneficiária do serviço. A exploração de uma rádio comunitária realiza-se por meio da difusão de sons possibilitada através de uma antena com altura máxima de 30 (trinta) metros.[41]

Esse aparato tecnológico deve ser capaz de irradiar ondas em um canal específico de frequência modulada (ondas FM) e a uma potência não superior a 25 watts. O art. 6º do Regulamento do Serviço de Radiodifusão Comunitária (RSRC — aprovado pelo Decreto n. 2.615/1998) prescreve que esse potencial de transmissão permite o alcance de um raio máximo igual ou inferior a 1 Km (um quilômetro), a distar da estação radiodifusora em consonância com as coordenadas geográficas constantes da portaria de autorização.[42]

---

(41) Radiodifusão sonora de frequência modulada é aquela que envolve a transmissão de sons. O § 1º do art. 1º da Lei n. 9.612/1998 define "baixa potência" como aquele dotado de "potência limitada a um máximo de 25 watts ERP e altura do sistema irradiante não superior a trinta metros". No § 2º do mesmo artigo, o termo "cobertura restrita" é definido a partir da destinação "ao atendimento de determinada comunidade de um bairro e/ou vila". O termo técnico utilizado pela legislação para a expressão "antena" — constante do corpo do texto — é "sistema irradiante". Dadas as condições tecnológicas hoje disponíveis para a radiodifusão analógica, o *sistema irradiante* pode ser compreendido, em linhas gerais, como o conjunto integrado por: 1 antena propriamente dita (amiúde, acoplada, montada ou fixada a uma estrutura física de sustentação tal como: estruturas metálicas, de concreto ou de madeira similares a postes, torres ou mastros); cabos coaxiais e conectores que permitam a ligação entre a "antena" e o estúdio de transmissão. Segundo o Manual de Radiodifusão Comunitária (2002:74), grosso modo, um estúdio pode ser montado a partir dos seguintes equipamentos: console (ou mesa de áudio); transmissor (o qual deve ser certificado ou homologado pela Anatel); aparelho de reprodução de fitas cassete (*Tape Decks*), discos de vinil (*Long Plays*, ou simplesmente LP's), de discos compactos (*Compact Discs*, ou CD's) ou demais aparatos tecnológicos com idêntica função de armazenamento de informações fonográficas; gravador ou reprodutor; e, por fim, microfones. Esse plexo de equipamentos pode ser melhor definido, em termos técnicos, como *sistema básico de transmissão* do SRC. Todas essas exigências técnicas relatadas pelo Manual, nada mais são do que especificações regulamentares expedidas nos termos do art. 14 da Lei n. 9.612/1998 que estabelece: "Os equipamentos de transmissão utilizados no Serviço de Radiodifusão Comunitária serão pré-sintonizados na frequência de operação designada para o serviço e devem ser homologados ou certificados pelo Poder Concedente".

(42) Segundo o Manual de Radiodifusão Comunitária (2002:75): "A área de execução de serviço de uma emissora é aquela limitada por uma circunferência de raio igual ou inferior a mil metros, a partir da antena transmissora, e será estabelecida de acordo com a área da comunidade servida pela estação". Considerado o limitado raio de cobertura que essa tecnologia pode oferecer, o SRC acaba tendo o seu alcance restrito a áreas populacionais de menor extensão, tais como as contidas nas regiões ocupadas por favelas, bairros, distritos, vilas e povoados. Apenas para que exemplifiquemos uma situação concreta no Distrito Federal, faremos uma enunciação hipotética. Se assumíssemos como verdadeira a autorização de uma rádio comunitária cuja estação estivesse localizada na Secretaria da Faculdade de Direito da Universidade de Brasília (UnB), nos termos da lei, essa rádio não possuiria potência suficiente para difundir sua programação por toda a área ocupada pelo *Campus* universitário Darcy Ribeiro. Nesse sentido, veja-se, por exemplo, o caso da Rádio Ralacoco (101.3 FM), cuja exploração é empreendida por estudantes da Faculdade de Comunicação da UnB (para maiores informações, *cf.* <http://ralacoco.radiolivre.org/>. Devemos asseverar ainda que é possível a alteração da instalação da estação, desde que obedecidas as coordenadas geográficas definidas pela Portaria de autorização. Ainda de acordo com o Manual de Orientação (2002:10): "Para garantir que a comunidade ouvirá a sua emissora sem interferência das demais, existe uma imposição técnica de distanciamento de 4 Km entre elas. Por isso, há limitações para a quantidade de emissoras por localidade". Outra hipótese que se submete a peculiaridades é a das entidades que desejem operar nas denominadas "faixas de fronteiras" (porções territoriais compreendidas em regiões que distem, paralelamente, a 150

A finalidade legislativa do SRC é "o atendimento à comunidade beneficiada", com o objetivo de viabilizar, por meio de uma trama principiológica de formas, conteúdos e procedimentos de veiculação e fiscalização da programação (Lei n. 9.612/1998, art. 4º)[43], nos estritos termos dos incisos do art. 3º:

> i) a liberdade de expressão cultural (inciso I);
>
> ii) a integração comunitária por meio do lazer, da cultura e do convívio social (inciso II);
>
> iii) "a prestação de serviços de utilidade pública" (como os de defesa civil[44], nos termos do inciso III, e os estipulados pelo art. 16 da mesma lei — "situações de guerra, calamidade pública e epidemias, bem como as transmissões obrigatórias dos Poderes Executivo, Judiciário e Legislativo definidas em leis");
>
> iv) "o aperfeiçoamento profissional nas áreas de atuação dos jornalistas e radialistas, de conformidade com a legislação profissional vigente" (inciso IV); e,
>
> v) por fim, "a capacitação dos cidadãos no exercício do direito de expressão da forma mais acessível possível" (inciso V).

Por disposição expressa dos arts. 6º e 10 da Lei n. 9.612/1998, o ato administrativo a ser realizado pelo Poder Público consiste na outorga à entidade interessada de "apenas uma"[45] "autorização para exploração do Serviço de Radiodifusão Comunitária, observados os procedimentos estabelecidos nesta Lei e normas reguladoras das condições de exploração

---

quilômetros ou menos até o limite da linha geográfica imaginária que divide o Brasil dos demais países da América do Sul). Para esse caso, considerada a importância dessas áreas para a "defesa do território nacional" (CFB/1998, art. 20, § 2º) exige-se, adicionalmente, o "Assentimento Prévio", o qual deve ser requerido pela fundação ou associação comunitária junto ao Secretário-Executivo do Conselho de Defesa Nacional da Presidência da República nos termos do Decreto-lei n. 1.135, de 2 de dezembro de 1970; da Lei n. 6.634, de 2 de maio de 1979 e do Decreto n. 85.064, de 26 de agosto de 1980. Para maiores aprofundamentos quanto à regulação legislativa e procedimental para a autorização de rádios comunitárias na faixa de fronteira, cf. Manual (2002:55-60).

(43) Nesse ponto, pela importância do dispositivo quanto ao detalhamento dessa trama de princípios, transcreveremos o inteiro teor do referido artigo 4º:
"Art. 4º As emissoras do Serviço de Radiodifusão Comunitária atenderão, em sua programação, aos seguintes princípios:
I – preferência a finalidades educativas, artísticas, culturais e informativas em benefício do desenvolvimento geral da comunidade;
II – promoção das atividades artísticas e jornalísticas na comunidade e da integração dos membros da comunidade atendida;
III – respeito aos valores éticos e sociais da pessoa e da família, favorecendo a integração dos membros da comunidade atendida;
IV – não discriminação de raça, religião, sexo, preferências sexuais, convicções político-ideológico-partidárias e condição social nas relações comunitárias.
§ 1º – É vedado o proselitismo de qualquer natureza na programação das emissoras de radiodifusão comunitária.
§ 2º – As programações opinativa e informativa observarão os princípios da pluralidade de opinião e de versão simultâneas em matérias polêmicas, divulgando, sempre, as diferentes interpretações relativas aos fatos noticiados.
§ 3º – Qualquer cidadão da comunidade beneficiada terá direito a emitir opiniões sobre quaisquer assuntos abordados na programação da emissora, bem como manifestar ideias, propostas, sugestões, reclamações ou reivindicações, devendo observar apenas o momento adequado da programação para fazê-lo, mediante pedido encaminhado à Direção responsável pela Rádio Comunitária".

(44) De acordo com o Manual de Radiodifusão Comunitária "defesa civil" seria o "conjunto de medidas permanentes que visam evitar, prevenir ou minimizar as consequências dos eventos desastrosos e a socorrer e assistir as populações atingidas, preservando seu moral, limitando os riscos de perdas materiais e restabelecendo o bem-estar social".

(45) Lei n. 9.612/1998, art. 10, caput.

do Serviço"[46]. No texto originário do parágrafo único desse mesmo artigo, o prazo previsto para a autorização era de 3 (três) anos.

Com a redação conferida pela Lei n. 10.597, de 11 de dezembro de 2002, o prazo passou a ser de 10 (dez) anos, a exemplo do prazo constitucional expressamente fixado para as concessões e permissões das "emissoras de rádio" em outras modalidades de radiodifusão (CFB/1988, art. 223, § 5º). O parágrafo único do art. 6º da Lei n. 9.612/1998 permite renovação por igual período (ou seja, renovações decenais, desde que cumpridos os requisitos legais e a prestação adequada do serviço).

A entidade comunitária interessada pode obter apenas uma autorização, desde que tenha sua existência jurídica constituída e criada sob a forma de fundação ou associação – formas típicas de direito privado que, por imposição legal, não são destinadas a fins comerciais.[47] Em seu estatuto de constituição, deve constar, ainda, a motivação de que a pessoa jurídica tenha sido especificamente criada para a execução do SRC. No caso de associação comunitária ou de ente fundacional com objetivos múltiplos (dentre os quais, obviamente, não se encontram fins econômicos), é necessário que o estatuto indique a execução da radiodifusão comunitária como uma de suas finalidades específicas. Por fim, em ambos os casos, exige-se que os dirigentes sejam brasileiros natos, ou naturalizados há, pelo menos, uma década (Lei n. 9.612/1998, art. 7º).[48]

---

(46) Lei n. 9.612/1998, art. 6º.

(47) Em consonância com o Manual de Radiodifusão Comunitária (2002:12-13), de modo esquemático, "A Associação Comunitária ou a Fundação que pretenda obter autorização para executar o Serviço, deve ainda atender às seguintes condições": i) "estar legalmente instituída e devidamente registrada" (por meio do competente registro da ata de criação e dos respectivos Estatutos Sociais em Cartório); ii) "assegurar, no seu Estatuto Social: o ingresso, como associado, de todo e qualquer cidadão, residente na área de execução do serviço, bem como de outras entidades sem fins lucrativos nela sediadas"; iii) ser "voltada para a execução do Serviço de Radiodifusão Comunitária ou, caso seja Associação Comunitária ou Fundação também dedicada a outros fins, incluir a execução do Serviço como uma das suas finalidades específicas"; iv) "ser sediada na área onde pretende executar o Serviço, exceto nas localidades de pequeno porte, onde poderá estar sediada em qualquer ponto da área urbana"; v) "ser dirigida por brasileiros e brasileiras, natos ou naturalizados há mais de 10 (dez) anos, com capacidade civil plena e que mantenham a residência na área de execução do Serviço, exceto nas localidades de pequeno porte, onde poderão residir em qualquer ponto da área urbana" (até aqui, todas as disposições contidas no Manual correspondem a adaptações do disposto no art. 7º e parágrafo único da Lei n. 9.612/1998); v) "não manter vínculos que a subordine ou a sujeite à gerência, à administração, ao domínio, ao comando ou à orientação de qualquer outra entidade, seja mediante compromissos ou relações financeiras e comerciais, seja por meio de relações de caráter religioso, familiar ou político-partidário" (Lei n. 9.612/1998, art. 11); e, por último, vi) "não possuir outorga para a execução de qualquer outra modalidade de serviço de radiodifusão ou de serviços de distribuição de sinais de televisão por assinatura, bem como não ter, entre seus dirigentes ou associados, pessoas que, nessas condições, participem de outras entidades que possuam outorga para execução de quaisquer dos serviços mencionados" (Lei n. 9.612/1998, art. 10, parágrafo único) .

(48) Segundo impõe o art. 7º da Lei n. 9.612/1998: "São competentes para explorar o Serviço de Radiodifusão Comunitária as fundações e associações comunitárias, sem fins lucrativos, desde que legalmente instituídas e devidamente registradas, sediadas na área da comunidade para a qual pretendem prestar o Serviço, e cujos dirigentes sejam brasileiros natos ou naturalizados há mais de 10 anos". A alteração do Estatuto Social e dos atos constitutivos da pessoa jurídica prestadora do SRC é possível, desde que atendidas às condições dos art. 13 da Lei n. 9.612/1998, que dispõe: "A entidade detentora de autorização pala exploração do Serviço de Radiodifusão Comunitária pode realizar alterações em seus atos constitutivos e modificar a composição de sua diretoria, sem prévia anuência do Poder Concedente, desde que mantidos os termos e condições inicialmente exigidos para a outorga da autorização, devendo apresentar, para fins de registro e controle, os atos que caracterizam as alterações mencionadas, devidamente registrados ou averbados na repartição competente, dentro do prazo de trinta dias contados de sua efetivação".

Apesar da caracterização desse perfil não comercial, as entidades comunitárias podem recorrer a outros meios de financiamento, por meio da contribuição de profissionais liberais, empresários individuais e empresas do comércio local. Nesse ponto, outro aspecto relevante diz respeito à forma de financiamento aplicável às prestadoras do SRC, as quais, nos dizeres da lei, "poderão admitir patrocínio, sob a forma de apoio cultural, para os programas a serem transmitidos, desde que restritos aos estabelecimentos situados na área da comunidade atendida" (Lei n. 9.612/1998, art. 18). Entretanto, nos termos do art. 19, essa forma de captação de recursos não pode ser realizada mediante "cessão ou arrendamento da emissora" do SRC, ou, ainda, "de horários de sua programação".

Nos termos do art. 5º da referida lei, o outro polo da estrita relação administrativa é ocupado pelo "Poder Concedente". Ou seja, pelo(s) ente(s) da Administração Pública direta e/ou indireta eventualmente competente(s) para a designação e implementação das políticas públicas, em nível nacional ou local, destinadas a esse específico setor radiodifusor.

No modelo constitucional brasileiro, o poder para apreciar e atender aos pedidos administrativos de autorização de radiodifusão é de titularidade da União Federal (CFB/1988, art. 21, XII, *a*). A rigor, no âmbito federal, essa competência administrativa em sentido amplo é originariamente exercida pelo Poder Executivo Federal (CFB/1988, art. 223), por intermédio da atuação nacional do Ministério das Comunicações (Minicom — Lei n. 10.683/2003, art. 27, V).[49]

Segundo preceitua o *caput* do art. 2º da Lei n. 9.612/1998 (na redação conferida pelo art. 19 da Medida Provisória n. 2.216-37, de 31 de agosto de 2001), aplicar-se-iam ao SRC as disposições constantes do art. 223 da CFB/1988. Ademais, nos termos do parágrafo único do mesmo art. 2º (ainda na redação alterada pela referida MP), após a prática do ato administrativo de outorga, ou, se for o caso, depois da renovação da autorização para a exploração de rádio comunitária, "transcorrido o prazo previsto no art. 64, §§ 2º e 4º da Constituição, sem apreciação do Congresso Nacional, o Poder Concedente expedirá *autorização de operação, em caráter provisório*, que perdurará até a apreciação do ato de outorga pelo Congresso Nacional".

A matéria da radiodifusão comunitária, atualmente, está regulamentada por meio de uma medida provisória com caráter quase perene. Ou seja, não obstante o louvável esforço da EC n. 32/2001 para limitar as hipóteses das excessivas edições de medidas provisórias pelo Poder Executivo, na prática, a prevalência da MP n. 2.216-3/2001 nos traz as dificuldades de uma espécie de esvaziamento do sentido prático do vigente art. 246 da CFB/1988 (cuja redação também fora alterada com a edição da referida EC). Em vez de evitar o regramento do tema por iniciativa do presidente da República, nos termos do art. 62 de nossa Carta Constitucional, a perenidade da MP acaba, paradoxalmente, por permitir a regulação excepcional pelo Executivo.[50]

---

(49) A alínea *a* do inciso XII do art. 21 da CFB/1988 disciplina que "compete à União explorar, diretamente ou mediante autorização, concessão ou permissão os serviços de radiodifusão sonora e de sons e imagens". As três alíneas do inciso V do art. 27 da Lei indicam como "assuntos que constituem áreas de competência" do Minicom: "a) política nacional de telecomunicações"; "b) política nacional de radiodifusão"; e "c) serviços postais, telecomunicações e radiodifusão".

(50) Não nos debruçamos, aqui, sobre a questão da justificação de necessidade e urgência para a manutenção legislativa da MP n. 2.216-37/2001 pelo legislativo brasileiro. Esse aspecto, embora não seja trabalhado neste estudo,

Para os fins de nossa análise, o elemento significativo da disciplina textual inserida pela Medida Provisória n. 2.216-37/2001 surge a partir da seguinte questão: o art. 223 aplica-se integralmente, ou não, ao SRC?

Esse problema, imposto pelo texto positivado, tem sua origem no fato de que, diferentemente do *caput* desse artigo, os respectivos §§ desse dispositivo em questão referem-se textualmente apenas aos casos de concessão e permissão. Assim, antes de buscarmos alternativas para problematizar esse primeiro questionamento, deixamos em aberto outra pergunta — agora formulada em termos mais específicos: os §§ 1º e 5º do art. 223 aplicam-se à radiodifusão comunitária?

A dúvida suscitada coloca-se, a nosso ver, principalmente em razão do § 4º do art. 223 da CFB/1988.[51] Esse parágrafo disciplina que o cancelamento da permissão ou concessão, "antes de vencido o prazo, depende de autorização judicial".

Não vemos problemas em que a necessidade de determinação judicial expressa pressuponha, por decorrência lógica, prévia aprovação pelo Congresso Nacional, em consonância com os §§ 1º, 2º, 3º e 5º desse artigo. Ainda nessa hipótese excepcional (que, na prática das deliberações políticas do parlamento brasileiro, tem apresentado possibilidade bastante remota), chamamos a atenção do leitor para a especial garantia assegurada à fundação ou associação que eventualmente detenha título jurídico definitivo para operação do SRC.[52]

Considerado esse modelo constitucional-formal de autorização das rádios comunitárias no âmbito federal, esse procedimento de interlocução discursiva entre os poderes Executivo e Legislativo pode ser sistematizado a partir de duas fases, as quais denominaremos "administrativa" e "política".

Na etapa administrativa, o procedimento autorizativo desse serviço corresponde às seguintes etapas: i) encaminhamento de formulário denominado "Demonstração de Interesse" pela entidade interessada para a sede do Minicom em Brasília/DF; ii) após cadastrado o

---

chama a nossa atenção pelo fato de que a referida MP foi editada, ressaltamos, a exatos 11 dias do limite temporal estabelecido pelo art. 2º da Emenda Constitucional n. 32/2001.

(51) Em síntese, os §§ 1º, 2º, 3º e 5º do art. 223 da Constituição impõem que: i) no prazo máximo de 45 (quarenta e cinco) dias, o Congresso Nacional deve apreciar o ato "a contar do recebimento da mensagem", sob pena de trancamento de pauta nos termos dos §§ 2º e 4º do art. 64 (CFB/1988, art. 223, § 1º); ii) na hipótese em que haja aprovação pelo Poder Legislativo, "o ato de outorga ou renovação somente produzirá efeitos legais após deliberação do Congresso Nacional" (CFB/1988, art. 223, § 3º); iii) para a não renovação, exige-se o *quorum* de "dois quintos do Congresso Nacional, em votação nominal" (CFB/1988, art. 223, § 2º); e iv) "o prazo de concessão ou permissão será de dez anos para as emissoras de rádio e de quinze anos para as de televisão" (CFB/1988, art. 223, § 5º). A partir das afirmações contidas no corpo do texto, a justificativa para a preocupação da aplicação ou não do § 4º reside na atestação de que, os §§ 1º, 2º e 3º do art. 223 da CFB/1988 são praticamente explicitados pelos art. 2º (*caput* e parágrafo único, na redação dada pela MP n. 2.216-37/2001). Quanto ao § 5º, conforme veremos a seguir, o art. 6º da mesma Lei n. 9.612/1998 (na redação conferida pela Lei n. 10.597/2002) apenas estende o prazo de 10 anos das permissões e concessões outorgadas às emissoras de rádio ao caso específico das autorizações destinadas à exploração das rádios comunitárias.

(52) Não obstante a possibilidade normativa criada via MP, o Congresso Nacional, até o momento, não se manifestou definitivamente quanto a quaisquer autorizações para exploração de rádios comunitárias. Destarte, tem perseverado o regime das autorizações de operação em caráter provisório.

pedido, ocorre a publicação do "Aviso de Habilitação"[53] no Diário Oficial da União (DOU), para tornar pública a indicação de que, na localidade "X" (geograficamente definida), a administração disponibilizará canal para exploração do serviço; iii) com a publicação do Aviso, abre-se prazo máximo de 45 dias para que, além da fundação ou associação interessada, qualquer entidade comunitária possa se habilitar por meio de apresentação, perante o Ministério, da documentação exigida[54]; iv) superadas essas etapas, inicia-se a seleção propriamente dita, a qual se desenvolve com base na análise do conjunto de documentos apresentados e se finaliza, formalmente, com a autorização, a ser realizada sob a forma de portaria subscrita pelo Ministro das Comunicações; v) na prática, porém, a exploração do serviço ainda fica condicionada à emissão de "licença para funcionamento" — a qual, por sua vez, depende do pagamento integral dos encargos à Anatel (Lei n. 9.612/1998, art. 24).[55]

Apesar do detalhamento das regras e procedimentos administrativos que decorrem dessas disposições legais, na prática, a fundamentação legislativa, a implementação administrativa e a aplicação judicial dos direitos e deveres têm se constituído como severo desafio ao exercício do livre direito à comunicação e à liberdade de informação através do Serviço de Radiodifusão Comunitária. No modelo acima especificado, as entidades comunitárias que desejem prestar o SRC devem se submeter ao já contestável sistema de autorizações, a despeito de todo o debate legislativo no sentido da descriminalização e liberalização dessas rádios.

A etapa política, por sua vez, apresenta como marco formal divisório o ato de aprovação, ou não, da autorização de operação em caráter definitivo pelo Congresso Nacional, em consonância com os dispositivos constitucionais e legais acima mencionados (CFB/1988, art. 223 e §§; e Lei n. 9.612/1998, art. 2º, na redação conferida pelo art. 19 da MP n. 2.216-37/2001). Materialmente, porém, a fiscalização política da execução do serviço é conjuntamente desempenhada pelo Minicom, pela Agência Nacional de Telecomunicações e pelos atores sociais da comunidade beneficiada (ainda durante a "autorização de operação,

---

(53) Segundo esclarece resumo explicativo do Manual de Radiodifusão Comunitária (2002:8): "O Aviso é o meio que o Ministério tem para tornar público o chamamento de todas as entidades interessadas que queiram executar o serviço em determinadas localidades. O Aviso não indica as entidades, mas apenas a localidade com canal disponível para o serviço, o que permite também a participação das entidades que não demonstraram prévio interesse".

(54) A documentação exigida é indicada no § 2º do art. 4º da Lei n. 9.612/1998. Um maior detalhamento quanto aspectos específicos para a obtenção desses documentos, assim como dos formulários relacionados, pode ser acessada por meio da página oficial do Ministério das Comunicações na *Internet* <www.mc.gov.br>. Nesse ponto, de acordo com o Manual da Radiodifusão Comunitária (2002:9): "Na Internet, a interessada também poderá acompanhar a publicação de todos os Avisos e obter modelos de formulários e de outros documentos necessários para obter a autorização". Esse procedimento de acompanhamento e fiscalização do processo administrativo até a expedição da licença para a exploração do SRC corresponde a uma típica exemplificação ao já tantas vezes aludido fenômeno de convergência das comunicações. Assim, embora a infraestrutura da radiodifusão comunitária ainda esteja preponderantemente atrelada ao padrão radiodifusor de tecnologia analógica, no âmbito da estrutura regulatória institucional, o próprio Minicom busca formas alternativas à publicização e à participação dos cidadãos e interessados no controle social do SRC por meio do acesso a outro meio de comunicação: a *internet*.

(55) O art. 24 da referida lei preceitua que: "A outorga de autorização para execução do Serviço de Radiodifusão Comunitária fica sujeita a pagamento de taxa simbólica, para efeito de cadastramento, cujo valor e condições serão estabelecidos pelo Poder Concedente". Para maiores aprofundamentos quanto às minúcias de toda fase administrativa de autorização perante o Minicom e a Anatel, *cf.*, inicialmente as especificações do art. 9º da Lei n. 9.612/1998, as quais são bem detalhadas quanto aos procedimentos e formulários aplicáveis pelo Manual (2002:15-54; 61-79; e 97-127).

em caráter provisório", e mesmo após definitivamente autorizada ou renovada a exploração da atividade com a anuência do Poder Legislativo).

O Ministério possui competência para fiscalizar o conteúdo da programação veiculada, os aspectos legais da constituição jurídica e o cumprimento das condições da licença pela associação comunitária ou fundação autorizada. A Anatel, por seu turno, fiscaliza as estações, quanto aos aspectos técnicos de operação e uso do espectro radioelétrico (LGT, art. 211).[56] Nesse contexto, a agência tem a incumbência técnica de definir a faixa de frequência (ou, simplesmente, o canal) por meio da qual a estação de operação das rádios comunitárias irá realizar o serviço de transmissão (Lei n. 9.612/1998, art. 5º).[57] Em geral, o canal que tem sido atribuído a essas rádios é o 198 (correspondente à faixa de frequência modulada de 87,5 a 87,7).

A comunidade destinatária do SRC também pode ser autora do controle normativo e social da regulação da atividade, por intermédio da abertura da programação à participação ativa de cidadãos residentes na área da prestação do serviço e de outras entidades locais voltadas ao desenvolvimento comunitário, inclusive por meio da criação e manutenção de Conselho Comunitário, nos termos da legislação.[58] O Conselho deve ser

> composto por, no mínimo, cinco pessoas representantes de entidades da comunidade local, tais como associações de classe, beneméritas, religiosas ou de moradores, desde que legalmente instituídas, com o objetivo de acompanhar a programação da emissora, com vista ao atendimento do interesse exclusivo da comunidade e dos princípios estabelecidos no art. 4º.[59]

No contexto da distribuição constitucional e legal das competências que, de alguma forma, estão relacionadas à exploração do SRC, ressaltamos também o papel desempenhado

---

(56) Segundo o art. 211 da LGT: "A outorga dos serviços de radiodifusão sonora e de sons e imagens fica excluída da jurisdição da Agência, permanecendo no âmbito de competências do Poder Executivo, devendo a Agência elaborar e manter os respectivos planos de distribuição de canais, levando em conta, inclusive, os aspectos concernentes à evolução tecnológica". O parágrafo único do mesmo artigo dispõe: "Caberá à Agência a fiscalização, quanto aos aspectos técnicos, das respectivas estações". Conforme registra o Manual de Radiodifusão Comunitária (2002:95-96): "Os itens fiscalizados pelo Ministério e pela Anatel são": i) "com relação à programação: obediência, na programação, dos princípios estabelecidos no art. 4º da Lei n. 9.612, de 1998; preservação do espaço para divulgação de planos e realizações de outras entidades; formação de rede; integração obrigatória de rede; transmissão da 'Voz do Brasil'; irradiação do indicativo de chamada; transmissão do nome de fantasia; transmissão de programa noticioso; transmissão de patrocínio e apoio cultural; gravação da programação diária; arquivo de textos" (adaptação e especificação, em linhas gerais, do disposto no art. 4º, e arts. 15 a 17); ii) "com relação à estação: tempo e horário de funcionamento da estação; operação em caráter experimental; operação sem licença ou autorização provisória; prazo para início da execução do Serviço; certificação de equipamentos; características técnicas (transmissor, torre, antena, potência e frequência)" (texto que adapta o contido, de modo geral, nos arts. 14 e 16); iii) "com relação à autorização: transferência da autorização; cessão ou arrendamento da emissora ou de horários da programação"; e, por fim, iv) "com relação à entidade: manutenção do Conselho Comunitário; local de residência da Diretoria; vínculos com outras entidades; alterações estatutárias ou mudança de diretoria" (sistematização do teor dos arts. 7º, 8º, 11 a 13).

(57) O art. 5º assevera que: "O Poder Concedente designará, em nível nacional, para utilização do Serviço de Radiodifusão Comunitária, um único e específico canal na faixa de frequência do serviço de radiodifusão sonora em frequência modulada". O parágrafo único do mesmo artigo, todavia, ressalva a hipótese de "manifesta impossibilidade técnica quanto ao uso desse canal em determinada região" — situação na qual "será indicado, em substituição, canal alternativo, para utilização exclusiva nessa região".

(58) Lei n. 9.612/1998, art. 4º, § 3º; e arts. 8º e 15.

(59) Lei n. 9.612/1998, art. 8º.

pela Polícia Federal e pelo Ministério da Aeronáutica. À Polícia Federal compete a atuação preventiva e ostensiva no contexto da segurança pública quanto à investigação de supostos ilícitos relacionados à radiodifusão comunitária. Ao referido Ministério, cabe a fixação das diretrizes de segurança e dos equipamentos demandados para assegurar a proteção dos trabalhadores da área de radiodifusão e dos ouvintes em geral, assim como a implementação de medidas para evitar interferências nas comunicações realizadas no espaço aéreo.

Definidas as diretrizes de transmissão dos programas pelas rádios comunitárias, podemos dizer que estão lançados os aspectos gerais do direito positivado e do marco regulatório constitucional aplicável à radiodifusão comunitária no Brasil. Fixadas essas premissas, teceremos comentários acerca de alguns dispositivos da referida lei, para delinear a forma pela qual os discursos estatais têm interagido com os cidadãos e os movimentos sociais.

Analisaremos, em resumo, os seguintes temas: i) as possibilidades e limites do controle normativo e social das formas e conteúdos da programação a ser veiculada pelas prestadoras de SRC; e ii) o desenho institucional do marco regulatório a partir do modelo de autorizações para a exploração do SRC.

Quanto à disciplina normativa das formas e conteúdos da programação a ser veiculada (item "i" acima), destacamos esse fator sob o pretexto de retomarmos a discussão apresentada no *Capítulo 2*. Nossos argumentos se voltarão, por conseguinte, aos problemas verificáveis a partir das influências dos modelos cívicos (educacional e econômico) de circulação da opinião e da vontade por meio dos espaços públicos proporcionados pela operação das rádios comunitárias.

Nos estritos termos legais aplicáveis a esse tema, entendemos que as disposições textuais já existentes na Lei n. 9.612/1998 estão redacionalmente adequadas. Preocupamo-nos, todavia, com as demandas de um controle social e estatal apto a evitar práticas de influência econômica e cultural por partidos políticos e entidades religiosas. Em ambos os casos, denota-se que tanto a forma partidária quanto a religiosa ocorrem sob a influência de práticas personalistas de veiculação de conteúdos.

Ainda hoje, boa parte das experiências das rádios comunitárias opera a partir da lógica de inclusão promovida pelo modelo economicista-particularista de radialismo. Estudos interdisciplinares que têm sido desenvolvidos nessa área alertam que o estilo comercial e/ou personalista ainda prepondera(m) na forma e conteúdo de transmissão de ideias, opiniões, vontades e interesses.[60] Seria esse um argumento constitucional plausível para que o controle de conteúdo da programação continue a ser realizado aprioristicamente pelo Estado?

---

(60) Para um interessante levantamento estatístico acerca de dois padrões midiáticos de programação veiculada por "rádios comunitárias" no município de Belo Horizonte, *cf.* pesquisa coordenada por Jaqueline Morelo e Lúcia Lamounier (2006:109-133). Segundo registra o estudo (2006:129): "Foi possível encontrar experiências que, ainda que reivindiquem o nome de comunitárias, não privilegiam os papéis reivindicativos, inclusivos ou a troca de conteúdos representativos das comunidades em que se inserem. São propostas que não possuem gestão participativa, e os seus dirigentes têm uma concepção assistencialista do papel das emissoras. (...). A experiência do segundo grupo — categoria comunitária — talvez possa nos indicar um outro caminho. Nessas emissoras, foi possível identificar funções tais como papel agregador de forças reivindicatórias, criação e/ou ampliação de espaços de inclusão de diferentes grupos culturais, produção e troca de conteúdos representativos de diversos grupos envolvidos, presença de um conselho gestor representativo da comunidade local, enfim, uma maior clareza do sentido da luta pelo direito à informação".

Embora não neguemos, nem desejemos fugir a essa constante possibilidade de instrumentalização política ou econômica na experiência da radiodifusão comunitária brasileira, sustentamos, ainda assim, a falta de consistência jurídica e política desse argumento. Do ponto de vista da integridade da política, um controle efetivo da programação apenas pode ser realizado a partir do momento em que haja efetivo funcionamento e exploração da atividade.

O controle prévio pelo aparato estatal, quando não aberto a um procedimento público, além de representar limitação às liberdades constitucionais de comunicação, corresponde a uma barreira à entrada e contribuição de outros atores sociais. Reiteramos, a esse respeito, que o espaço público de definição das políticas de radiodifusão comunitária não pode se resumir à esfera da administração do Estado, pois essa concepção afeta tanto a autonomia pública como a privada dos atores da cidadania.

Ademais, sob o ponto de vista dos administrados-administradores excluídos dessas atividades, interessa-nos abordar as outras esferas da cidadania que, desde o surgimento do rádio no Brasil, podiam (podem e poderão) ser articuladas nesse setor específico. Preferimos, portanto, enfatizar que há uma pluralidade de experiências desperdiçadas por esse viés de atuação administrativa do Estado Brasileiro que, na prática, tem chancelado como válida, preponderantemente, alternativas econômicas de radiodifusão — estejam elas revestidas, ou não, pelos rótulos da permissão e da concessão.

Com relação ao modelo econômico de radiodifusão comunitária, apontamos a necessidade de desenvolvimento de meios administrativos e de aplicação judicial para tornar mais transparente o processo de financiamento dessas rádios. Aqui, entra em cena, não apenas o engendramento de um aparato burocrático administrativo competente e eficiente para coibir e reprimir práticas de exploração inadequada do espectro radioelétrico, mas, sobretudo, a ideia de que esse aparelho estatal seja sensível à participação social, com vistas a compartilhar, com a Sociedade Civil, as responsabilidades pela implementação de políticas públicas para o setor.

Com base no desenho institucional aplicável ao marco regulatório da exploração do SRC (item "ii" acima), destacamos algumas das decorrências normativas e constitucionais da interpretação de artigos da Lei n. 9.612/1998.

O primeiro dispositivo que desejamos comentar é o art. 1º da lei. Como pudemos perceber, surge dúvida acerca da própria denominação legal e institucional que deveria se aplicar às rádios comunitárias. Essa preocupação refere-se às atividades de radiodifusão comunitária desenvolvidas sem prévia manifestação administrativa do Ministério das Comunicações. Seriam essas rádios ilegais? Em outras palavras, rádio comunitária seria somente aquela operada mediante prévia outorga para exploração e funcionamento?

No âmbito discursivo de fundamentação, o tema tem surgido, mais recentemente, em diversas audiências públicas realizadas pelo Poder Legislativo.[61] A discussão do

---

(61) Desde 24 de maio de 2003, a Comissão de Direitos Humanos e Minorias da Câmara dos Deputados, por iniciativa do Deputado Federal Luiz Eduardo Greenhalgh, tem debatido o tema da repressão policial e administrativa do Estado Brasileiro às rádios comunitárias sem autorização.

tema tem sido pautada em torno de formas mais adequadas de fiscalização da suposta ilegalidade dessas atividades. Em síntese, o principal argumento suscitado pelos cidadãos e pelos movimentos sociais é o de que não mais se admita que o Estado continue a tutelar, *a priori*, o amplo exercício da liberdade de comunicação e o livre acesso à informação.

Esses atores argumentam, ainda, que a atividade não pode ser concebida como criminosa — a exemplo da incidência legislativa do art. 70 do CBT (Lei n. 4.117/1962) e/ou do art. 183 da LGT (Lei n. 9.472/1997). A criminalização dessas atividades, para alguns, seria medida incompatível com as franquias constitucionais da liberdade de expressão e do direito à informação.[62] No contexto das ações sociais, multiplicam-se os casos de rádios que entram em funcionamento até mesmo a título de desobediência civil.[63]

O assunto tem sido permeado por iniciativas tendentes ao controle social e administrativo — ou seja, não penal — da operação de estações de radiodifusão. Assim, cada vez mais, a ideia de clandestinidade, ou de que tais rádios seriam piratas, tem sido superada pela noção de que é necessário tornar menos burocrático o processo de autorização aplicável a essas rádios, e, por consequência, despenalizar a conduta daqueles cidadãos que promovam o funcionamento não autorizado de rádios comunitárias[64].

No contexto administrativo de implementação pragmática do modelo imposto pela Lei n. 9.612/1998, as questões decorrentes dessa discussão cingem-se à legitimidade da fixação de parâmetros técnicos de regência para esse tipo de radiodifusão. Dentre esses, um dos mais polêmicos é, certamente, a exigência de que a "baixa potência" e a "cobertura restrita" sejam integralmente correspondentes ao serviço prestado por um sistema radiante (antena) com altura inferior a 30 m de altura e alcance máximo de 1 Km de raio.

De acordo com abalizados estudos técnicos de engenharia, não é possível fixar um padrão nacional tão restrito para regulamentar, de modo genérico, as condições de operação ideais num país marcado por grande extensão territorial e inúmeras peculiaridades topográficas.[65] Diferentemente do que sugere o art. 6º do Regulamento do Serviço de Radiodifusão Comunitária (RSRC — aprovado pelo Decreto n. 2.615/1998), *Silveira* (2001) sustenta que elementos da altura máxima da antena e do raio de alcance da rádio devem levar em conta o relevo da região. Para o autor (2001:120-130), as ondas sonoras se propagam por meio de choques físicos que sofrem interferências horizontais e verticais em consonância com os aclives e declives do terreno de determinada localidade.

---

(62) Silveira (2001:197-228).

(63) Nesse ponto, é curioso destacarmos que há algumas "cartilhas" desenvolvidas pelas assessorias parlamentares de membros do Congresso e do Senado Federal que, sob o pretexto de buscarem "simplificar" e facilitar o acesso de entidades comunitárias, chegam inclusive a incitar que os integrantes das associações ou fundações "botem a rádio no ar" antes mesmo de obter a autorização do Poder Executivo. Nesse sentido, arrolamos duas cartilhas exemplificativas desse propósito: "*Como montar rádios comunitárias e legislação completa*" (2000), editado pelo Gabinete da então Senadora da República Heloísa Helena (PT/AL); "*Rádios Comunitárias: Direito à Cidadania* (Guia Prático para montagem de rádio comunitária, com o texto integral da Lei n. 9.612/98) (2000), editado pelo Gabinete do então Deputado Federal Bispo Wanderval (PL/SP).

(64) Para interessante levantamento sobre a possibilidade de adoção de medidas não penais para a regulação da atividade das rádios não autorizadas, *cf.* a obra *Rádio Comunitária não é crime, direito de antena: o espectro eletromagnético como bem difuso* de autoria de Armando Coelho Neto (2002).

(65) Silveira (2001) realiza levantamento esquemático desses estudos.

Dito de outro modo, a contestação mais frequente é a de que cada região beneficiária do SRC apresenta condições e requisitos específicos para seu funcionamento. Sem adentrarmos em maiores discussões técnicas sobre esses *standards* fixados por decreto, a transmissão sonora realizada em município inteiramente situado na planície amazônica, por exemplo, apresenta limitações físicas distintas daquelas operações que sejam transmitidas a partir de morro ocupado pela favela da Rocinha, na cidade do Rio de Janeiro.

Como medida de descentralização da regulação e fiscalização federal do SRC, sustentamos ser plenamente válido e constitucional o reconhecimento e o exercício da competência complementar, a ser desempenhada pelos municípios brasileiros, para "legislar sobre assuntos de interesse local" (CFB/1988, art. 30, I).[66] Nesse particular, destacamos a recente e inovadora legislação aprovada pelo Município de São Paulo: a Lei n. 14.013, de 24 de maio de 2006.

Trata-se da primeira lei municipal a regulamentar a atividade de radiodifusão comunitária no Brasil. A nosso ver, essa alternativa pioneira de edição de legislação local pode se tornar interessante medida de descentralização e otimização da regulação da prestação dessas atividades, as quais, a depender da forma que forem reguladas, poderiam ser prestadas sob o regime jurídico de permissão ou concessão.

Por fim, quanto à limitação das atividades das entidades comunitárias pelo Poder Concedente, vale especificarmos que, no caso de operação "indevida" do SRC, por infração às diretrizes de execução do serviço, a legislação determina a aplicação de penalidades de advertência, multa e, no caso de reincidência, revogação da autorização.[67] Para a caracterização desses atos de natureza administrativo-infracional, os incisos do art. 21 da Lei n. 9.612/1998 estabelecem as seguintes hipóteses:

> I – usar equipamentos fora das especificações autorizadas pelo Poder Concedente;
>
> II – transferir a terceiros os direitos ou procedimentos de execução do Serviço;
>
> III – permanecer fora de operação por mais de trinta dias sem motivo justificável;
>
> IV – infringir qualquer dispositivo desta Lei ou da correspondente regulamentação

Ainda que o serviço seja "devidamente" desempenhado pela entidade comunitária detentora da autorização, destacamos as disposições dos arts. 22 e 23 da lei em questão, os quais determinam que, ainda que a emissora preste a atividade de modo adequado, há risco de "interrupção de serviço", nos seguintes termos:

> As emissoras do Serviço de Radiodifusão Comunitária operarão sem direito a proteção contra eventuais interferências causadas por emissoras de quaisquer Serviços de Telecomunicações e Radiodifusão regularmente instaladas, condições estas que constarão do seu certificado de licença de funcionamento.

---

(66) Para interessante estudo do contemporâneo processo legislativo de proposição de leis municipais que buscam regular, em bases mais democráticas, o Serviço de Radiodifusão Comunitária, *cf.* Silveira (237-256).

(67) Parágrafo único do art. 21 da Lei n. 9.612/1998.

A nosso entender, uma interpretação constitucional íntegra das regras impostas por esses dois dispositivos legais enfrenta sérios problemas quanto à ótica dos administrados-administradores, por duas razões normativas de ordem principiológica. Em primeiro lugar, ambos os artigos suscitam questionáveis aspectos relacionados à (i)legitimidade do discurso de fundamentação empregado pelo Legislativo, segundo o qual, em abstrato, deve valer a lei geral de que a autoridade administrativa detém competência para expedir decisões administrativas de interrupção do serviço em detrimento da efetivação de outros princípios constitucionais relevantes (tais como igualdade; isonomia e, principalmente, liberdade de expressão e direito à informação). Ademais, se levarmos às últimas consequências a realização das hipóteses fáticas pretensamente reguladas por esses dispositivos, percebemos que eles buscam esvaziar o sentido constitucional do princípio da comunicação social — o qual preconiza o caráter impositivo de "complementaridade entre os sistemas privado, público e estatal" (CF, art. 223, *caput in fine*).

Em conclusão, entendemos que as pretensões jurídicas manifestadas pelos cidadãos e movimentos sociais são constitucionalmente legítimas, porque visam a permitir a abertura da estrutura institucional regulatória no que concerne à formulação de políticas públicas orientadas: a) à fixação dos princípios e procedimentos de veiculação e fiscalização social dos conteúdos veiculados pelo SRC; e b) à definição dos princípios e procedimentos de limitação econômica e tecnológica que devem nortear a implementação administrativa da infraestrutura destinada à radiodifusão comunitária.

d) Breves impressões sobre o Projeto de Lei n. 4.573/2009

Como considerações finais, destinamos o encerramento deste capítulo a uma breve análise jurídico-constitucional acerca de proposição legislativa recente que se encontra, atualmente, em tramitação perante a Comissão de Constituição e Justiça e de Cidadania (CCJC) da Câmara dos Deputados. Trata-se do Projeto de Lei n. 4.573/2009 (que "altera o Decreto-lei n. 2.848, de 7 de dezembro de 1940 — Código Penal, e as Leis de n. 9.472, de 16 de julho de 1997, e 9.612, de 19 de fevereiro de 1998, para dispor de normas penais e administrativas referentes à radiodifusão e às telecomunicações, e dá outras providências"), encaminhado pelo Presidente da República em 16 de janeiro de 2009. Tal medida legislativa busca contemplar, de maneira mais incusiva, algumas dessas demandas ora apresentadas.

Em linhas gerais, a proposta apresenta por finalidade a limitação da incidência das normas penais atualmente aplicáveis sobre as atividades de radiodifusão em geral (veja-se que a medida é mais ampla que o setor da atividade das rádios comunitárias). Conforme apresentado no decorrer deste capítulo, pelo modelo de política criminal ainda em vigor no país, o funcionamento de qualquer serviço de (tele)comunicação (entendida em seu sentido amplo) em dissonância com as especificações técnicas do Código Brasileiro de Telecomunicações e dos regulamentos correspondentes configura-se como crime. Para os casos de meios de comunicação regulados pelo art. 70 da Lei n. 4.117/1962, a conduta seria punível com detenção de 1 (um) a 2 (dois) anos. Já para as hipóteses em que se constatarem "atividades clandestinas de telecomunicações", nos termos do art. 183 da Lei n. 9.472/1997, a pena aplicável é a de reclusão, de 2 (dois) a 4 (quatro) anos.

Nesse contexto, devem-se destacar duas inovações relevantes do mencionado PL: uma de ordem penal e outra de natureza institucional-administrativa.

Na esfera penal, o texto legislativo em debate exige que, para a configuração do tipo penal, é indispensável que haja efetiva demonstração de interferência em sistema de comunicação de transporte aéreo, marítimo ou fluvial, por meio de serviço de radiodifusão sonoro e de sons executado em desconformidade ao exigido pelo órgão competente. Tal modificação, conforme bem destaca a exposição de motivos da proposição[68], traz como consequencia inicial a reformulação dos tipos especiais relacionados à radiodifusão contidos no art. 151 do Código Penal Brasileiro (crime de "violação de correspondência").[69] Um outro desdobramento que realça, um pouco mais o modelo repressivo, diz respeito à inserção de um § 1º-A no art. 261 do mesmo Código para tipificar o crime de "atentado contra a segurança de transporte marítimo, fluvial ou aéreo" para as hipóteses em que, "mediante operação de estação de serviços de radiodifusão", seja exposta a perigo "a segurança de serviços de telecomunicações de emergência, de segurança pública ou de fins exclusivamente militares, ou, ainda, o funcionamento de equipamentos médico-hospitalares". Uma última repercussão penal — desta vez, bastante válida — diz respeito à inserção do § 2º ao art. 183 da Lei Geral de Telecomunicações como medida de diferenciação da política criminal aplicável aos serviços de radiodifusão em comparação com o modelo incidente para os meios de telecomunicação em sentido estrito.[70]

A modificação de índole institucional-administrativa corresponde a uma tentativa de redefinição da política regulatória e de escalonamento gradual das sanções administrativas destinadas às rádios comunitárias a partir de dois critérios principais: i) a regularidade, ou não, da atividade de radiodifusão comunitária (atestada mediante a conclusão, ou não, do processo administrativo de outorga da autorização para a prestação do SRC); e ii) a gravidade de tais medidas coercitivas. Essa alteração é sugerida mediante indicação de nova redação para o art. 21 da Lei n. 9.612/1998, assim como pela inserção dos arts. 21-A, 21-B e 21-C no corpo do mesmo diploma legal.

---

(68) O texto integral do referido projeto de lei, assim como da mensagem presidencial e da exposição de motivos da proposição legislativa pode ser acessado no portal eletrônico oficial da Câmara dos Deputados: <www.camara.gov.br>.

(69) Eis o inteiro teor de tal dispositivo: "Art. 151 – Devassar indevidamente o conteúdo de correspondência fechada dirigida a outrem: Pena – Detenção, de 1 (um) a 6 (seis) meses, ou multa. § 1º Na mesma pena incorre: I – quem se apossa indevidamente de correspondência alheia, embora não fechada e, no todo ou em parte, a sonega ou destrói; II – quem indevidamente divulga, transmite a outrem ou utiliza abusivamente a comunicação telegráfica ou radioelétrica dirigida a terceiro, ou conversação telefônica entre outras pessoas; III – quem impede a comunicação ou a conversação referidas no número anterior; IV – quem instala ou utiliza estação ou aparelho radioelétrico, sem observância de disposição legal. § 2º As penas aumentam-se de metade, se há dano para outrem. § 3º Se o agente comete o crime, com abuso de função em serviço postal, telegráfico, radioelétrico ou telefônico: Pena — Detenção, de 1 (um) a 3 (três) anos. § 4º Somente se procede mediante representação, salvo nos casos do § 1º, IV e do § 3º".

(70) Nesse sentido, na linha das considerações que fizemos neste capítulo, entendemos que o PL em comento promove avanços ao asseverar que o crime previsto pelo art. 183 "não se aplica à radiodifusão". A motivação básica para essa constatação diz respeito ao fato de que a pena cominada pela LGT é mais severa que a prevista no art. 70 do CBT e, nesse particular, ocorreria um certo "abrandamento" da política de repressão aplicável à radiodifusão comunitária.

De um modo global, entendemos que a inovação do PL quanto à dimensão penal do modelo de radiodifusão comunitária é parcialmente oportuna na medida em que caminha para uma relativa constrição do ímpeto punitivo da política persecutória do Estado brasileiro. A sanha punitiva da política criminal destinada à repressão dessa atividade da radiodifusão persiste, contudo, por meio da criação de mais crimes sob o pretexto de contenção da criminalidade. Seja pelos recentes estudos nas áreas de criminologia e de política criminal (com os quais, nesse momento, não nos comprometemos em abordar com maior profundidade), sejam pelos clássicos estudos acerca dos limites da efetividade do sistema punitivo, entendemos como muito limitada a perspectiva institucional que reduz a dimensão política de atuação do Estado à edição legislativa de novos tipos penais. Ou seja, o direito penal não pode servir de instrumento meramente simbólico para a legitimação automática de práticas administrativas do aparato estatal brasileiro.

Em síntese, sustentamos que o modelo regulatório das políticas públicas destinadas às rádios comunitárias demanda, muito mais, instrumentos que promovam a disseminação dos usos criativos e úteis dessa atividade em prol da coletividade. Ou seja, em vez de engendrar novas modalidades criminais para o enquadramento e exclusão de cidadãos por meio do encarceramento em um sistema penitenciário nada promissor, o principal desafio institucional que se coloca ao Estado brasileiro é o desenvolvimento de iniciativas que permitam que o serviço de radiodifusão comunitária seja prestado, cada vez mais, de maneira universal e adequada.

Já com relação ao segundo aspecto sugerido pelo projeto de lei em comento, outras preocupações constitucionais também persistem.

Inicialmente, percebemos a ausência de medidas que assegurem às comunidades a possibilidade expressa de aquisição do direito de antena e das liberdades de comunicação e de opinião diante da morosidade do processo administrativo de outorga da autorização. Nesse particular, manifestamos que a explicitação desse direito apenas viria a reforçar o mandamento constitucional da razoável duração do processo que, nos termos da EC n. 45/2004, deve ser reconhecido "a todos" e se estende, inclusive, a "processos administrativos".

Ademais, da leitura do inteiro teor dos arts. 21, 21-A, 21-B e 21-C, é possível observar que a manutenção do modelo regulatório que poderia ser caracterizado como uma espécie de perpetuação do *"apartheid"* institucional das políticas públicas que regulam a radiodifusão comunitária no Brasil.

Para as rádios autorizadas, há uma tentativa de racionalização e de hierarquização das punições administrativas conforme o caso concreto. Nessa seara, a proposição encaminha duas categorias gerais: as infrações graves; e as gravíssimas. As infrações graves da radiodifusão comunitária "autorizada" configuram-se nas seguintes hipóteses: i) caso haja irregularidade no que concerne ao conteúdo da programação ou em publicidade veiculada pela rádio, a apenação administrativa consiste em advertência e, em ocorrendo reincidência, aplicação de multa com possibilidade, inclusive, de suspensão do "funcionamento da operação das emissoras pelo prazo de até trinta dias, sem prejuízo da multa"[71]; ou ii) se as

---

(71) Disposições relativas ao parágrafo único do art. 21 da Lei n. 9.612/1998, nos termos da redação conferida pelo PL n. 4.573/2009.

emissoras autorizadas realizarem o uso "fora das especificações autorizadas pelo Poder Concedente", tal situação será "penalizada com multa e, no caso de reincidência, com multa e lacração do equipamento até que sejam sanadas as situações motivadoras".[72] As infrações gravíssimas, por seu turno, ocorrem: i) se houver transferência "a terceiros dos direitos ou procedimentos de execução do serviço" (Inciso I); ii) caso ocorra a prática de "proselitismo de qualquer natureza em sua programação" (Inciso II); ou iii) na hipótese em que a rádio autorizada permaneça "fora de operação por mais de trinta dias sem motivo justificável" (Inciso III)[73].

Já para as rádios operadas "sem autorização do Poder Concedente", o art. 21-C preconiza a imposição automática de "infração gravíssima sancionada com a apreensão dos equipamentos, multa e a suspensão do processo de autorização de outorga ou a impossibilidade de se habilitar em novo certame até o pagamento da referida multa".

Não é necessário muito esforço para perceber alguns dos efeitos deletérios da intensificação do modelo de punição penal e administrativa a partir da simples situação de regularidade, ou não, da autorização estatal para a prestação do SRC. A esse respeito, limitaremos nossa análise a três aspectos principais.

Primeiramente, o PL n. 4.573/2009 não permite qualquer possibilidade de especificação do tipo de vício na operação do serviço. Assim, pressupõe que toda e qualquer atividade não autorizada deverá receber as punições administrativas com o maior grau de reprovabilidade previsto pela legislação. Essa generalização legislativa não permite o reconhecimento jurídico de rádios que, apesar de não autorizadas, desempenhem um papel legítimo de difusão de conteúdos válidos para as comunidades às quais se destinam.

Em segundo lugar, cabe analisarmos a iniciativa do texto legislativo proposto em buscar "amenizar" o perfil de coerção institucional a atividades clandestinas por meio da substituição de sanções penais por "infrações administrativas" de natureza "gravíssima". A esse respeito, consideramos que o art. 21-C contribui para a despenalização de certa parcela da operação "não autorizada" de rádio comunitária. Ou seja, não mais configura fato típico a simples atestação de que a atividade de radiodifusão comunitária não se encontra "autorizada". Para que ocorra crime, portanto, é indispensável que a operação da rádio comunitária "não autorizada" comprometa, efetivamente, outros serviços tais como: transportes (marítimo, fluvial ou aéreo), telecomunicações de emergência, segurança pública ou atividades de fins exclusivamente militares, ou, ainda, relacionados à área da saúde (funcionamento de equipamentos médico-hospitalares).

Contudo, uma análise mais detalhada dessa proposição irá identificar que, em rigor, seria possível avançar um pouco mais. O mencionado art. 21-C, no que concerne às demais penalidades "administrativas" aplicáveis, apenas sistematiza e mantém o conjunto de sanções de ordem civil e administrativa que já eram previstas pelo regramento anterior do art. 70 do Código Brasileiro de Telecomunicações, combinado com o art. 183 da Lei

---

(72) Redação correspondente ao art. 21-A da Lei n. 9.612/1998, conforme o texto sugerido pelo PL n. 4.573/2009.
(73) Texto referente aos incisos I a III do art. 21-B da Lei n. 9.612/1998, de acordo com a redação proposta pelo PL n. 4.573/2009.

Geral de Telecomunicações e com as demais disposições administrativas da Lei n. 9.612/1998. Nesse particular, apenas reiteramos as críticas desenvolvidas no decorrer deste Capítulo inteiramente aplicáveis ao modelo de repressão representado pelas mencionadas sanções. Assim, independentemente do fato de tais medidas sancionatórias receberem, ou não, a classificação de infrações de natureza "administrativa" ou de índole "penal", ainda persevera a carência de legitimidade das políticas públicas do Estado Brasileiro quanto à promoção (e não a repressão) do serviço de radiodifusão comunitária.

Em terceiro lugar, apesar da certa tendência de "despenalização" encaminhada pelo projeto, é curiosa a tentativa de condicionamento da continuidade do processo de autorização estatal à submissão às regras institucionais desenhadas para o setor da radiodifusão comunitária. Nos termos da Lei n. 9.612/1998, a única atividade de radiodifusão comunitária possível é aquela devidamente "autorizada" pelo Poder Concedente. Ou seja, a sanção administrativa de "suspensão do processo de autorização de outorga" apenas reforça o viés proibicionista da política regulatória destinada ao setor da radiodifusão comunitária. Nesse modelo, ressaltamos que, em nome da manutenção do controle formal do setor nas mãos do Estado, corre-se o risco de que a regulação estatal sirva, prioritariamente, para negar a dimensão elementar dos direitos e liberdades de comunicação. Tal tendência poderia ser muito bem resumida nos seguintes termos: o pretenso operador de radiodifusão comunitária que não obtiver autorização do Estado Brasileiro não possui legitimidade para desempenhar, com efetividade, os direitos e prerrogativas inerentes às liberdades de comunicação diretamente derivados do texto constitucional (direito de antena, liberdade de expressão e de opinião, dentre outros).

Como se percebe, a discussão do PL n. 4.573/2009, a qual ainda demanda reflexões mais profundas, deixa importantes questões jurídico-constitucionais e político-democráticas em aberto. Continua em jogo a definição do modelo normativo e institucional mais adequado para regular o cenário da radiodifusão comunitária no Brasil.

Muito mais que o enquadramento conceitual do Serviço de Radiodifusão Comunitária (SRC) como "serviço de (tele)comunicação", este Capítulo buscou levantar e sistematizar algumas das condições e preocupações democráticas, institucionais, legislativas e jurídico--discursivas que permitam que essa atividade possa desempenhar o papel de verdadeiro "serviço público" em prol da concretização constitucional de liberdades fundamentais relacionadas à comunicação — uma das dimensões indisponíveis de nossa soberania, cidadania e da dignidade da pessoa humana (CRFB/1988, art. 1º, I, II e III)".

CONSIDERAÇÕES FINAIS

Dos diversos instrumentos utilizados pelo homem, o mais espetacular é sem dúvida o livro. Os demais são extensões de seu corpo. O microscópio, o telescópio, são extensões de sua visão; o telefone é a extensão de sua voz; em seguida, temos o arado e a espada, extensões de seu braço. O livro, porém, é outra coisa: o livro é uma extensão da memória e da imaginação (Jorge Luís Borges, *O Livro*)

Nesta dissertação, a perspectiva discursiva da Constituição nos permitiu desenvolver a compreensão de uma comunidade política norteada por princípios jurídicos fraternalmente compartilhados por cidadãos livres e iguais que determinaram (e determinam) a si mesmos por meio das rádios comunitárias. Sob o enfoque da cidadania e da democracia, encaramos essa proposta de reflexão sobre a Constituição Brasileira como alternativa ao "projeto coletivo da realização cada vez mais ampla de um sistema já estabelecido de direitos básicos".[1]

Essa ótica constitucional dos administrados-administradores, em outras palavras, reconhece os cidadãos e movimentos sociais como protagonistas desse projeto de contínua deliberação sobre a relação entre direito e poder. A partir do viés normativo e discursivo da Constituição que apresentamos no *Capítulo 1*, buscamos descrever de que modo as concepções já existentes sobre os direitos à comunicação poderiam ser interpretativamente reconstruídas para a realização da liberdade, da igualdade e da fraternidade.

O rádio brasileiro nasceu analógico e, hoje, começa a se tornar digital.[2] Isso nos revela sinais de uma discussão constitucional atualmente relevante, porque, somente nos últimos 5 anos, o Estado Brasileiro começou a se debruçar, de modo mais explícito, sobre os parâmetros administrativos, legislativos e judiciais que decorrerão da implementação de novo padrão para a radiodifusão.

O debate sobre os limites e possibilidades da cidadania no Brasil, por sua vez, transcende os potenciais tecnológicos que venham a ser aplicados às comunicações em razão do fenômeno da convergência. A partir do SRC, concluímos que, antes mesmo da importância jurídico-política desse debate em nossa comunidade de princípios, não podemos nos esquivar dos problemas fáticos e mazelas de exclusão social em nosso país.

Nesse contexto, com base nos déficits das políticas públicas destinadas à radiodifusão comunitária brasileira, oferecemos uma interpretação à categoria "serviços públicos de

---

(1) Habermas (2004a:26).
(2) Conforme diagnostica Juarez Martinho Quadros do Nascimento (2006:81) quanto ao aspecto estritamente tecnológico dos impasses regulatórios envolvidos na adoção do padrão digital: "Do ponto de vista dos recursos tecnológicos, as empresas de telecomunicações já podem explorar, não só serviços de voz, mas também de textos, dados e imagens. A nossa legislação não autoriza a prestação de serviço de televisão. Ou seja, a tecnologia converge, mas a regulação, infelizmente, diverge".

telecomunicações", a partir da edição da Emenda Constitucional n. 8, de 1995. Desde o surgimento do rádio (1922) até o momento contemporâneo de digitalização da radiodifusão no Brasil, a pesquisa contextualizou um cenário de exclusão e criminalização de cidadãos brasileiros e movimentos sociais organizados que buscaram (e buscam) alternativas àquilo que tem sido denominado "coronelismo eletrônico".

Como variável desse processo, no *Capítulo 2* identificamos a caracterização de um modelo histórica e normativamente construído em torno da centralidade de atores privilegiados relacionados ao Estado, à Nação e ao Mercado. Com base na discussão proporcionada pelos usos sociais, culturais, econômicos, políticos e tecnológicos da operação das rádios comunitárias — uma atividade que, atualmente, não é legislativa, nem doutrinariamente definida como típico "serviço público" —, sujeitos individuais e coletivos de direito têm contribuído para a construção de novos meios jurídicos e políticos de controle, participação e fiscalização dos serviços de radiodifusão em geral.

Mais especificamente a partir da década de 1960, por meio das rádios-livres e serviços de alto-falantes, a cidadania desses atores passou a suscitar uma discussão sobre os limites e possibilidades de realização de direitos fundamentais à comunicação e à informação por meio de políticas públicas mais legítimas para a radiodifusão no país. Diante das tendências de um modelo estatizante, nacionalista e patrimonialista das telecomunicações no Brasil, este trabalho buscou retratar a vivência constitucional da radiodifusão comunitária como importante processo por meio do qual cidadãos e movimentos sociais ofertaram sua contribuição para a radicalização democrática da cidadania através dos meios de comunicação de massa.

A ótica dos administrados-administradores lançou leituras plurais para a interpretação da legislação que regula o Serviço de Radiodifusão Comunitária (SRC) no Brasil (Lei n. 9.612/1998). Essa abordagem enfatizou, por conseguinte, a legitimidade dos cidadãos e dos movimentos sociais como atores que desempenham importante papel para o controle desse serviço. Propusemos, por fim, a superação das leituras tradicionais do Essencialismo e Formalismo, para compreendermos essa atividade como legítimo serviço público de (tele)comunicação.

Nesse particular, o recorte temático das rádios comunitárias nos oferece indícios concretos para que desenvolvamos outros desdobramentos dessa discussão. A opção de enfocar as possibilidades jurídicas de autorização aplicável a essas rádios apresenta-se não somente como hipótese abstrata de reflexão. Trata-se, sobretudo, de uma tentativa de resgate de experiências concretas que, desde o surgimento do rádio (1922), têm permitido, a um só tempo: i) a formação de arenas de influência na circulação da comunicação social de opiniões e de vontades dos cidadãos e movimentos sociais; e ii) a construção de identidades por sujeitos que invoquem essas arenas como espaços alternativos de vivência compartilhada das liberdades, da igualdade e da fraternidade.

Nesse contexto, a figura do Estado deve ser colocada em perspectiva no que tange ao distanciamento da função monopolística de prestação direta de serviços públicos e à assunção do papel de regulador de setores econômicos privatizados, ou desestatizados. Além disso, sustentamos que a participação de atores coletivos e individuais regidos por interesses privados e públicos[3] pode (e deve) ser realçada como condição de legitimidade, transparência, controle e fiscalização para a consecução dos almejados "interesses públicos" nas políticas de regulação do setor, as quais não mais podem ser exclusivamente apropriadas pela Anatel, pelo Minicom, ou pela mão invisível do Mercado.[4]

Sob o enfoque dos administrados-administradores, enfatizamos o papel do cidadão em relação ao Estado, quanto às possibilidades cívicas de participação nas políticas públicas de radiodifusão. Tentamos retratar a paradoxal caracterização de uma cidadania que, ao se confundir quase totalmente com o corpo jurídico-político do Estado, se bestializou — isto é, perdeu a dimensão de uma humanidade que, na modernidade, se pretendia autônoma, livre, igual e fraterna.

A partir do desenrolar das vivências normativas e histórico-sociológicas da radiodifusão no Estado Social Brasileiro, afirmamos que a leitura de cidadania preponderante seria somente aquela pertinente ao Estado — a estadania. Ao momento em que as rádios começaram a se tornar mais numerosas, a voz dos cidadãos difundiu-se num espaço em que o Estado assumiu papel de centralidade na vida política dos cidadãos. A cidadania, por sua vez, encontrou-se sufocada pelos limitados espaços cívicos convencionais de liberdade e igualdade por ele concedido, permitido ou autorizado.

Eis o retrato que a estadania nos revela: a imagem de cidadãos duplamente bestializados. A primeira bestialização decorreria da persistência da imposição autoritária (isto é, de cima para baixo) de políticas públicas dos "serviços públicos" em geral, com especial conformação nos serviços de (tele)comunicação. O segundo processo dessa cidadania bestializada consistiria na sua redução ao espaço do estatal. Nesse caso, a cidadania foi tolhida pelas próprias condições que lhe proporcionaram uma forma de exercício — aquela promovida quase exclusivamente pelo mercado, cuja atuação era (e continua a ser) concedida, permitida ou autorizada pelo Estado Brasileiro.

A "legitimidade" da exploração da atividade por particulares não deve ser reduzida à mera realização formal dos atos administrativos do Estado (concessão, permissão ou autorização). O tema é mais complexo e, exatamente por isso, não podemos negligenciar os desdobramentos democráticos que essa noção de "legitimação" pode assumir no âmbito dos serviços públicos de radiodifusão.

A abordagem ora criticada contribui para a completa identificação da legitimidade jurídico-política com os atos legais praticados pela Administração. Ainda que de modo não intencional, trata-se de concepção que, ao presumir como obrigatória para o processo democrático a pertinência entre o cidadão e o corpo político institucionalizado do Estado, assume o risco de intensificar as pressuposições normativas do modelo social.

---

(3) Como por exemplo: profissionais autônomos e liberais; sociedades de economia mista; empresas públicas; empresas e conglomerados privados etc.

(4) Com relação à reformulação que a ideia econômica da "mão-invisível" tem enfrentado no próprio âmbito das ciências econômicas, Warren J. Samuels e Steven G. Medema (2005), a partir de uma aproximação histórica da economia política, asseveram a necessidade de libertar Adam Smith das amarras de uma concepção estrita de "livre mercado". Os autores referidos sustentam que não é possível negligenciar a importância do papel econômico que as instâncias governamentais e sociais podem exercer para a distribuição das riquezas.

Essa forma de compreensão paradigmática do público e do privado apresenta limitadas possibilidades e elevados perigos para a democracia. Ao dar vazão a esse tipo de juízo e consideradas as peculiaridades históricas do contexto da sociedade brasileira, abre-se espaço para que as inúmeras cidadanias sejam indevida e autoritariamente tuteladas por estatismos, nacionalismos e patrimonialismos consideravelmente nocivos ao pleno reconhecimento da autonomia (pública e privada) dos cidadãos, dos movimentos sociais e, em última instância, da própria concepção de povo brasileiro que constituímos.

Atentando-nos aos problemas políticos e sociais enfrentados pelo país, enxergamos que, para além dos empresários, clientes, empregados e empregadores, há brasileiros que vivem abaixo da linha de miserabilidade. Desse amontoado de cidadãos que não detêm condições mínimas de sobrevivência, surgem legítimas pretensões de movimentos sociais e expectativas normativas de inclusão generalizada das cidadanias desprovidas de trabalho, terra, educação, saúde e dignidade.

Como o início da experiência do rádio nos sugere, o empoderamento político de atores sociais por meio da educação é uma das opções disponíveis em nossa história constitucional. O potencial do rádio é muito grande para ser reduzido a lucros e dividendos a serem suportados pelos atores do Mercado. Trata-se de conquista válida, mas insuficiente para atender à complexidade de demandas culturais e políticas requeridas pelas vidas públicas e privadas dos demais atores da cidadania e da democracia em nossa comunidade jurídico-política de princípios constitucionais.

O aprendizado decorrente da experiência constitucional do Estado Social Brasileiro nos leva a reconhecer, sob os auspícios pluralistas da CFB/1988, os riscos de elevarmos o aparato estatal e/ou as prestadoras de serviços públicos de telecomunicações ao papel de heróis da emancipação social e integração nacional de todos os componentes de sua anêmica clientela. A dinâmica burocrática do controle normativo (social e estatal) proporcionada por esse modelo mostrou-se jurídica e politicamente incompetente para administrar, com pretensões de exclusividade, todas as dimensões da vida pública e privada dos administrados-administradores.

Considerada a herança estatizante, nacionalista e patrimonialista das políticas públicas destinadas aos meios de comunicação de massa, se a programação for concebida como ruim ou inadequada, cabe ao telespectador ou ouvinte desligar o rádio, ou televisão. Ou, pior, o indivíduo deve se sujeitar a modelos massificados de veiculação de formas e conteúdos direcionados à maximização de lucros e dividendos das emissoras.

Diante desse quadro desalentador, cabe-nos indagar se ainda há alguma solução para a exclusão do protagonismo a ser exercido pela cidadania.

No âmbito da autonomia privada, na medida em que não detenha condições econômicas para custear a oferta do Mercado, o ator sofre nova privação quanto às possibilidades de amplo acesso à informação social circundante. Essa concepção parcial da subjetividade que acorrenta os atores não estatais envolvidos também se alastra no campo da autonomia pública.

Quanto ao aspecto público, o cidadão somente pode exercer suas liberdades na medida em que sua cidadania é reduzida ao papel de consumidor. Destarte, na condição de parte contratual, é permitido ao administrado a possibilidade de invocar juridicamente as condições de sua hipossuficiência nas relações de consumo. Para os indivíduos sem condições econômicas mínimas de obterem *status* jurídico de consumidor, observamos sua exclusão da administração das políticas públicas aplicáveis em dois níveis sucessivos.

Primeiramente, a partir do momento em que o controle normativo da cidadania do Estado lhes é negado, os cidadãos passam a ser compreendidos tão somente como massa de destinatários de políticas públicas definidas pelo aparato estatal. Numa segunda etapa, na medida em que tais cidadãos são privados da cidadania da sociedade, as políticas públicas que lhes afetam diretamente passam a ser reguladas em consonância com as condições de procura e oferta, a partir das quais ocorre uma nova massificação — agora, na condição homogeneizante de massa telespectadora ou ouvinte. Em última instância, as dimensões públicas e privadas da cidadania são achatadas de tal modo que a única possibilidade de exercício da autonomia desses cidadãos duplamente excluídos seria a de buscarem se incluir na fruição dos serviços de radiodifusão, sob o estereótipo de sujeitos-objeto da atuação do Estado e do mercado.

Para além de uma percepção neocorporativa da atividade estatal (na qual a estrutura burocrática é programada sob a égide de uma ação concertada do Estado com corporações do mercado para a otimização da eficiência econômica), a ótica dos administrados-administradores propõe nova alternativa: a de que os cidadãos sejam compreendidos como efetivos titulares das políticas públicas de radiodifusão. Sob esse prisma, a cidadania passa a demandar condições discursivas e democráticas mínimas para o exercício legítimo e ativo do direito de opinião, participação, gestão e fiscalização das políticas públicas de regulação, ou de controle normativo do setor.

Essa perspectiva nos leva a desviar nosso olhar do Estado — que, atualmente, tem buscado se (des)estatizar — e de uma Sociedade Civil que, paradoxalmente, tenta se inserir no aparato administrativo desse mesmo Estado como estratégia para articular novas demandas. A ótica dos administrados-administradores não corresponde à divinização ou satanização dos movimentos sociais, nem tampouco a uma ode à ausência, ou presença do estatal.

Apesar de todas as ressalvas aplicáveis à radiodifusão a partir de 1922, ressaltamos que, além do dinamismo oferecido pela linguagem oral, a difusão de sons por meio de ondas eletromagnéticas pode proporcionar aos cidadãos brasileiros uma nova forma de acesso a informações e à reivindicação de direitos de comunicação. Não podemos negar que esse espaço aberto era (e é) suscetível de apropriação pela atuação política de seus representantes e governantes, ou pelos interesses comerciais das grandes redes de comunicação que começaram a se formar.

A partir da década de 1960, o desenvolvimento da atuação das rádios comunitárias no Brasil nos oferece indícios de que a liberdade de expressão, o direito à comunicação e o acesso à informação são pretensões histórico-normativas que não devem ser necessariamente atreladas a aspectos comerciais, nem tampouco ligadas, de modo visceral, ao aparato burocrático de uma Administração Pública quase sempre confundida com o estatal e o nacional. Em outros termos, as rádios comunitárias também surgiram voltadas para a "rua" — um espaço público que histórica e normativamente não pode ser confundido com o estatal, o nacional, ou o econômico. De lá para cá, conforme buscamos asseverar, atores sociais excluídos — sujeitos de outras "cidadanias" — promoveram uma série de reivindicações no espaço público.

Destacamos, ainda, que a contribuição dos cidadãos e dos movimentos sociais por meio da radiodifusão comunitária também foi importante para o surgimento de demandas de democratização nas políticas públicas de radiodifusão. Tais lutas por reconhecimento de direitos e deveres buscaram promover uma mudança nesse contexto de concentração econômica, seja para a exploração, seja para a fruição individual, coletiva e difusa dos benefícios proporcionados pela radiodifusão comunitária.

Concluímos, por conseguinte, que a ótica cidadã e democrática dos administrados-administradores apenas pode ser exercitada no plural. Isto é, a partir da pluralidade de visões constitucionalmente invocáveis de direitos de liberdade de escolha e de igualdade de participação nas políticas públicas de radiodifusão comunitária, enfatizamos especificidades e deficiências da infraestrutura e estrutura institucional da regulação normativa e histórico-social da atividade das rádios comunitárias.

Nesse horizonte, a questão dos serviços públicos de telecomunicações não pode ser resumida a opções por: mais ou menos Estado; mais ou menos Mercado; ou mais ou menos Sociedade Civil. A tensão com a qual devemos lidar é a de que, independentemente dos atores que capitaneiem as políticas públicas no setor de radiodifusão, não podemos deixar de testar os limites da transparência, da fiscalização, do acesso e da participação dos inúmeros atores sociais na formulação e execução das políticas públicas que norteiam essas atividades.

A noção de serviços públicos não decorre do nome legislativo ou técnico-jurídico que se aplique ao regime administrativo de delegação ou outorga da atividade. De outro lado, não podemos reduzir a problematização dos temas que trabalhamos no decorrer deste trabalho como meras regras ou instrumentos tecnológicos e jurídicos a serem aplicados. Ademais, serviço público é um processo "público" definido por lei e interpretado por uma comunidade de princípios que compartilham determinadas práticas sociais, políticas, jurídicas e meios tecnológicos.

Assim, se há assentimento procedimental e legislativo quanto à relevância consti-tucional dos interesses públicos envolvidos em determinada atividade de repercussão econômica, como é o caso do SRC, esse serviço deve se submeter ao crivo do controle normativo e social dessa pluralidade de atores. A definição desses interesses não deve se atrelar, necessariamente, ao vulto dos valores econômicos envolvidos, até mesmo porque, na radiodifusão comunitária, não é a exploração de lucros que está em questão.

Sob essa perspectiva, as rádios comunitárias passam a ser concebidas a partir da importância social e cultural que a distribuição da riqueza dela decorrente pode proporcionar, desde que seja livre, equânime e fraternalmente compartilhada por todos os administrados-administradores. O SRC nos aponta que o acesso aos meios de comunicação, ao direito de informação e à liberdade de expressão não pode ser encapsulado em títulos jurídico-estatais de indevida restrição de prerrogativas civis, políticas e sociais.

A partir dessa proposta constitucional, a noção de serviço público passa a demandar (re)definições para além da mera questão técnico-jurídica de implementação administrativa, ou de aplicação judicial de direitos e deveres. Não se trata, portanto, de tema monopolizável pelo discurso dos políticos, dos juristas, do Judiciário, do Legislativo ou do Executivo. A fiscalização, a vivência e a realização de serviços públicos, além de estarem relacionados com inumeráveis dimensões da dignidade humana, constituem-se como feixes histórico-normativos por meio dos quais os cidadãos e movimentos sociais podem buscar procedimentos públicos de controle do exercício ilegítimo do poder político, ou de garantia de espaços isentos de coação ou intervenção. Essa é uma das condições discursivas para que esses atores sociais possam exercer, de modo livre, igual e fraterno, direitos e deveres que proporcionem sua própria condição autônoma de cidadania, tanto perante o Estado Brasileiro, quanto perante a sociedade na qual se inserem.

Para uma proposta de reflexão sobre a noção constitucional de serviços públicos de telecomunicações, entendemos ser válida a preocupação com disposições formais dos textos da lei, ou, ainda, com determinados anseios materiais que, num dado momento, possam ser identificados, ou sejam normativamente identificáveis. Cuida-se, sem dúvida, de padrões interessantes para o interpretar da Constituição. Argumentamos, porém, que há outras dimensões a serem exploradas.

O aspecto sinuoso, a nosso ver, reside na tentativa de reduzir a interpretação constitucional de um tema tão complexo como esse unicamente a visões proporcionadas por estereótipos formais e materiais de definição técnico-jurídica do instituto. Compreendemos a importância e as conquistas que a formalização e a materialização de direitos e deveres podem oferecer à cidadania e à democracia. Apenas não nos satisfazemos com a ideia de que tais parâmetros sejam lidos como limites máximos de realização dessas liberdades.

Serviço público, exatamente por ser matéria positivada no texto da Constituição, também é questão de autonomia jurídico-política dos cidadãos. Ao voltarmos nossos olhos para os serviços públicos de (tele)comunicações, deparamo-nos com um complexo fluxo de sentidos. Discutir temas sobre instâncias públicas de controle normativo e social é lançar subsídios acerca das condições mínimas que podem ser proporcionadas através dos meios de comunicação socialmente disponíveis. Esse é um dos aspectos básicos para garantir a existência digna dos cidadãos e para permitir a convivência justa e solidária de determinadas coletividades em contextos sociais marcados pela pluralidade de opiniões, crenças, sexos, orientações sexuais, identidades culturais etc.

No caso do SRC, o aprendizado normativo e histórico-social aponta para uma série de ações e de articulações legítimas de conhecimento que se pautaram pelo fortalecimento do procedimento de debates em torno da construção de um cenário de crescente democratização dos meios de comunicação. Destarte, por mais que o Executivo, o Legislativo, o Judiciário, o Mercado ou a Igreja busquem conferir usos instrumentais a esse serviço, as formas de fruição, prestação e fiscalização das rádios comunitárias sugerem amplas possibilidades para o controle normativo e social da atividade. Sob o ponto de vista da cidadania, o amplo exercício do direito à comunicação e à informação por meio do SRC pode contribuir para a realização de prerrogativas de caráter civil (uma campanha pela liberdade de expressão contra atos estatais de censura, por exemplo); político (a abertura à participação dos ouvintes no controle e na realização da programação); e, até mesmo, outras prerrogativas sociais de caráter educacional, de saúde pública e de assistência social nos mais diversos níveis.

As políticas de realização e definição dessas atividades devem ser públicas, abertas ao debate de múltiplos temas e ao ingresso de inumeráveis atores, sem necessariamente configurarem-se como imposição generalizada de pautas de virtude política, ou de interesse dos cidadãos. Não sugerimos, portanto, que os cidadãos ou atores sociais sejam obrigados a discutir a radiodifusão comunitária no Brasil. Em vez dessa imposição (que chegaria às raias de outros autoritarismos de nossa história constitucional), é necessário oferecer oportunidades efetivas para que os atores sociais interessados possam se inserir no debate, com o objetivo de inovar quanto aos fundamentos e objetivos de regulação da atividade.

A partir do SRC, talvez seja interessante persistirmos na ideia de que a noção de serviço público de telecomunicações prescinde de análise íntegra acerca do conjunto de formas e conteúdos (institucionalizados, ou não) de definição constitucional das políticas públicas de radiodifusão comunitária. Esse levantamento é um dos aspectos que devem ser levados a sério para a compreensão das possibilidades constitucionais de realização livre, equânime e fraterna do direito à comunicação e à informação.

Em síntese, os procedimentos (públicos e privados) por meio dos quais a regulação dessas atividades é realizada é uma questão constitucional e democrática que não pode ser indefinidamente apropriada por interesses particulares, ou tendências estatizantes, nacionalistas e privatizantes. A noção constitucional de serviços públicos de telecomunicações não está, portanto, somente na forma legal ou nos conteúdos extraíveis do texto (conforme preconizaria uma visão purista do Essencialismo).

Com essas afirmações, enfatizamos o alerta de que as rádios comunitárias podem servir como legítimos instrumentos de radicalização democrática e de empoderamento constitucional. Esse exercício democrático busca lidar com as tensões de realização individual, coletiva e difusa de direitos e deveres fundamentais.

Assim, conforme buscamos asseverar durante todo este trabalho, nossa análise precisou contar com a contribuição de outros atores da democracia brasileira, em especial a perspectiva dos cidadãos e movimentos sociais, para testarmos outros enfoques de (re)definição constitucional das liberdades e dos serviços públicos de telecomunicações. Sob o olhar dos cidadãos e cidadãs, tentamos trabalhar algumas das possibilidades e limites do exercício da autonomia pública e privada de todas as outras cidadanias.

Como procuramos destacar, a partir de alguns exemplos apresentados ao longo desses três capítulos, essas rádios contribuem para a formação e fortalecimento de estruturas comunicativas e espaços públicos que — embora, na prática, não raro sejam passíveis de instrumentalização e privatização — podem oferecer alternativas válidas e legítimas para a promoção de direitos fundamentais.

A aplicação da ótica dos administrados-administradores nos impõe o compromisso de estender a tarefa de interpretação constitucional para todos os demais sujeitos individuais e coletivos que possam vir a contribuir para a publicização do controle das políticas destinadas ao setor, e, sobretudo, dos conteúdos e sentidos que circulem no processo discursivo de formação da opinião e da vontade: a esfera pública.

A configuração desse espaço permitiria, por exemplo, que essas rádios começassem a se tornar sensíveis, para além de questões locais, em níveis estaduais, regionais, nacionais e mundiais de problematização. Essa compreensão pode colaborar para que o debate jurídico-político promovido por todos esses atores, em interlocução com o Estado Brasileiro, possa se tornar, gradual e simultaneamente, aberto:

i) ao reconhecimento constitucional da liberdade (individual e coletiva) de expressão quanto à afirmação pública da legitimidade de diferenças de gênero, raça, orientação religiosa, sexual, ou convicção política, acadêmica e demais questões histórica ou socialmente relegadas ao âmbito da autonomia privada;

ii) à tematização contínua, nos termos da Constituição, dos parâmetros que viabilizem a igualdade de chances e o acesso equânime à programação e fiscalização das rádios comunitárias nos diversos níveis da federação brasileira; e

iii) à possibilidade democrática de construção coletiva de identidades (minoritárias ou não) num contexto constitucional plural, solidário e fraterno de compartilhamento das liberdades e da igualdade nos termos definidos nos itens "i" e "ii".

A partir das inúmeras situações em que a integridade física e a dignidade de cidadãos brasileiros foi (e é) colocada em risco, em prol de normas pretensamente mais seguras, surgem — não somente para os juristas, mas, sobretudo, para todos esses sujeitos-objeto de exclusão — novas responsabilidades sobre as ações sociais. Assim, nasce o desafio constitucional de que o direito à comunicação e à informação pode, sim, ser imaginado para além da estabilização de expectativas econômicas, ou das recorrentes perspectivas estatizantes, nacionalistas e privatizantes.

Em última instância, essa tarefa corresponde a uma tentativa incessante de descobrimento dos tênues e fluidos limites entre o público e o privado. A experiência moderna do constitucionalismo e a nossa vivência contemporânea da CFB/1988 nos revelam inúmeros casos concretos em que os sólidos conceitos técnico-jurídicos se desmancharam no ar da radiodifusão comunitária.

REFERÊNCIAS BIBLIOGRÁFICAS

AGUIAR, Cristiano Lopes. *Política pública de radiodifusão comunitária no Brasil:* exclusão como estratégia de contra-reforma. Brasília, 2005a. Dissertação de Mestrado para a obtenção do título de Mestre em Comunicação Social sob a orientação do Prof. Dr. Murilo César Ramos. Faculdade de Comunicação da Universidade de Brasília (Facon/UnB).

_____. *Rádio comunitária depende de padrinho.* Entrevista realizada por Júlia Gaspar. Observatório da Imprensa. 2005b. Disponível em: <http://observatorio.ultimosegundo.ig.com.br/artigos.asp?cod=330IPB004> Acesso em: 30. jan. 2007.

AGUIAR, Roberto Armando Ramos de. *Os filhos da flecha do tempo:* pertinência e rupturas. Brasília: Letraviva, 2000.

AGUILLAR, Fernando Herren. *Controle social dos serviços públicos.* São Paulo: Max Limonad, 1999.

ALESSI, Renato. *Le prestazioni amministrative rese ai privati:* teoria generale. 2. ed. (Seconda Edizione Riveduta). Milano: Dott. A. Giuffrè Editore, 1956.

AMARAL NETTO, Francisco dos Santos. *Direito civil:* introdução. 4. ed. Rio de Janeiro: Renovar, 2005.

AMARAL, Roberto. O ordenamento constitucional-administrativo brasileiro e a disciplina dos meios de comunicação de massa (O caso da televisão): análise prospectiva. In: ROCHA, Cármen Lúcia Antunes (Coord.). *Perspectivas do direito público:* estudo em homenagem a Miguel Seabra Fagundes. Belo Horizonte: Del Rey, 1995. p. 465-486.

ARAGÃO, Alexandre Santos de. *Direito dos serviços públicos.* Rio de Janeiro: Forense, 2007.

_____. Atividades privadas regulamentadas. In: ARAGÃO, Alexandre Santos de (Coord.). *O poder normativo das agências reguladoras.* Rio de Janeiro: Forense, 2006.

ARATO, Andrew. Procedural law and civil society: interpreting the radical democratic paradigm. In: ARATO, A.; ROSENFELD, M. (Ed.). *Habermas on law and democracy:* critical exchanges. Berkeley: University of California Press, 1998.

ARAÚJO PINTO, Cristiano Otávio Paixão. *Dicotomias deslizantes:* público e privado em tempos de terror. Manuscrito Inédito. 2006.

_____. *A reação norte-americana aos atentados de 11 de setembro de 2001 e seu impacto no constitucionalismo contemporâneo:* um estudo a partir da teoria da diferenciação do direito. Belo Horizonte, 2004. Tese de Doutorado para a obtenção do título de Doutor em Direito sob a orientação do Prof. Dr. Menelick de Carvalho Netto. Faculdade de Direito da Universidade Federal de Minas Gerais (FD/UFMG).

_____. Arqueologia de uma distinção — o público e o privado na experiência histórica do direito. In: Oliveira Pereira, Cláudia Fernanda (Org.). *O novo direito administrativo brasileiro.* Belo Horizonte: Fórum, 2003. p. 19-50.

_____. *Modernidade, tempo e direito.* Belo Horizonte: Del Rey, 2002.

ARBEX JÚNIOR, José. *A outra América:* apogeu, crise e decadência dos Estados Unidos. Coleção Polêmica. 9. ed. São Paulo: Moderna, 1993.

_____. Quem é pirata? In: *Revista Sem Terra*, São Paulo, ano III. n. 12, p. 67-69, abr./maio/jun. 2001.

ARENDT, Hannah. *A condição humana*. Tradução de Roberto Raposo. Posfácio de Celso Lafer. 10. ed. Rio de Janeiro: Forense Universitária, 2005.

ATHAYDE, Phydia de. Na onda da política. In: Revista *Carta Capital*, ano XII, n. 405, p. 30-33, 9 ago. 2006.

AVRITZER, Leonardo. Em busca de um padrão de cidadania mundial. In: *Lua Nova – Revista de Cultura e Política*, n. 55-56, p. 29-55, 2002.

AVRITZER, Leonardo; COSTA, Sérgio. Teoria crítica, democracia e esfera pública: concepções e usos na América Latina. In: *Dados – Revista de Ciências Sociais*, Rio de Janeiro, v. 47, n. 4, p. 703-728, 2004.

BANDEIRA DE MELLO, Celso Antônio. *Curso de direito administrativo*. 17. ed., rev. e atual. São Paulo: Malheiros, 2004.

BAR, François; SANDVIG, Christian. US communication policy after convergence. In: *Media, Culture & Society*. v. 30 (4), p. 531-550, oct. 2008. Sage Publications: Los Angeles, London, New Delhi and Singapore, 2008.

BARBOSA, Ruy. *Escritos e discursos seletos* (Fundação Casa de Ruy Barbosa). Rio de Janeiro: Nova Aguilar, 1995.

_____. *Privilégios executivos*. Rio de Janeiro, 1911.

BILAC PINTO. *A regulamentação efetiva dos serviços de utilidade pública* [atual. Alexandre Santos de Aragão]. 2. ed. Rio de Janeiro: Forense, 2002.

BOIANOVSKY, Mauro. Some Cambridge reactions to the general theory: David Champernowne and Joan Robinson on full employment. In: *Cambridge Journal of Economics*, n. 29: 2005, p. 73-98.

BONAVIDES, Paulo. *Curso de direito constitucional*. 12. ed. São Paulo: Malheiros, 2002.

BONAVIDES, Paulo; AMARAL, Roberto. *Textos políticos da história do Brasil*. 4. ed. Brasília: Senado Federal, 2002a. v. III.

_____. *Textos políticos da história do Brasil*. 4. ed. Brasília: Senado Federal, 2002b. v. IV.

BONAVIDES, Paulo; ANDRADE, Paes de. *História constitucional do Brasil*. São Paulo: Paz e Terra, 1991.

BRASIL, República Federativa do. *Plano diretor da reforma do aparelho do estado*. Governo Fernando Henrique Cardoso (1995-1998).

_____. *Políticas econômicas e reformas estruturais*. Governo Luiz Inácio Lula da Silva (2003-2006).

CABRAL, Eula Dantas Taveira. Os grupos midiáticos e o contexto midiático no Brasil. In: *Revista Verso e Reverso*. Faculdade de Comunicação da Unisinos. Ano XIX. 2005/2 – Número 41: 2005. Disponível em: <http://www.versoereverso.unisinos.br/index.php?e=5&s=4> Acesso em: 25. jan. 2007.

CAMPILONGO, Celso Fernandes. *O direito na sociedade complexa*. Com apresentação e ensaio de Raffaele De Giorgi. São Paulo: Max Limonad, 2000.

CAMPOS, Francisco Luiz da Silva. O Estado nacional: sua estrutura, seu conteúdo ideológico. In: *Coleção Biblioteca Básica Brasileira*. Brasília: Conselho Editorial do Senado Federal, 2001.

CANOTILHO, Joaquim José Gomes. *Direito constitucional e teoria da constituição*. 7. ed. (Reimp.). Coimbra: Livraria Almedina, 2003.

CARVALHO, José Murilo de. *Cidadania no Brasil:* o longo caminho. 6. ed. Rio de Janeiro: Civilização Brasileira, 2004.

_____. Mandonismo, coronelismo, clientelismo: uma discussão conceitual. In: *Revista Dados*, Rio de Janeiro, v. 40, n. 2, 1997. Disponível em: <http://www.scielo.br/scielo.php?script=sci_arttext&pid=S0011-581997000200003&lng=pt&nrm=iso>. Acesso em: 22 out. 2006.

_____. Cidadania: tipos e percursos. In: FGV: *Estudos históricos* n. 18. Rio de Janeiro: 1996.

_____. *Os bestializados – O Rio de Janeiro e a República que não foi*. 6. ed. Rio de Janeiro: Cia. das Letras, 1987.

CARVALHO FILHO, José dos Santos. *Manual de direito administrativo*. 12. ed. Rio de Janeiro: Lumen Juris, 2005.

CARVALHO NETTO, Menelick de. A contribuição do direito administrativo enfocado da ótica do administrado para uma reflexão acerca dos fundamentos do controle de constitucionalidade das leis no Brasil: um pequeno exercício de teoria da Constituição. In: *Fórum administrativo*. Ano I, n. 1, Belo Horizonte: Fórum, mar. 2001. p. 11-20.

CATTONI DE OLIVEIRA. *Direito processual constitucional*. Belo Horizonte: Mandamentos, 2001.

CHAUÍ, Marilena. *Brasil:* Mito Fundador e Sociedade Autoritária. 4. reimp. São Paulo: Editora Fundação Perseu Abramo, 2001.

CHOMSKY, Noam. *11 de setembro*. Tradução Luís Antônio Aguiar. 6. ed. Rio de Janeiro: Bertrand Brasil, 2002.

COELHO NETO, Armando. *Rádio Comunitária não é crime, direito de antena*: o espectro eletromagnético como bem difuso. São Paulo: Ícone, 2002.

COHEN, Jean L.; ARATO, Andrew. Sociedade civil e teoria social. In: AVRITZER, Leonardo. *Sociedade civil e democratização*. Belo Horizonte: Del Rey, 1994. p. 149-181.

CORAIL, Jean-Louis de. *La crise de la notion juridique de service public en droit administratif français*. Paris: LGDJ, 1954.

CORDOVIL, Leonor Augusta Giovine. *A intervenção estatal nas telecomunicações:* A visão do direito econômico. Belo Horizonte: Fórum, 2005.

DI PIETRO, Maria Sylvia Zanella. *Direito administrativo*. 14. ed. São Paulo: Atlas, 2002.

_____. *Parcerias na administração pública. Concessão. Permissão. Franquia. Terceirização e outras formas*. 5. ed. São Paulo: Atlas, 2005.

DUGÜIT, León. *Traité de droit contitutionnel*. Tomo II. 2. ed. Paris: Ancienne Librairie Fontemoing & Cie. Editeurs Paris, 1923.

DWORKIN, Ronald. *O império do direito*. 2. tir. São Paulo: Martins Fontes, 2003.

_____. *Freedom's law*: the moral reading of the American Constitution. Cambridge and Massachussetts: Harvard University Press, 1996.

DYSENHAUS, David. *Legality and legitimacy*: Carl Schmitt, Hans Kelsen and Herman Heller in Weimar. Oxford: Oxford University Press, 1997.

EL FAR, Alessandra. *Páginas de sensação*: literatura popular e pornográfica no Rio de Janeiro (1870-1924). São Paulo: Cia. das Letras, 2004.

ESCOBAR, João Carlos Mariense. *O novo direito de telecomunicações*. Porto Alegre: Livraria do Advogado, 1999.

FAORO, Raymundo. *Os donos do poder*: Formação do patronato político brasileiro. 3. ed. Porto Alegre: Globo, 1976. v. I.

_____. *Os donos do poder*: Formação do patronato político brasileiro. 4. ed. Porto Alegre: Globo, 1977. v. II.

FERRARA, Francesco. *Interpretação e aplicação das leis*. Traduzido por Manuel A. D. de Andrade. 2. ed. Coimbra: Arménio Amado Editor, 1963.

GARCÍA DE ENTERRÍA, Eduardo; FERNANDEZ, Tomás Ramón. *Curso de derecho administrativo I*. 12. ed. Madrid: Civitas, 2004a.

_____. *Curso de derecho administrativo II*. 9. ed. Madrid: Thomson-Civitas, 2004b.

GASPARI, Elio. *As ilusões armadas*: a ditadura envergonhada. 1. reimp. São Paulo: Cia. das Letras, 2002a.

_____. *As ilusões armadas*: a ditadura escancarada. 1. reimp. São Paulo: Cia. das Letras, 2002b.

_____. *O sacerdote e o feiticeiro*: a ditadura derrotada. São Paulo: Cia. das Letras, 2003.

_____. *O sacerdote e o feiticeiro*: a ditadura encurralada. São Paulo: Cia. das Letras, 2004.

_____. *O sacerdote e o feiticeiro*: a ditadura envergonhada. São Paulo: Cia. das Letras, 2003.

GIDDENS. Anthony. *Em defesa da sociologia*: ensaios, interpretações e tréplicas. Tradução de Roneide Venâncio Majer, Klauss Brandini Gerhardt. São Paulo: Unesp, 2001.

GRAU, Eros Roberto. *A ordem econômica na constituição de 1988*: interpretação e crítica. 11. ed. São Paulo: Malheiros, 2006.

_____. Constituição e serviço público. In: *Direito constitucional*: estudos em homenagem a Paulo Bonavides. 1. ed., 2. tir. São Paulo: Malheiros, 2003. p. 249-267.

GÜNTHER, Klaus. *Teoria da argumentação no direito e na moral*: justificação e aplicação. Tradução de Cláudio Molz. Coordenação, revisão técnica e introdução à edição brasileira de Luiz Moreira. São Paulo: Landy, 2004.

_____. *The sense of appropriateness*: application discourses in morality and law. Translated by John Farrel. Albany: State University of New York Press, 1993.

HABERMAS, Jürgen. *A ética da discussão e a questão da verdade*. São Paulo: Martins Fontes, 2004a.

_____. *A inclusão do outro* — estudos de teoria política. Tradução de George Sperber e Paulo Astor Soethe. São Paulo: Loyola, 2004b.

_____. *Verdade e justificação*: estudos filosóficos. Tradução de Milton Camargo Mota. São Paulo: Loyola, 2004c.

_____. *Era das transições*. Tradução de Flávio Beno Siebeneichler. Rio de Janeiro: Tempo Brasileiro, 2003.

_____. *Direito e democracia*: entre facticidade e validade I. Tradução de Flávio Beno Siebeneichler. Rio de Janeiro: Tempo Brasileiro, 1997a.

_____. *Direito e democracia*: entre facticidade e validade II. Tradução de Flávio Beno Siebeneichler. Rio de Janeiro: Tempo Brasileiro, 1997b.

_____. *Further reflections on the public sphere*: concluding remarks. Translated by Thomas Burger In: CRAIG, Calhoun (Ed.). *Habermas and the public sphere* (Studies in contemporary German social thought). Massachussetts Institute of Technology — MIT — Press: Cambridge, 1992. p. 421-479.

_____. *The structural transformation of the public sphere*: an inquiry into a category of burgeois society. Translated by Thomas Burger with the assistance of Frederick Lawrence (Studies in contemporary German social thought). Massachussetts Institute of Technology — MIT — Press: Cambridge, 1991.

_____. *Mudança estrutural da esfera pública*: investigações quanto a uma categoria da sociedade burguesa. Tradução de Flávio R. Kothe. Rio de Janeiro: Tempo Brasileiro, 1984.

HALL, P. (Ed.). *The political power of economic ideas*: keynesianism across nations. Princeton: Princeton University Press, 1989.

HAURIOU, Maurice. *Précis elémentaire de droit constitutionnel*. 3. ed. Revue et mise au courant par André Hauriou. Paris: Librairie du Recueil Sirey, 1933. p. 10-19.

HERKENHOFF, João Baptista. *Direito e cidadania*. São Paulo: Uniletras, 2004.

HOBSBAWN, Eric. *Nações e nacionalismo desde 1780*: programa, mito e realidade. Tradução de Maria Célia Paoli e Anna Maria Quirino. Rio de Janeiro: Paz e Terra, 1998.

HOLANDA, Sérgio Buarque de. *Raízes do Brasil*. São Paulo: Cia. das Letras, 2005.

HONNETH, Axel. *Luta por reconhecimento*: a gramática moral dos conflitos sociais. Tradução de Luiz Repa. São Paulo: Editora 34, 2003.

_____. Teoria crítica. In: GIDDENS, Anthony; TURNER, Jonathan (Orgs.). *Teoria Social Hoje* (Biblioteca Básica). Tradução de Gilson César Cardoso de Sousa. São Paulo: Unesp, 1999. p. 503-552.

ISSALYS, Pierre. *The evaluation of the efectiveness and the efficiency of the legislation*: a new way of the Legistics contribution. Palestra proferida na Biblioteca do UniCEUB, 09 nov. 2006.

JACOBSON, Arthur J.; SCHLINK, Bernhard. *Weimar*: a jurisprudence of crisis. Translated by Belinda Cooper with Peter C. Caldwell *et. al.* Berkeley: University of California Press, 2002.

JAMBEIRO, Othon. Estratégias de controle da mídia: o caso da radiodifusão no Estado Novo (1937-1942). In: *Revista Electrónica Internacional de Economía Política de las Tecnologías de la Información y Comunicación*, v. V, n. 3, sep./dic. 2003. Disponível em: <http://www.eptic.com.br/> Acesso em: 25 jan. 2007.

JAMBEIRO, Othon; MOTA, Amanda; RIBEIRO, Andréa; COSTA, Eliane; BRITO, Fabiano. A radiodifusão sob o regime da Constituição de 1934. In: *VI Congreso Latinoamericano de Investigadores de la Comunicacion*, 2002, Santa Cruz de la Sierra. Memoria Acadêmica Alaic 2002, 2002. Disponível em: <http://www.eca.usp.br/alaic/material%20congresso%202002/congBolivia2002/trabalhos%20completos%20Bolivia%202002/GT%20%202%20%20cesar%20bolano/othon%20jambeiro.doc> Acesso em: 29. jan. 2007.

JÈZE, Gastón. *Les principes generaux du droit administratif*. 2. ed. Paris: M. Giard & Pierre, 1914.

JOHNSON, Bruce Baner et al. *Serviços públicos no Brasil:* mudanças e perspectivas. São Paulo: Edgard Blüncher, 1996.

JUSTEN, Mônica Spezia. *A noção de serviço público no direito europeu.* São Paulo: Dialética, 2003.

JUSTEN FILHO, Marçal. *Teoria geral das concessões de serviço público.* São Paulo: Dialética, 2003.

LAUBADÈRE, André de. *Traité de droit administratif.* 8. ed. (entièrement refondue). Paris: Librairie Generale de Droit et de Jurisprudence (LGDJ), 1980.

_____. *Traité de droit administratif.* Tome I. 13 . ed. Atualisé par Jean-Claude Venezia et Yves Gaudemet. Paris: LGDJ, 1994.

LEAL, Victor Nunes. *Coronelismo, enxada e voto:* o município e o sistema representativo. 3. ed. Rio de Janeiro: Nova Fronteira, 1997.

LIMA, Ruy Cirne. Organização administrativa e serviço público no direito administrativo brasileiro. In: *Revista de Direito Público*, v. 59-660, 1981.

_____. *Pareceres (Direito público).* Porto Alegre: Livraria Sulina, 1963.

LIMA, Venício Artur de. *Lei geral de comunicação:* os paradoxos no debate da regulação da mídia. 2005. Disponível em: <http://observatorio.ultimosegundo.ig.com.br/artigos.asp?cod=330IPB001> Acesso em: 31 jan. 2007.

_____. Uma iniciativa fundamental (Prefácio). In: *Vozes da democracia:* histórias da comunicação na redemocratização do Brasil. São Paulo: Imprensa Oficial do Estado de São Paulo e Intervozes — Coletivo Brasil de Comunicação Social, 2006. p. 16-19.

LIMA, Venício Artur de; AGUIAR, Cristiano Lopes. *Coronelismo eletrônico de novo tipo:* as autorizações de emissoras de rádio como moeda de barganha política. 2007. Disponível em:<http://observatorio.ultimosegundo.ig.com.br/download/Coronelismo_eletronico_de_novo_tipo.pdf> Acesso em: 02 mar. 2008.

LYRA FILHO. *O que é direito?* São Paulo: Brasiliense, 1999.

LUCCA, Adalzira França Soares de. *Manual de orientação:* como instalar uma rádio comunitária. Coordenadora-Geral de Assuntos Jurídicos de Telecomunicações e Postais. Brasília: Ministério das Comunicações, 2002.

LUHMANN, Niklas. *A Constituição como aquisição evolutiva.* Tradução para fins exclusivamente acadêmicos de Menelick de Carvalho Netto. Notas por Paulo Sávio Peixoto Maia. Mimeo., 1996.

_____. O direito como generalização congruente. In: SOUTO, Cláudio; FALCÃO, Joaquim (Orgs.). *Sociologia & direito:* textos básicos para a disciplina sociologia jurídica. 2. ed., atual. São Paulo: Pioneira, 1999. p. 129-137.

_____. *Sociologia do direito* I. Tradução de Gustavo Bayer. Rio de Janeiro: Tempo Brasileiro, 1983.

_____. *Sociologia do direito* II. Tradução de Gustavo Bayer. Rio de Janeiro: Tempo Brasileiro, 1985.

MACHADO, Agapito; MACHADO JÚNIOR, Agapito. *Aspectos cíveis e criminais na radiodifusão e telecomunicações.* Fortaleza: Universidade de Fortaleza, 2004.

MACIEL, Laura Antunes. Cultura e tecnologia: a constituição do serviço telegráfico no Brasil. In: *Revista Brasileira de História*, São Paulo, v. 21, n. 41, p. 127-144, 2001.

MARQUES NETO, Floriano de Azevedo. *Agências reguladoras independentes:* fundamentos e seu regime jurídico. Belo Horizonte: Fórum, 2005.

_____. A nova regulação dos serviços públicos. In: *Revista de Direito Administrativo*, v. 228, abr./jun. 2002.

MEDAUAR, Odete. *Direito administrativo em evolução*. São Paulo: Revista dos Tribunais, 1992.

MEDEIROS, Gierck Guimarães. Origem das agências reguladoras no Brasil. In: ARANHA OLIVEIRA, Márcio (Org.). *Direito das telecomunicações:* estrutura institucional regulatória e infra-estrutura das telecomunicações no Brasil. Brasília: JR Gráfica, 2005. p. 29-79.

MEIRELLES, Hely Lopes. *Direito administrativo brasileiro*. 32. ed. São Paulo: Malheiros, 2006.

MENDES DE ALMEIDA, André. *Mídia eletrônica, seu controle nos EUA e no Brasil*. 2. ed. Rio de Janeiro: Forense, 2001.

MOUFFE, Chantal. Pensando a democracia moderna com, e contra, Carl Schmitt. In: *Cadernos da Escola do Legislativo*. Trad. Menelick de Carvalho Netto. s/n. 12 set. 1998. Belo Horizonte: Assembleia Legislativa de Minas Gerais, 1998. p. 91-107.

MORAES, Fernando. *Chatô – o rei do Brasil*. São Paulo: Cia. das Letras, 1994.

MOREIRA, Sônia Virgínia. No ar, uma paixão nacional. In: *Revista Nossa História*, n. 36, p. 60-66, out. 2006.

MÜLLER, Friedrich. *Fragmento (sobre) o poder constituinte do povo*. Tradução de Peter Neumann. São Paulo: Revista dos Tribunais, 2004a.

_____. *Democracia e exclusão social em face da globalização*. Disponível em: <http://www.presidencia.gov.br/ccivil_03/revista/Rev_72/artigos?Friedrich_rev72.htm> Acesso em: 31 ago. 2004. Brasília: Presidência da República, 2004b.

_____. *Quem é o povo? A questão fundamental da democracia*. Tradução de Peter Neumann. 3. ed. rev. e ampl. São Paulo: Max Limonad, 2003.

_____. *Que grau de exclusão social ainda pode ser tolerado por um sistema democrático?* Tradução de Peter Naumann. Porto Alegre: Unidade Editorial, 2000.

NASCIMENTO, Juarez Marinho Quadros do. Juarez Quadros em depoimento a Liana Fortes. In: *Coleção Gente — Telecomunicações*. Rio de Janeiro: Rio Sociedade Cultural, 2006.

NAUGHTON, John. Os 15 reis do clique. In: *Revista Carta Capital*, ano XII, n. 408, p. 10-18, 30 ago. 2006.

NUNES, Márcia Vidal. As rádios comunitárias nas campanhas eleitorais: exercício da cidadania ou instrumentalização (1998-2000). In: *Revista de Sociologia Política*. Dossiê Mídia e Política. Curitiba, n. 22, p. 59-76, jun. 2004.

OLIC, Nelson Bacic. A desintegração do Leste: URSS, Iuguslávia, Europa Oriental. In: *Coleção Polêmica*. 1. ed. São Paulo: Moderna, 1993.

OLIVEIRA, Márcio Nunes Iorio Aranha (Org.). *Direito das telecomunicações*: Estrutura institucional regulatória e infra-estrutura das telecomunicações no Brasil. Brasília: JR Gráfica, 2005.

OLIVEIRA, Márcio Nunes Iorio Aranha. Agência reguladora e espaço público: sua funcionalidade como espaço de exercício da virtude política. In: OLIVEIRA, Márcio Nunes Iorio Aranha (Org.). *Direito das telecomunicações:* estrutura institucional regulatória e infra-estrutura das telecomunicações no Brasil. Brasília: JR Gráfica, 2005a. p. 13-28.

_____. *Políticas públicas comparadas de telecomunicações (Brasil – EUA)*. Brasília, 2005. Tese de Doutorado para a obtenção do título de Doutor em Direito sob a orientação do Prof. Dr. Benício Viero Schmidt. Instituto de Ciências Sociais. Centro de Pesquisa e Pós-Graduação sobre as Américas (CEPPAC). Mimeo., 2005b.

_____. Agências: sua introdução no modelo jurídico-administrativo brasileiro. In: PEREIRA, Cláudia Fernanda de Oliveira (Org.). *O novo direito administrativo brasileiro*: o Estado, as agências e o terceiro setor. Belo Horizonte: Fórum, 2003. p. 165-180.

_____. Direito das telecomunicações no Brasil: a nova sistemática de prestação dos serviços. In: *Direito em Ação*, v. 1, n. 1, p. 109-120, dez. 2000.

PERUZZO, Cecília Maria Krohling. *Comunicação nos movimentos populares*: a participação na construção da cidadania. Petrópolis: Vozes, 1998.

PROENÇA FILHO, Domício. *Estilos de época na literatura*: através de textos comentados. 6. ed. São Paulo: Ática, 1981. p. 171-197.

RAMOS, Murilo César. Rádio e televisão no Brasil: comunicações e políticas públicas. In: *Às margens da estrada do futuro — comunicações, políticas e democracia*. (Coleção FAC – Editorial Eletrônica). Disponível em: <http://www.unb.br>. Brasília: Editora da UnB, 2000. Acesso em: 05 out. 2006.

RIOS, Aurélio Virgílio Veiga. Rádio comunitária: a liberdade de expressão e opinião e a restrição ao seu exercício. In: *Boletim dos Procuradores da República*, v. 4, n. 47, p. 3-11, mar. 2002. Procuradoria-Geral da República (PGR), Brasília.

ROCHA, Cármen Lúcia Antunes. *Princípios constitucionais da administração pública*. Belo Horizonte: Del Rey, 1994.

ROLDÃO, Carlos Gilberto. *Conselho de comunicação social*: um instrumento para a democratização da comunicação? Trabalho apresentado ao NP 10 — Políticas e Estratégias das Comunicações. Disponível em: <http://reposcom.portcom.intercom.org.br/dspace/bitstream/1904/17920/1/R1033-1.pdf> Acesso em: 05 fev. 2007.

ROLLAND, Louis. *Précis de droit administratif*. 9. ed. Paris: Librairie Dalloz, 1947.

ROSENFELD, Michel. *The rule of law, and the legitimacy of constitutional democracy. Working Papers Series*, n. 36, mar. 2001. Disponível em <http://papers.ssrn.com/paper.paf?abstract id=262350> Acesso em: 20 dez. 2004.

_____. *A identidade do sujeito constitucional*. Tradução de Menelick de Carvalho Netto. Belo Horizonte: Mandamentos, 2003a.

_____. Hacía una reconstrucción de la iguadad constitucional. In: CARBONEL, Miguel (org.). *El principio constitucional de igualdad*. México: Comisión Nacional de los Derechos Humanos, 2003b.

_____. O direito enquanto discurso: reduzindo as diferenças entre direitos e democracia. Tradução de Cássius Guimarães Chai. In: *Revista do Ministério Público do Estado do Maranhão*, v. 1, n. 10, p. 9-44, jan./ dez. 2003. São Luís: Procuradoria-Geral de Justiça, 2003c

SAMUELS, Warren J.; MEDEMA, Steven G. *Freeing Smith from the "Free market": on the misperception of Adam Smith on the economic role of government*. Duke University Press, jun. 01, 2005; 37: 219-226. Disponível em: <www.dukejournals.org> Acesso em: 15 set. 2006.

SANTOS, Boaventura de Sousa. Poderá o direito ser emancipatório? In: *Revista Crítica de Ciências Sociais*, n. 65, p. 3-76, maio 2003.

_____. *A crítica da razão indolente*: contra o desperdício da experiência. São Paulo: Cortez, 2002.

_____. Para uma reinvenção solidária e participativa do Estado. In: BRESSER-PEREIRA, Luis Carlos; WILHEIM, Jorge; SOLA, Lourdes. (Orgs.). *Sociedade e estado em transformação*. São Paulo: Editora da Unesp, Brasília: ENAP, 1999. p. 243-271.

_____. O direito e a comunidade: as transformações recentes da natureza do poder do Estado nos países capitalistas avançados. In: *Direito e Avesso — Boletim da Nova Escola Jurídica Brasileira*, ano II, n. 2,p. 139-163, jan./jul. 1983.

SILVA, Ricardo Toledo. Público e privado na oferta de infra-estrutura urbana no Brasil. In: *Anuário GEDIM 2002 — Serviços Urbanos, Cidade e Cidadania*. Rio de Janeiro: Lumen Juris.

SILVEIRA, Paulo Fernando. *Rádios comunitárias*. Belo Horizonte: Del Rey, 2001.

SKIDMORE, Thomas E. *Preto no branco:* Raça e nacionalidade no pensamento brasileiro. Rio de janeiro: Paz e Terra, 1976.

SOUZA JÚNIOR, José Geraldo de. Movimentos sociais — emergência de novos sujeitos: o sujeito coletivo de direito. In: SOUTO, Cláudio; FALCÃO, Joaquim (Orgs.). *Sociologia & direito*: textos básicos para a disciplina sociologia jurídica. 2. ed., atual. São Paulo: Pioneira, 1999. p. 255-263.

STADNICK, Célia A. *A hipótese do fenômeno do coronelismo eletrônico e as ligações dos parlamentares federais e governadores com os meios de comunicação de massa no Brasil*. Porto Alegre: Pontifícia Universidade Católica do Rio Grande do Sul (PUC-RS), 1991. Mimeo.

SUNDFELD, Carlos Ari. Introdução às agências reguladoras. In: SUNDFELD, Carlos Ari (Coord.). *Direito administrativo econômico*. São Paulo: Malheiros, 2000. p. 17-38.

SUNSTEIN, Cass. R. O constitucionalismo após o New Deal. In: MATTOS, Paulo (Coord.). *Regulação econômica e democracia*: o debate norte-americano. São Paulo: Editora 34, 2004.

THOUREAU, Henry David. *On the duty of civil desobedience*. Washington Square Press — American Literature, 1969. v. I e II.

_____. *Resistence to civil government*. USA: The Easton Press: 1993.

TURNER, Brian. *Outline of a theory of citzenship*. Sociology, v. 24, n. 2: 1990.

VILA-NOVA GOMES, Daniel Augusto. Exclusão e diferença nas políticas públicas de radiodifusão comunitária no Brasil: possibilidades e limites a partir do pensamento de Jürgen Habermas. In: *Revista Prismas: Direito, Políticas Públicas e Mundialização*, v. 4, n. 2, p. 256-277, jul./dez. 2006. Brasília: Editora do UniCEUB, 2006. Íntegra em formato PDF disponível na página do Centro Universitário de Brasília – UniCEUB: <www.uniceub.br> Disponível em: <http://www.uniceub.br/revistamestrado/volume3%2D2/pdf/Daniel%20Augusto%20Vila-Nova%20Gomes.pdf> Acesso em: 25 mar. 2009.

WALD, Arnoldo. O controle judicial das concessões. In: *Concessões de serviços públicos*. Seminário Jurídico realizado em 8 e 9 de junho de 2001. Foz do Iguaçu: Escola Nacional de Magistratura, 2001.

Produção Gráfica e Editoração Eletrônica: **Peter Fritz Strotbek**
Capa: **Rafael Willadino Braga**
Impressão: **Assahi Gráfica e Editora**